吕思勉 著

中国社会史

下

吕思勉著作精选
专门史

第十二章　户　籍

《中论》曰："治平在庶功兴,庶功兴在事役均,事役均在民数周。民数周,为国之本也。故先王周知其万民众寡之数,乃分九职焉。九职既分,则劬劳者可见,怠惰者可闻也。然而事役不均者,未之有也。事役既均,故民尽其力。而人竭其力,而庶功不兴者,未之有也。庶功既兴,故国家殷富,大小不匮,百姓休和,下无怨疚焉。然而治不平者,未之有也。故曰:水有源,治有本。道者,审乎本而已矣。……今之为政者,未知恤己矣。譬由无田而欲树艺也;虽有良农,安所措其强力乎?"伟长此篇,言民数之宜审,最为警切。盖凡治皆以为民,凡事皆待人为,故周知民数,为设治之本也。

然中国数千年来,见于载籍之民数,殆无一确实者。有之,其惟古代乎?然其数不可考矣。古代民数,所以较确实者,以其国小而治纤悉。斯时去游牧之世未远,游牧之世,治本属人而非属地。其后虽进于耕稼,犹存属人之意。故统属编制,咸有定法。《周官》六乡,五家为比,五比为闾,四闾为族,五族为党,五党为州,五州为乡;遂则五家为邻,五邻为里,四里为酂,五酂为鄙,五鄙为县,五县为遂,皆以五起数,与军制相应。《管子·立政》:分国以为五乡,分乡以为五州,分州以为十里,分里以为十游;十家为什,五家为伍,什伍皆有长焉。《小匡》:五家为轨,十轨为里,四里为连,十连为乡,五乡一师。其制,鄙则五家为轨,六轨为邑,十邑为率,十率为乡,三乡为属,五属一大夫。《史记·商鞅列传》:"令民为什伍,而相牧司连坐。"亦皆以五起数。《尚书大传》:"古八家为邻,三邻而为朋,三朋而为里,五里而为邑,十邑而为都,十都而为师,州十有二师焉。"则以三起数,与井田之制相应。虽其制不同,而其有统属编制则一。《内则》:子之生也,"夫告宰名,宰遍告诸男名,书曰:某年,某月,某日,某生。而藏之。宰告闾史。闾史书为二,其一藏诸闾府,其一献诸州史。州史献诸州伯,州伯命藏诸州府。"是凡一人之生,州闾及其家,皆有记录也。《周官·司民》:"掌登万民之数,自生齿以上,皆书于板。注:男八月、女七月而生齿。辨其国中,与其都鄙,及其郊野,异其男女,岁登下其死生。及三年大比,以万民之数诏司寇。司寇及孟冬祀司民之日,献其数于王,王拜受之,登于天府。内史、司会、冢宰贰之,以赞王治。"是为专司民数之官。而小史徒颁比法于六乡,使各登其乡之众寡、六畜、车辇。自乡大夫以下,皆司其事。遂亦如之。三年大比,则普加简阅。由是以起军旅,作田役,比追胥,令贡赋,均土地焉。《媒氏》:"掌万民之判。凡男女,自成名以上,皆书年、月、日、名焉。注:谓子生三月,父名之。"中春之月,令会男女。"盖即《礼运》、《管子》所谓"合男女"者也。《周语》:"宣王既丧南国之师,乃料民于太原。仲山甫谏曰:民不可料也!夫古者不料民而知其多少。司民协孤终,司商协民姓,司徒协旅,司寇协奸,牧协职,工协革,场协入,廪协出,是则少多、死生、出入、往来,皆可知也。于是乎又审之以事。王治农于籍,蒐于农隙,耨获亦于籍,狝于既蒸,狩于毕时,是皆习民数者也,又何料焉?"盖凡政令,无不与民数相关。其知之之途多,故其所知之数审也。

后世之民数,所以几不可知者,其故有四:古代设治极密,大国百里,其君不过后世一县令耳。而其下设官甚多,君主既不甚尊严,大夫士尤易巡行田野。其人皆生长其地,世守其土,民情不易隐匿。

赋役之登耗,尤与其禄入有关。其能周知隐曲,自在意计之中。后世则亲民之官,惟一县令,政不逮下。其辅之为治者,则吏胥及里闾之长耳。县令皆异地人,有并其所治之地之言语而不能通者,而民情无论矣。久任者绝罕,大率不数年而去。增加赋入,初无益于私计。隐匿户口,转可以宽考成。彼亦何乐而遍行乡曲,以核其实哉?里闾之长,非惷愚不能任事,则思鱼肉乡里以自肥,吏胥更无论矣,安可托以清查乎?即托以清查,又焉能集事乎?此由于设官之疏阔者一也。古者周知民数,盖将以为治。如徐伟长所谓"以分田里,以令贡赋,以造器用,以制禄食,以起田役,以作军旅"者也。后世度地居民之制既亡,计口授田之法亦废,贡赋不核其实,禄食不依于田,田役久阙成规,军旅出于召募,设工官以造械器,更绝无其事矣。一切养生送死之事,莫不由人民自谋,国家初不过问。周知民数,无益于政,且不免烦扰之虞;不知民数,不阙于事,转可获清静之益,安得不听其自生自死,而不一问其增耗也?此由于政事之废弛者二也。古代田宅,皆受诸官。人民应役,固因耕地之肥瘠而有重轻;而其受田,亦因人口之多寡而异肥瘠。《周官·小司徒》:"乃均土地,以稽其人民,而周知其数。上地家七人,可任也者家三人。中地家六人,可任也者二家五人。下地家五人,可任也者家二人。"隐匿口数,是自弃其承受田宅之利也。后世则不授以田,而徒役其身,征其税。有丁有田者,苟能漏籍,即同宽免之条,贫无立锥者,不能免役,且输无田之税,孰不欲为亡命之徒乎?此由于产业制度之不同者三也。古者生事简,域民严,民去其乡者少。比闾族党之制,既足周知农民之数,出于耕农之外者,其业各有统属,有如中山甫所述之制,亦足知之。后世职业繁,交通便,既无津梁符传之限制,复获箕裘弓冶之自由,背井离乡,有如兽走鸟飞,莫之能制。列廛比肆,又如秦肥越瘠,各不相知。又有所谓"游民纷于镇集,技业散于江湖"者,彼既不乐人之知之,人亦无从而知之。户口之数,即令知之多途,核之有道,亦安能如古代之翔实哉？此由于社会组织之复杂者四也。凡此，皆古代之民数所以精详，而后世则几于不可知之原因也。而户籍役籍并为一谈，尤为清查人口之大累。

古代户籍，盖亦惟州间所藏，为全国人口总数。此外诸官所记，盖亦取与职事有关。虽其所记，或仍与人口总数相近，然其清查之意，则已不为人口而为财用矣。详见拙撰《论中国户口册籍之法》一篇，兹不更赘。后世制度日异，生子而书名州间，业已绝无其事。政治阔疏，除收口税之册外，更无他籍。而口税之册，失实特甚。全国人口，遂至无可稽考矣。今试略举往史所载户籍失实情形如次：

《文献通考·职役考》："齐高祖建元二年，诏朝臣曰：黄籍民之大纪，国之治端。自顷氓俗巧伪已久，乃至窃注爵位，盗易年月，增损之（三）状，贸袭万端，或户存而文书已绝，或人在而反托死叛，停私而云隶役，身强而称六疾。编户齐民，少不如此，皆政之巨蠹，教之深疵。比年虽却改籍书，终无得实。若约之以刑，则人伪已远，若绥之以德，则胜残未易。卿诸贤并深明理体，各献嘉谋，以何科算，能革斯弊也？虞玩之上表曰：宋元嘉二十七年，八条取人，孝建元年书籍，众巧之所始也。元嘉中，故光禄大夫傅崇，年出七十，犹手自书籍，躬加隐校。""古之共理天下，惟良二千石。今欲求理取正，其在勤明令长。凡受籍县，不加检勘，但封送州。州检得知，方却归县。吏贪其赂，人肆其奸。奸弥深而却弥多，赂逾厚而答逾缓。自泰始三年至元徽四年，扬州等九郡四号黄籍，共却七万一千余户。于今十一年矣，而所正者犹未四万。神州奥区，尚或如此，江湘诸郡，尤不可言。愚谓宜以元嘉二十七年籍为正。人惰法既久，今建元二年书籍，宜更立明科，一听首悔。倍而不念，依制必戮。使官长审自检校，必令明洗，然后上州，永以为正。若有虚昧，州县同咎。今户口多少，不减元嘉，而版籍顿阙，弊亦有以。自孝建以来，人勋者众。其中操干戈卫社稷者,三分殆无一焉。""寻苏峻平后,庾亮就温峤求勋簿,而峤不与,以为陶侃所上,多非实录。寻物之怀私,无代不有。""又有改注籍状,诈入士流,昔为人役者,今反役人。又生不长发,便谓道人。""或抱子并居,竟不编户。迁徙去来,公违土断。属役无漏,流亡不归。法令必行,自然竞反。""为理不患无制,患在不行;不患不行,患在不久。帝省表纳之,乃别置板籍,官置令史,限人一日得数巧,以防懈怠。至武帝永明八年,谪巧者戍缘淮各十年,百姓怨咨。帝乃诏曰:既往之愆,不足追咎。自宋昇明以前,皆听复注。其有谪边疆,皆许还本。自此后有犯,严其罪。"又见《南齐书·虞玩之传》。案此可见官长怠惰,吏胥舞弊,人民诈伪情形。

又:"梁武帝时,所司奏南徐、江、郢,逋两年黄籍不上。尚书令沈约上言曰:晋咸和中,苏峻作乱,版籍焚化。此后起咸和三年,以至乎宋,并皆详实。朱笔隐注,纸连悉缝,而尚书上省库籍,惟有宋元嘉以来者。晋代旧籍,并在下省左人曹,谓之'晋籍'。自东西二库,既不系寻检,主者不复经怀,狗牵鼠啮,雨湿沾烂,解散于地,又无扃縢。此籍精详,实宜保惜。位高官卑,皆可依按。宋元嘉二十七年,始以七条征发。既立此科,苟有回避,奸伪互起,岁月滋广,以至于齐。于是东堂校籍,置郎令史以掌之,而簿籍于此大坏矣。凡粗有衣食者,莫不互相因依,竞行奸货。落除卑注,更书新籍。通官荣禄,随意高下。以新换故,不过用一万许钱。昨日卑微,今日仕伍。凡此奸巧,并出愚下。不辨年号,不识官阶。或注义熙在宁康之前,或以崇安在元兴之后。此时无此府,此年无此国。元兴惟有三年,而猥称四年。又诏书甲子,不与长历相应。如此诡谬,万绪千端,校籍诸郎,亦所不觉,不才令史,更何可言。且籍字既细,难为眼力,寻求巧伪,莫知所在,徒费日月,未有实验。假令兄弟三人,分为三籍,却一籍祖父官。其二初不被却,同堂从祖以下,固自不论。诸如此例,难可悉数。或有应却而不却,不须却而却,所却既多,理无悉当,怀冤抱屈,非止百千。投辞请诉,充曹牣府,既难领理,交兴人怨。于是悉听复注,普停洗却。既蒙复注,则莫不成官。此盖稽核不精之巨弊也。臣谓宋、齐二代,士庶不分,杂役减阙,职由于此。自元嘉以来,籍多假伪,景平以前,既不系检,凡此诸籍,得无巧换。今虽遗落,所存尚多,宜有征验,可得信实。其永初景平籍,宜移还上省。窃以为'晋籍'所余,须加宝爱。若不留意,则远复散失矣。不识胄胤,非谓衣冠,凡诸此流,罕知其祖,假称高曾,莫非巧伪。质诸文籍,奸事立露,征覆矫诈,为益实弘。又上省籍库,虽直郎题掌,而尽日科校,惟令史独入。籍既重宝,不可专委群细。若入〔库〕检籍之时,直郎直都,应共监视。写籍皆于郎都目前,并皆掌置,私写私换,可以永绝。事毕郎出,仍自题名。臣又以为巧伪既多,并称人士。百役不及,高卧私门,致令公私阙乏,是事不举。宜选史传学士,谙究流品者为左人。即左人尚书,专共校勘。所贵卑姓杂谱,以'晋籍'及宋永初、景平籍在下省者,对共雠校。若谱注通籍有卑杂,则条其巧谬,下在所科罚。帝以是留意谱籍,诏御史中丞王僧孺改定百家谱。由是有令史书吏之职,谱局因此而置。"亦见《梁书·王僧孺传》。案此因当时士族,可以免役,故行贿以求预也。不重现在之丁资,而宝前代之旧籍,但稽官姓,不核人丁,斯时册籍,概可知矣。

前代户籍,久已不可得见,而敦煌石室,藏有昔人写经,其纸之一面,乃西凉李暠建初十二年,即晋安帝义熙十二年户籍,下距民国纪元一千四百九十六年矣,诚瑰宝也。籍存者凡十户,完具者九,今录其一户之式如下:

敦煌郡敦煌县西宕昌乡高昌里兵吕德年卅五。
妻唐,年卅一。
息男明天,年十七。

明天男弟爱,年十。

爱女妹媚,年六。

媚男弟兴,年二。

丁男二。

小男二。

女口二。

凡口六。

居赵羽坞。

建初十二年正月。依他户,"月"字下应有"籍"字。

此籍记载,颇为精详,盖晋旧式。晋籍之式,当沿自汉、魏,汉、魏亦当沿之自古。然则我国最古户籍之式,据此竟可推想矣。如此籍男女、年岁、亲属、职业,均有可稽,何以当时政府深以户籍不明为患?窃疑上诸政府者,与地方所存,实非一物也。参看附录《论中国户口册籍之法》。

汉代算赋,计口出钱,故亦称口钱。自晋武制户调之式,而户赋始重。其后遂并力役亦按户科之。《通考》谓"齐文宣立九等之户,富者税其钱,贫者役其力"是也。唐人因之。唐制:三年一造户籍。一留县,一送州,一送户部。其所致谨者,恐亦不过户等之升降而已。宋世役法大坏,户籍之失实尤甚。今试更举《通考》所载两事如下:

政和三年,详定《九域图志》。蔡攸、何志同言:今所取会天下户口数,类多不实。且以河北二州言之。德州主客户五万二千五百九十九,而口才六万九千三百八十五。霸州主客户二万二千四百七十七,而口才三万四千七百一十六。通二州之数,率三户四口,则户版刻隐,不待校而知之。乞诏有司,申严法令,务在核实。从之。《户口考》。

李心传《建炎以来朝野杂记》:西汉户口至盛之时,率以十户为四十八口有奇,东汉户口,率以十户为五十二口,准周之下农夫。唐人户口至盛之时,率以十户为五十八口有奇,可准周之中次。自本朝元丰至绍兴,户口率以十户为二十一口,以一家止于两口,则无是理。盖诡名子户,漏口者众也。然今浙中户口,率以十户为十五口有奇。蜀中户口,率以十户为二十口弱。蜀人生齿,非盛于东南。意者蜀中无丁赋,于漏口少尔。昔陆宣公称租庸调之法曰:不校阅而众寡可知。是故一丁授田,决不可令输二丁之赋。非若两税,乡司能开阖走弄于其间也。自井田什一之后,其惟租庸调之法乎?《户口考》。

马贵与曰:"古今户口之数,三代以前姑勿论。史所载西汉极盛之数,为孝平元始二年,人户千一百二十三万三千。东汉极盛之时,为桓帝永寿三年,户千六十七万七千九百六十。原注:此《通典》所载之数。据《后汉书·郡国志》:计户一千六百七万九百六,则多《通典》五百八十三万有奇,是又盛于前汉矣。三国鼎峙之时,合其户数,不能满百二十万。昔人以为才及盛汉时南阳、汝南两郡之数。盖战争分裂,户口虚耗,十不存一,固宜其然。晋太康时,九州攸同,然不可谓非承平时矣,而为户只二百四十五万九千八百。自是而南北分裂,运祚短促者固难稽据,姑指其极盛者计之:则宋文帝元嘉以后,户九十万六千八百有奇。魏孝文迁洛之后,只五百余万。则混南北言之,才六百万。隋混一之后,至大业二年,户八百九十万七千有奇。唐天宝之初,户八百三十四万八千有奇。隋、唐土地,不殊两汉,而户口极盛之时,才及其三之二,何也?盖两汉时户赋轻,故当时郡国所上户口版籍,其数必实。自魏晋以来,户口之赋顿重,则版籍容有隐漏不实,固其势也。南北分裂之时,版籍尤为不明,或称侨寄,或冒勋阀,或以三五十户为一户,苟避科役,是以户数弥少。隋、唐混一之后,生齿宜日富,休养生息,莫如开皇、贞观之间,考核之详,莫如天宝，而户数终不能大盛。且天宝十四载所上户，总八百九十一万四千七百九，而不课户至有三百五十六万五千五百。夫不课者，鳏寡、废疾、奴婢，及品官有荫者皆是也。然天下户口，岂容鳏寡、废疾、品官居其三之一有奇乎？是必有说矣。然则以户口定赋，非特不能均贫富，而适以长奸伪矣。又按汉元始时，定垦田八百二十七万五千三十六顷，计每户合得田六十七亩百四十六步有奇。隋开皇时，垦田千九百四十万四千二百六十七顷，计每户合得田二顷有余。夫均此宇宙也，田日加于前，户日削于旧，何也？盖一定而不可易者田也，是以乱离之后，容有荒芜，而顷亩犹在。可损可益者户也，是以虚耗之余，并缘为弊，而版籍难凭。杜氏《通典》以为我国家自武德初至天宝末，凡百三十八年，可以比崇汉室，而人户才比于隋氏。盖有司不以经国驭远为意，法令不行，所在隐漏之甚，其说是矣。然不知庸调之征愈增，则户口之数愈减，乃魏晋以来之通病，不特唐为然也。汉之时，户口之赋本轻，至孝宣时，又行蠲减，且令流徙者复其赋。故胶东相王成，遂伪上流民自占者八万余口，以徼显赏。若如魏晋以后之户赋，则一郡岂敢伪占八万口，以贻无穷之累乎？"同上《田赋考》。

明代定役，渐侧重于农田。详天下之户口者，乃有黄册。其法：以百十户为一里。在城曰坊，近城曰厢。里推丁粮多者十人为长，余百户为十甲，甲十人。岁役里长一人，甲长十人，以司其事。黄册以户为经，以田为纬，亦由里长司之，上于县，县上于府，府上于布政司，布政司上之户部。户部于年终进呈，命户科给事中一人、御史二人、户部主事四人校之。其立法本极精详，然有司之意，总止于取办赋役，人口之登耗，在所不问，黄册遂有名无实。官吏据定赋役者，别为一书，谓之白册，而黄册寖至废阙矣。

清张玉书曰："古者司民掌登万民之数，自生齿以上，皆书于版，岁登下其死生。三年大比，而民数上于天府。……公家之事，国中自七尺以及六十,野自六尺以及六十有五,皆征之。其贵者、贤者、能者、服公事者、老者、疾者皆舍,亦以岁时上其书。是则生齿之数,与力役之数,当各有籍,而非以赋役之多寡,为生齿之赢绌也。自西汉初有口钱算赋,而户口之赋以起。历代相沿未变。独所纪户口登耗之差,不知自生齿以上悉纪之欤?抑收口钱算赋,然后列于丁男之数欤?如以口钱算赋为纪,则民间漏籍,不可胜指,而即据此以为赢绌,可欤?隋制:男女三岁以下为黄,十岁以下为小,十七岁以下为中,十八岁以上为丁,六十为老。唐制:始生为黄,四岁为小,十六为中,二十一为丁,六十为老。不知隋、唐所纪户口,自黄口以上悉纪之否欤?我国家户口册,仍前明黄册之制,分旧管、新收、开除、实在四则,以田土从户口,分豁上、中、下三等,立军、民、匠、灶等籍,而役之轻重准焉。顾西北土满人稀,隐避恒寡。东南则有田然后有丁,其载诸册籍者,皆实收丁粮之人。而一户之中,生齿虽盛,所籍丁口,率自其高曾所遗,非析产不增丁。则入丁籍者,常不过数人而已。其在仕籍及举、贡、监、生员,与身隶营伍者,皆例得优免。而佣保、奴隶,又皆不列于丁。则所谓户口登耗之数,于生齿之赢绌,总无与也。……按黄册载某户丁几名,于某丁下载男妇若干口,而总数专载实在当差丁若干名。似宜变通昔人之法,分为二册,一载实在当差丁共若干名,一载不当差人口若干名,以为每岁登耗之验。"《清经世文编》卷三十。按明制:鳏寡孤独不任役者,附十甲后为畸零。僧道有田者,编册如民科,无田者亦为畸零。则不役之男女,册亦咸具其数,而所统计者,乃专在当差之丁,则因役籍户籍,并为一谈,有司之意,有所侧重,遂至全国人口都数,册籍更无可征也。案军、民、匠、灶,为清初定律之称,沿袭明制。其后匠已无役。《嘉庆会典》乃更为民、军、商、灶。军谓屯卫之兵,遣犯之子孙。商则商人子弟,许附籍于行商省分者也。中国为农国,其民皆安土重迁,故法律亦重祖籍。寄居地方,必置有坟庐,已逾二十年者,乃准入籍,仍称寄籍,而以原籍为祖籍。出仕者,祖籍、寄籍须一体回避。文员罢职,不准寄居官所,亦不得在任所地方置买田宅。必本身已故,子孙于他省有田地丁粮者,乃许入籍。武职罢任后,原籍无产业、宗族可归,愿于任所入籍者,副将以上,由督抚具奏请旨。参将以下报部。《嘉庆会典》所定如此。

　　唐、宋役法,本通计丁资,以定户等。明世因计资不能得实,渐趋于专论丁粮,以应役偏责诸有田之人,未为平允,未能遽定为法。然中叶后卒行之,所谓一条鞭也。至此,则役法田赋,实已并为一谈,不啻加田赋而免其役。乃以应征丁钱,摊派之于田亩,所谓"丁随粮行"也。明制:五年均役,十年一更造黄册。此本非清查人口,只是因田亩换易,丁口登耗,为是以求役法之均平耳。清代所谓编审,则全是将应收丁赋,设法摊派,与清查人口了无干涉矣。今录陆陇其知灵寿县时《详文》,及苏霖渤为御史时一《疏》如下,以见当时所谓编审者之概。两文皆见《清经世文编》卷三十。

　　陆氏《详文》云:"灵寿人丁旧额,顺治十四年《赋役全书》载三等九则,通折下下人丁万四千七百零一丁。历年递增,至康熙二十二年《赋役全书》,实在下下则人丁一万五千六百八十八丁。查其递增之故,则非尽民庶而富加于其旧也。因编审者惟恐部驳,必求足额,故逃亡死绝者,俱不敢删除,而摊派于现存之户。且又恐仅如旧额,犹免于驳也,必求其稍益而后止。更复严搜遍索,疲癃残疾,鳏寡孤独,无得免者。沟中之瘠,犹是册上之丁。黄口之儿,已登追呼之籍。小民含辛茹苦,无所控诉。加以屡岁荒旱,上年又被水灾。现在强壮之民,饥寒切身,不能自给,而又责其包赔逃亡之粮,代供老幼之差。所以民生日蹙,闾井萧条。卑职编审之际,号呼满堂,不忍见闻。然亦恐缺额太多,不敢尽数芟除。其间逃而有着落可招抚者即不除;亡而有地亩遗下,即量加于承受之人而不除;孩童而有产业者即不除;老而有产业者,即量加于子孙而不除;穷无寸土,而未至垂毙者即不除。惟是逃亡之无踪迹,老幼之无立锥者,鸠形鹄面,奄奄一息者,虽欲不除,不得不除。因复搜求新增之丁,冀其不失旧额,而应增之数,不足以抵删去之数。共计现今审定丁数,较之《赋役全数(书)》之额,缺一千五百五十六丁。此等缺额之丁,实因屡年编审,有增无减。今若照旧摊派,以求无缺,恐非宪台轸恤穷民之意,而卑职一点良心,亦不肯自昧也。谨将增除数目,造册呈报,伏候宪裁。"

苏氏《疏》云:"臣谨查各省仓谷,每岁将存用实数,通盘汇核,可以酌盈剂虚,实于民生大有裨益。惟是岁查各省民数一事,臣窃反复思惟,而觉有不便施行者,不敢不直陈之。盖古者民皆授田于官,故民数与田数相为表里,可以按籍而稽,毋容隐混。且耕三余一,耕九余三,皆实有数年之蓄,而后可以谷数之盈绌,待民数之多寡。后世时异势殊,古制远不能复,民皆各自为谋。然为上者,诚因其所利而利之,择人而牧之,厚积储以补助之,有所养而无所扰,则亦足以臻治安。古今异宜,事势各别,正不尽规仿旧文,始可讲求康阜也。今天下生齿日繁,上届编审,新旧人丁,共二千六百三十余万。虽系照例按户定丁,尚非详细实数。然一户之数,不过八口以内。按册而推,再参以粮赋之多寡,亦可得其大略。至各省仓谷,现奏报有二千六百余万石,亦属丰裕。但贮谷虽多,亦止存以备常年之借粜,凶饥之散赈,为因时补救之计,原不能计口授食,遍给闾阎。而借粜应听贫民自便,无容按户派领。若散赈则皆地方大吏,临时督率有司,清查被灾各户,分别造册赈济。是不遇荒歉,不动仓储,既无从据此民数办理,即遇荒歉散赈之时,仍系另造应赈确册,势不能照平时之户口均摊,是又无从据此民数办理也。至若人满滋虑,先事绸缪,则如开垦树植,薄征免赋,转粟通商,一切政务,我皇上念切民生,已无不次第举行,亦岂俟查清民数,而后见之设施乎?故臣就此时揆度事势,而觉民数一项,仅可以验生息之蕃,实难据作施行之用,似可缓其清查。至若查之而转致滋弊,则又有难于缕陈者。盖州县民户之多,类皆散处乡僻。若令其携妻抱子,络绎公庭而赴点,则民不能堪。若令地方官遍历村庄，挨家查验以稽数，则官不能堪。是仍不过委之吏胥，造册以毕其事耳。而吏胥果可委任乎？事本烦重，则借口之需索多端；地复辽阔，则乘便之贪求无厌。重则入室搜查，生端挟诈；轻则册费路费，坐索无休。至敛钱之乡保人等，就中分肥，皆属情所不免。州县官刑名钱谷，赶办不遑，加以造册纷纭，日不暇给，虽有精明之员，亦难胜稽查之力。是小民未及沾惠，先已耗财不赀矣。夫五年编审，事已不易，况欲年年遍察而无遗？是虽奉行尽善，似亦难为常继也。再如行商寓旅，往来无定，流民工役，聚散不常，以及番界苗疆，人性顽蠢，亦有种种不便清查之处。且吏胥造册，自料地广人众，本官不能诘问，暮改朝迁，实数无凭指证，势必任意隐漏，草率完事。迨至汇册奏闻，仍仅得其大略，究非确数。而小民滋累，亦不可以数计也。伏乞皇上俯念，编审业有成规，亿万生民，难以岁岁轻扰，恩准将每年清查民数一事，收回成命，特赐停止。惟于各省仓储，严查实贮，以期有备无患。因利劝导，顺时休养，四海蒸黎，自沐皇仁于永久矣。"

读此两文，可知清代之编审，与清查人口了无干涉矣。增丁即是增税，减税只须减丁。朝廷苟无意增税，丁数自可无庸增加。此则康熙时所以有"滋生人丁，永不加赋"之举也。

清初定法，三年一编审。顺治十三年，纾其期为五年。康熙二十五年，以其期太宽，胥吏得以上下其手，定每年陆续稽查，下次编审时补足。五十二年，诏嗣后滋生人丁，永不加赋，丁赋之额，以五十年册籍为准。此时本可将丁银摊入地粮，以有司惮更张，末即筹办。然额丁之后，多寡不同，遂有以数十百丁，承纳一丁，或以一丁承纳一二十丁之税者。又有户绝而无从完纳者。雍正以后，卒将丁税陆续并入地粮焉。详见俞正燮《癸巳类稿·地丁原始》。并丁银于地粮，即加田赋而免丁税，乃事势之自然。明中叶后久已行之，非清人之所创也。乃当时之人,遂以此为清廷之仁政,为之建立皇恩浩荡碑亭。亦见俞氏文中。至今日,犹有援此以颂清德者,真可谓不知故事者矣。

户籍役籍,并为一谈,不独人口之数,因此不能得实也,其贻患又特巨焉。就其见于载籍者,概括言之,凡得十二。贪酷之吏,增户以肆诛求,一也。但顾考成,明知人户之凋残,而不敢减少,二也。货贿出入,三也。任意去留,四也。截期务速,草率了事,五也。纸墨饭食,乘机勒索,六也。此皆弊之在官吏者也。豪强占隐,亏公赋以图私利,七也。元魏之初,民多荫附,三五十家,方为一户。豪强征敛,倍于官赋。明代江南,多冒称官户、儒户。官之子孙,又妄立子户之名,隐蔽他户,使不应役。甚有及于邻县者,求其隐蔽,谓之寄门投献,公然行之,故下户之负担愈重。丁壮诈称老幼,康强谬云疾病,八也。寄籍他方,自托侨户,九也。妄冒官勋,以图优免,十也。子姓众多,不立新户,十一也。丁随粮行之世,则或联数姓为一户,或寄产业于他人,或托之豪强,或谬称远方不可知之人。甚或虚立户口,谓之鬼户,十二也。此皆弊之在人民者也。有此诸弊,则役籍特丛弊之数耳。况所谓编审,久成摊派丁税之举,绝无清查户口之意。丁银既摊入地粮,尚何取此有名无实之事以厉民哉?故乾隆五年,遂停之,而凭保甲以造户口册。《清律》:脱户、漏口、隐蔽他人、合户、附籍、诈、冒、脱、免、避重就轻,皆有罪。里长亦有失于取勘之罪。因赋役之有无轻重为差。其用意,重于赋役,而不在清查人口,昭然可见矣。

保甲之法,起于宋之王安石。其法:以十家为保,保有长。五十家为大保,有大保长。十大保为都保,有都保正、副。户有二丁者,以其一为保丁。日轮五人儆盗。后又教保长以武艺,使转教保丁,用为民兵焉。安石罢政,其法寻废。后世亦常行之。清保甲之法:"户给以门牌,书其家长之名,与其丁男之数,而岁更之。出注所往,入注所来。户有迁移,随时换给。十家为牌,牌有头。十牌为甲,甲有长。十甲为保,保有正,皆以诚实识字,有身家者充,限年更换,稽其犯令作慝者。各府厅州县所属城厢、市镇、村屯土著军民,自搢绅以至商贾农工,吏役兵丁,皆挨户编审。客民在地方开张贸易,即与土著一律挨编。其往来无定之商买,令客长稽察。至客商投寓店埠,皆令店主埠头,询明来历,并骑驮伙伴,去来日月,循环册报。山居栅民,按户编册,令地主保正结报。寺观僧道,令僧纲道纪,按季册报。"《嘉庆会典》。保甲为古什伍之制,意主于监察保卫,清查人口,初非专责,故如登下死生等法皆阙焉。盖清查户口,我国久无其事,故非寄之于役籍,即寄之于保卫稽察之司也。

清代旗人,别有户籍,亦称旗档。满、蒙、汉军,皆入此籍,掌于八旗俸饷处。见《石渠余纪》。八旗编制,起自佐领。每佐领辖三百人。满语曰牛录额真。五佐领置一参领。满语曰甲喇额真。五参领置都统一,满语曰固山额真。副都统二。满语曰梅勒额真。都统之驻防者曰将军。八旗三年一编审,由户部移各将军、都统、副都统,饬所属佐领,简稽丁壮,造册送部,汇疏以闻。其在各省营生食力者,呈明本旗都统及所在督抚,由督抚于岁终具册,咨部汇奏。《乾隆会典》。又有所谓包衣者,为满洲人之奴,其籍属内务府。《息楼谈余》曰:内务府各官,皆包衣旗人为之。包衣旗者,名虽满人,实汉军也。自太宗御宇之初,简先朝俘虏,明人之骁健者,成汉军左右两翼,设都统统之,以备折冲之用。后以降人众,乃分为汉军八旗。官职俸饷,一如满洲八旗之制。其留以给事宫庭,与分配诸王府供奔走者,皆拨入满洲,而锡之名曰包衣旗,以示区别于汉军焉。雍正中,复定制:汉军上三旗,每旗设佐领四十人,下五旗,每旗设佐领三十人。其有畸零之数,不能成一佐领者,皆拨入内务府,隶包衣旗籍。是以内务府旗人,既有满姓,复有汉姓。如前户部尚书立山,姓杨氏,前大学士崇礼,姓蒋氏之类是。盖其先世,皆出自汉人也。

蒙古编丁,亦起佐领。其辖治一旗者曰札萨克。札萨克之佐曰协理台吉。所属有管旗章京、副章京。丁百五十,则设一佐领。其下有骁骑校一,领催六。族长,每族一人。什长,每十家一人。三年一编审。六十以下,十八以上皆入册。有疾者除之。札萨克至什长,按佐领察核,造册送理藩院。

往史所载户口之数,以前所述,实极不足信。欲知历代户口,宜别设法,从他方面考究。徒据前史所载,无益也。今兹未能,则姑录其数如下。此可见历代出税户口之数耳,与全国户口之数,实无涉也。

年　　代	户　　数	口　　数
汉孝平帝	一二二三三〇六二	五九五九四九七八
后汉光武帝中元二年	四二七九六三四	二一〇〇七八二〇
明帝永平十八年	五八六〇一七三	三四一二五〇二一
章帝章和二年	七四五六七八四	四三三五六三六七
和帝永兴元年	九二三七一一二	五三二二五六二二九
安帝延光四年	九六四七八三八	四八六九〇七八九
顺帝建康元年	九九四六九一九	四九七三〇五五〇
冲帝永嘉元年	九九三七六八〇	四九五二四一八三
质帝本初元年	九三四八二二七	四七五六七六七二
桓帝永寿二年	一六〇七〇九〇六	五〇〇六六八五六
魏	六六三四二三	四四三二八八一
蜀汉昭烈帝章武元年	二〇〇〇〇〇	九〇〇〇〇〇
蜀亡时	二八〇〇〇〇	九四〇〇〇〇
吴大帝赤乌三年	五二〇〇〇〇	二三〇〇〇〇〇
吴亡时	五三〇〇〇〇	二三〇〇〇〇〇
晋武帝太康元年平吴后。	二四五九八〇四	一六一六三八六三
前燕亡时	二四五八九六九	九九八七九三五
宋孝武帝大明八年	九〇六八七〇	四六八五五〇一
陈武帝	六〇〇〇〇〇	
后主	五〇〇〇〇〇	二〇〇〇〇〇〇
魏	三三七五三六八	
北齐亡时	三〇三二五二八	二〇〇〇〇〇〇
后周静帝大象中	三五九〇〇〇〇	九〇〇九六〇四

隋炀帝大业二年	八九〇七五三六	四六〇一九九五六
唐高宗永徽元年	三八〇〇〇〇〇	
中宗神龙元年	六三五六一四一	
玄宗开元十四年	七〇六九五六五	
天宝十三载	九六一九二五四	
天宝十四载	八九一九三〇九	一二九〇九三〇九
肃宗至德二载	八〇一八七〇一	
乾元三年	一九三三一二五	
代宗广德二年	二九三三一二五	
德宗建中元年	三八〇五〇七六	
宪宗	二四七三九六三	
穆宗	三九四四五九五	
敬宗	三九七八九八二	
文宗开成四年	四九九六七五二	
武宗	四九五五一五一	
宋太祖建隆元年	九六七三五三	
平荆南得	一四二三〇〇	
平湖南得	九七三八八	
平蜀得	五三四〇二九	
平广南得	一七〇二六三	
平江南得	六五五〇六五	
建隆九年	三〇九〇五〇四	
太宗至道三年	四一三二五七六	
真宗天禧五年	八六七七六七七	一九九三〇三二〇
仁宗天圣七年	一〇一六二六八九	二六〇五四二三八
庆历八年	一〇七二三六九五	二一八三〇〇六四
嘉祐八年	一二四六二三一七	二六四二一六五一
英宗治平三年	一二九一七二二一	二九〇九二一八五
神宗熙宁八年	一五六八四五二九	二三八〇七一六五
元丰六年	一七二一一七一三	二四九六九三〇〇
哲宗元祐六年	一八六五五〇九三	四一四九二三一一
元符二年	一九七一五五五五	四三四一一六〇六

徽宗崇宁元年	二〇〇一九〇五〇	四三八二〇七六九
高宗绍兴三十年	一一三七五七三三	一九二二九〇〇八
孝宗乾道二年	一二三三五四五〇	二五三七八六八四
光宗绍熙四年	一二三〇二八七三	二七八四五〇八五
宁宗嘉定十六年	一二六七〇八〇一	二八三二〇〇八五
理宗景定五年	五六九六九八九	一三二六五三二
金世宗大定初	三〇〇〇〇〇〇	
大定二十七年	六七八九四四九	四四七〇五〇八六
章宗明昌元年	六九三九〇〇〇	四五四四七九〇〇
明昌六年	七二二三四〇〇	四八四九〇四〇〇
泰和七年	七六八四四三八	四五八一六〇七九
元太宗五年括中州户《本纪》。	七三〇〇〇〇	
七年《地理志》。	八七三七八一	四七五四九七五
八年复括中州户《本纪》。	一一〇〇〇〇〇	
太宗十三年《兵志》。	一〇〇四六五六	
世祖中统二年	一四一八四〇九	
至元十二年	四七六四〇七七	
至元十三年平宋。	九三七〇四七二	一九七二一〇一五
至元二十七年《地理志》。	一三一九六二〇六	五八八三四七一一
至元二十八年	一三四三〇三二二	五九八四八九六四
文宗至顺元年	一三四〇〇六九九	
明太祖洪武二十六年	一〇六五二八七〇	六〇五四五八一二
成祖永乐九年	一一四一五八二九	六六五九八三三七
英宗天顺元年	九四六六二八八	五四三三八四七六
宪宗成化二年	九二〇一七一八	六〇六五三七二四
孝宗弘治四年	九一一三四四六	五三二八一一五八
武宗正德元年	九一五一七七三	四六八〇〇〇二五
世宗嘉靖元年	九七二一六五二	六〇八六一二七三
嘉靖六年	一〇六二一四三六	六〇六九二八五六
熹宗天启元年	九八二五四二六	五一六五五四五九

　　以上所列，系就止续《文献通考》钞撮，原书材料，有根据正史者，有

出于正史之外者。盖皆历代官家册籍之数。至于学者推测之辞,因其所用之法太粗,不足为据,如谓"禹平水土,人口千三百五十五万三千九百二十三。涂山之会,执玉帛者万国。汤受命,存者三千余国,方于涂山,十损其七。周武王定天下,列五等之封,凡千七百七十三国,又减汤时千三百国。人口之损亦如之"之类。不录。历代史籍,间载各地方户口之数,颇足考见当时人口之分布,及各地方之盛衰。惟此等纪载,为数太少。历代区画,又各不同。非作极详密之研究,一时无所用之,故亦未录。

清代户口,可考之数较多,未能悉列为表,今述其大略如下。案清当征收丁税以前,其户口之数,与前代无甚出入。如康熙五十年,人口为二千四百万是也。乾隆六年,始凭保甲造册。自此户口岁增。是年口数,为一万四千余万。二十七年,为二万万余。五十八年,始逾三万万。道光十五年,又逾四万万。其间虽小有升降,大体总属增加。最后宣统二年,邮政局调查,为四万三千八百四十二万五千口。后习称中国口数为四万万,由此也。

康熙之永不加赋,意本在于清查人口,故谕旨有"朕欲知人丁实数,不在增加钱粮"之语。朝意如此,册报者自不免希旨增加。保甲本不为清查户口而设,且亦有名无实。故谓清免除丁税后,户口之数,仍未必得实,或且近于夸张,亦情理之谈也。然所册报,较诸户籍役籍并为一谈之世,总觉得实多多。乾隆四十年上谕,谓从前历办民数册,应城一县,每岁只报滋生八口。应山、枣阳只报二十余口及五六七口,且岁岁滋生之数,一律雷同。此与宋代之三户四口,同一可笑矣。乃近之论者,或又估计务从其少。如谓日本人年食盐二十二斤,华人称日费四五钱,则一年当得十斤。中国食盐,合官私岁销,不过二十六万余斤,则中国人数,不过二万六千余万。又有列举种种减少人口及阻碍人口增加之事以为证者,则又未免矫枉过直矣。善夫!近人萧一山氏之论也。其言曰:"余按户口多寡,昔时调查统计,既不精密,无正确数目,盖难讳言。然因编制保甲之故,乃以住户为调查统计之基础,丁口多少,虽可以任意增减,而户之数目,则当与实际不相悬殊。吾人由户之多寡,以推测人口,而以折衷之数平均之,则户口之真,虽不能无漏无溢,要亦所差不远矣!若此以取乾隆十八年之户数为例,据《会典》为三千八百八十四万五千三百五十四户,平均每户八口,尚三万一千余万口。至乾隆五十八年人口之数,乃适与推测之数相符,案是年口数,见于《东华录》者,为三万一千三百二十八万一千七百九十五。是则一方知据此推测之不谬,一方可为渐趋于实在之明证也。"中国食盐销盐之数,两俱不确,据以推测人口,殊难征信。王庆云《熙朝纪政》曰:"国家户口之登耗,视其时之治乱。若夫以治继治,无兵革凶荒,夭札疵疠之凋耗,日繁月衍,不数十年,辄自倍以登。此可验之一乡,而知天下者。"茅谦《水利刍议》曰:"吾家京口,有驻防旗兵丁口档册,生卒极详。四十几年前,男丁不足三千,半未婚者。及辛亥改革时,已有一万几千。是四十余年,除去死亡,男女已增一倍余也。宣统初年,旗民以限于粮额,男女之三十不婚配者,又已有千计。倘使生计稍增,尚不止此数。是吾四百兆人民,就令凋丧灾害,由光绪中叶以来,至少亦加至半倍,为六百兆人民矣。"二家皆目验之论。萧氏据此,谓减耗虽多,终不如增加之速,说亦极确。然则自乾隆以来,户口之数,固当较历代所传为近实也。萧氏之论,见所撰《清朝通史》卷中。

且即谓乾隆以来所报之数为夸大,今日学者推测之数为不误,中国人口亦当在二亿六七千万之间,与往史所载之数,相去仍属甚远。予故谓清查人口,最大之累,厥惟丁税也。然此为法令责其清查,因与税法牵涉,不能得实者,尚有法令本未加以清查,或虽清查,而不入普通户口册籍者,则其数无可稽考矣。如《金史》于普通户口之外,别载猛安谋克户口数。元至元二十七年之户口数,《元史》明言山泽溪峒之民不与。又如吴、蜀之亡,前表所列户口数外,史谓蜀别有将士十万二千,吏四万;吴别有将士二十三万,吏三万二千,后宫五千是也。户口之数,理应按年列表,其有特殊情形者,尤应加以说明,方足考其升降。而史氏于此,都不之及。此半由材料阙乏,半由史家未知此事关系之重要也。即如史所载唐宪宗时户数,为二百四十七万三千九百六十三,李吉甫《元和国计簿》所载,则为二百四十四万有三百五十四,数极相近。《元和国计簿》云:凤翔等十五道七十一州不申,则史所载,亦非当时全国户数矣。又如元太宗七年户口之数,见于《地理志》者,与《本纪》所载八年户数,《兵志》所载十三年户数,相差颇远。《兵志》载太宗之言,谓除逃户外,实得户七百二十三万九百十,则相差无几。《续通考》谓《纪》及《兵志》所载,为括籍所得总数;《地理志》所载,为除去逃户实数,说颇近之。而史家于此,不予说明,未免失之粗略矣。此等处,乃因材料偶然散见,故能推校而知。其材料不存,无从推校者,盖不知凡几。即如后汉冲、质二帝,在位皆仅一年,前所列顺帝建康、冲帝永嘉、质帝本初,三年实相衔接。永嘉户数,仅损建初万余,而本初户数,乃损永嘉五十八万。又如宋元丰六年以前户口之数,《通考》谓皆出《宋会要》,而又载毕仲衍《中书备对》所载各路户口数,其总数为户一千四百八十五万二千六百八十四,口三千三百三十万三千八百九十九,与元丰六年之数,亦相差颇甚。昔时官吏,皆以户口登降为考成,赋税则视户口登降为增减。既不敢轻减,亦岂敢妄增,以益催科之累?则知此等升降,当时必有其由,今因史文阙略,无可考究矣。又如三国户数,合计仅百有八万,《续汉书·郡国志》谓魏陈留王奂景元四年,与蜀通计,户九十四万三千四百二十三,口五百三十七万二千八百九十一。又齐王芳正始五年,扬威将军朱照日上吴所领兵户,凡十三万二千。推其民数,亦不能多于蜀,与前列之数,相去不远。而《续汉书·郡国志》补注载南阳户数五十余万,汝南四十万,岂有合三国之众,仅敌二郡之民者?其必有由,尤不俟言也。又有史家所言,明属误缪者,如元至元二十七年、天顺元年户口之数,皆见于《元史·地理志》。《志》但就此两年比较,而云天顺又增二十万有奇,一似天顺为元户口最盛之时者。然以天顺元年较《纪》所载至元二十八年,户数实损四十余万。作史者盖未详考也。故知据往史所载户口之数,为当时户口实数固非,即以为当时册籍所载之数,亦未必尽是也。

史事有虽乏纪载,仍可推测而知者。有不然者。最易推测者,厥惟自然现象,如日月之运行,陵谷之迁变是也。社会现象,则推测较难。人口升降等,须有确实数目者,可谓竟无从推测。然必欲得其大略,亦非遂无策。如欲得战国人数,试先据苏秦说齐宣王之辞,谓"临淄七万户,户不下三男子,不待发于远县,而临淄之卒,固已二十一万"。假定征发皆属壮夫,老弱之男倍于丁壮,女子之数与男相等,则临淄口数,当得八十四万。更据《史记·货殖列传》,知蓟、邯郸、宛、江陵、吴、寿春、番禺,与临淄并称当时都会。假定此诸地方,繁盛当临淄之半,则其口数,合计为二百九十四万。而战国时最大都会之人口,略可睹矣。次更钩稽当时所谓县与邑者,当得几何。每县每邑之人口,均计当得几何。以其总数,与都会人口相加,而当时居于城市之民,总数略可睹矣。当时之兵,皆出于民。苏秦说六国,备言其士卒之数。苟能知当时兵制,若干人出一兵,则亦可知各国民数。各国之土地,不能无肥瘠之殊,即其居民,不能无疏密之异。《孟子》言齐鸡鸣狗吠相闻,达于四境,而《汉志》谓楚火耕水耨,是齐之人口,较楚为密也。试以各国面积,除所推得各国人口,观其所得疏密,与《孟子》、《汉志》之言相应否,如其相应,则七国人数,大略可睹矣。一时代之大略既得,后此一时代即可由此而推;前此一时代亦可由此追溯。如战国时,秦与三晋争战最烈。燕、齐与秦战较稀,而犹自相攻伐。蜀则被兵之事殆寡。楚、汉之际,龙拏虎攫,亦多在汉中以北,江陵以东。然则西汉之世,巴、蜀人口,当最繁密。

往史所载之数,果与此说相应,则吾所推测为不误,更可由此以推他时代。如不相应,则必尚有他种原因,为吾所不及知者,又当深思博考以求之。如是辗转钩稽,记载虽乏,未有不能得其大略者,特程功匪易耳。

附录　论中国户口册籍之法

《东方杂志》二十五卷第四册，载有《千五百年前敦煌户口册与中国史籍户口比率》一文，为英人齐尔士所撰，吾国王庸译。原文所据，系得自敦煌石室西凉李暠建初十二年户籍残纸。凡十户，完具者九。口数都三十六，户适得四口。齐尔士因此推论，吾国历代户口比率，尝在户四口弱至五口强之间。独赵宋则最多不足三口，最少且不及二户三口。据《文献通考》"乾德元年，令诸州岁奏男夫，二十为丁，六十为老，女口不豫"之文，谓宋世口数，但指男子。元丰三年，毕仲衍《中书备对》各路口数，皆丁口并列。其数户一千四百八十五万二千六百八十四，口三千三百三十万三千八百八十九，丁一千七百八十四万六千八百七十三。以千七百万之丁，而人口总数仅得三千三百万，未免太少。若谓口数仅指男子，则人口总数可假定为六千六百万，户、口比率，仍近一与四矣。王氏盛称之。谓吾国学者于此未能注意，即李微之、马贵与亦未计及，直待数百年后，发之英人，岂不异哉？予谓宋世常行之法，李、马二氏无容不知。历代公家计帐，不合情理者甚多，正不容强执事理，以求解释。齐尔士之见，亦适成其为外人之见而已。此事不足深论。予顾因此而欲一论历代户口册籍之法焉。

吾国古代户口之籍，盖仅藏于州间。其登诸天府者，则仅取与国用有关。此征诸《礼》而可知者也。《礼记·内则》：子生三月，父名之，遂告宰名。宰书曰：某年，某月，某生。而藏之。宰告闾史，闾史书为二，其一藏诸闾府，其一献诸州史。州史献诸州伯，州伯命书而藏诸州府。是一人之生，州闾之府，咸有其名籍也。此制仅士夫之家如此，抑全国之民皆然？仅男子之生如此，抑女子之生亦然？颇难质言。案《周官》媒氏，"掌万民之判。凡男女自成年以上，皆书年、月、日、名焉。仲春之月，则令会男女"。会男女即合男女，见《礼记·礼运》、《管子·幼官》。古人民嫁娶，法令颇加干涉，故《孟子》以内无怨女、外无旷夫为仁政。《梁惠王下》。《墨子》亦谓圣王之法，丈夫年二十，毋敢不处家，女子年十五，毋敢不事人也。《节用上》。此必举国之男女。则书名州闾者，必不仅士夫之家，亦必不限于男子矣。媒氏之成名，郑即援《内则》子生三月父名之为释，于礼固无不合也。此所谓全国民籍，藏于州闾者也。《周官》专司民数之官，实为司民。其职曰："掌登万民之数。自生齿以上，皆书于版。辨其国中都鄙及郊野，异其男女，岁登下其死生。及三年大比，以万民之数诏司寇。司寇及孟冬祠司民之日，献其数于王。王拜授之，登于天府。内史、司会、冢宰贰之，以赞王治。"此所登，亦近全国人口总数。然其意，则不为清查人口，而为会稽谷食。故不以成名之月，而以生齿之时。小司寇之职曰："及大比，登民数。自生齿以上，登于天府。内史、司会、冢宰贰之，以制国用。孟冬祀司民，献民数于王。王拜受之，以图国用而进退之。"意尤明白可见。《贾子》曰："受计之礼，主所亲拜者二：闻生民之数则拜之，闻登谷则拜之。"《礼篇》。尤可见二者之相关也。小司徒之职，"掌建邦之教法，以稽国中及四郊都鄙之夫家九比之数。……乃颁比法于六乡之大夫，使各登其乡之众寡，六畜、车辇。大比以起军旅，作田役，比追胥，令贡赋，故以已昏妃者为限"。大比之政，凡乡遂之官，皆有责焉，无不言夫家者。《乡师》云："以时稽其夫家众寡。"《乡大夫》云："以岁时登其夫家之众寡。"《族师》云："校登其族之夫家众寡。"《县师》云："辨其夫家人民田莱之数。"《遂人》云："以岁时登其夫家之众寡。"《遂师》同。《遂大夫》云："以岁时稽其夫家之众寡。"《酇长》云："以时校登其夫家，比其众寡。"惟《闾师》但云："掌国中及四郊之人民六畜之数。"《鄙师》云："以时数其众庶。"皆无夫家之文。然此诸官所职，皆系一事，特其文有详略，则无可疑也。此犹后世之役籍，役固国用之大端也。故曰自州闾之府以外，户口之籍，皆其与国用有关者也。

汉世民数，盖在计簿。计簿之式，今不可知。《小司寇》注曰："版，今户籍也。"汉治最近古。郑君之言，或不仅取以相况。《史记·秦始皇本纪》后附《秦纪》：献公十年，"为户籍相伍"。什伍即州闾之制，此即《内则》所载书名州闾之法。盖秦至是始有之。又始皇十六年，"南阳假守腾，初令男子书年"。盖献公虽创户籍，所书仍未精详，故腾又更其法。《汉书·高帝纪》："五年五月，诏曰：民前或相聚保山泽，不书名数。今天下已定，令各归其县，复故爵田宅。"师古曰："名数，谓户籍也。"此籍之详者，亦当在乡亭，其都数当上之郡县耳。是时尚无纸，户籍称版，可知不书以缣帛，断不能悉致诸郡县之廷也。汉法多沿自秦，观秦有户籍之晚，知其制必不能大异于古，则汉法亦必无以大异于古。贾生所言虽古礼，或仍为当世之典，亦未可知。则其登诸计簿者，亦必非全国人口总数，而仅取与谷食有关，亦可推测而得矣。

媒氏主判合，司民会口实，其所登，自不容限于男子。大比之法，主为兵役，而亦不遗女子者，古兵役固不独在男也。《商君书·兵守》有"壮男为一军，壮女为一军，男女之老弱者为一军"之文。《墨子·备城门》诸篇，亦有以丁女充军之说。齐将下晋，男女以班。《左》襄二十五年。楚围汉王于荥阳，汉军绝食，乃夜出女子东门，二千余人被甲。女子可调集、可编制，其非无名籍审矣。汉惠帝六年，"令民女子，年十五以上，至三十不嫁五算"。注引《汉律》"贾人及奴婢倍算"。则口赋亦不异男女，女子不容无籍可知。降逮后世，户调之式，均田之令，租庸调之法，田皆男女并授，更不必论矣。《通考》乾德六年之令，当别是一事，与奏报民数无关。齐尔士引《宣化府志》及《畿辅通志》大名宋代户口比率，与《通考》所载不同，宣化一比五又七五，大名一比三又六六。而《畿辅通志》霸州比率，则又相近，一比一又三五。可见历代官中册籍，悠缪不可究诘者甚多，正不容强执情理，以相揆也。

　　古代民数，当较后世为得实，读史者盖无异辞，而《周官·职方氏》所载九州男女比率，乃殊不可信。扬州二男五女，荆州一男二女，豫州二男三女，青州二男二女，兖州二男三女，雍州三男二女，幽州一男三女，冀州五男三女，并州二男三女。予谓古代受计，必不能遍及九州。《周官·小司徒》："三年大比，则受邦国之比要。"邦国二字，当作县内诸侯解。书言邦国者多如此，非谓九州万国也。《周官》之说，疑杂阴阳数术之谈，非据册籍会稽而得也。或谓古人言数，皆不举畸零，故其说若不可通如此，此亦可备一说。

第十三章 赋　役

　　税赋二者，古本有别，税以足食，赋以足兵，然至后世，则二者渐混而为一。至于役，则系征收其劳力，与税赋二者，尤截然不同。然至近世，则亦并为一谈矣。此中变迁甚多，今以次述其大要。

　　欲知古代之税法，必先知古代之田制。欲明古代之田制，则井田制必当先考。案井田之制，汉人述之最详者，为《汉书·食货志》及《公羊》何注，《公羊》宣十五年。然皆汉人说也。周以前言之最详者，莫如《孟子》。《孟子·滕文公上》：滕文公问为国。孟子曰："夏后氏五十而贡，殷人七十而助，周人百亩而彻，其实皆什一也。彻者，彻也；助者，藉也。龙子曰：治地莫善于助，莫不善于贡。贡者，校数岁之中以为常。乐岁，粒米狼戾，多取之而不为虐，则寡取之；凶年，粪其田而不足，则必取盈焉。为民父母，使民盻盻然，将终岁勤动，不得以养其父母，又称贷而益之，使老稚转乎沟壑，恶在其为民父母也？夫世禄，滕固行之矣。《诗》云：雨我公田，遂及我私。惟助为有公田。由此观之，虽周亦助也。"使毕战问井地。孟子曰："夫仁政，必自经界始。经界不正，井地不均，谷禄不平，是故暴君污吏必慢其经界。经界既正，分田制禄可坐而定也。夫滕壤地褊小，将为君子焉，将为野人焉。无君子，莫治野人；无野人，莫养君子。请野九一而助，国中什一使自赋。卿以下必有圭田，圭田五十亩，余夫二十五亩。死徙无出乡,乡田同井,出入相友,守望相助,疾病相扶持,则百姓亲睦。方里而井,井九百亩,其中为公田。八家皆私百亩,同养公田。公事毕,然后敢治私事,所以别野人也。"

观此,知古代田税,有贡、助、彻三者之别。夏、殷、周三代相承,何以夏授田五十亩,殷变为七十,周又变为百亩,昔人颇以为疑。此由昔人视古制,皆以为尽量推行,致有此误。其实古代之王室,亦不过列国之一。后世中朝之制,尚不能推行全国,况古代乎?夏、殷、周都邑,初不相承,各自推行其法于王畿之内,固无足怪也。但彻、助二者,其别究如何?孟子既言周人百亩而彻,何以又引《诗》言虽周亦助?又"夫世禄,滕固行之矣"一句,与分田于民何涉?近人亦颇以为疑。案,古代人民,征服者处于国以内,谓郭以内。被征服者处于国以外,而国必建于山险之地,故曰:"王公设险以守其国。"《易·坎卦象辞》。又曰:"域民不以封疆之界,固国不以山溪之险。"《孟子·公孙丑下》。近人余杭章氏有神权时代天子居山说,尤可考见此事之起源。山险之地,必难平正画分,故行贡或彻法,即孟子所谓"什一使自赋",而殷人之助为例外。国外之地,则平正易画分,故行井田之法。滕文公时,井田之法已坏,而彻法犹存,故孟子于周人百亩而彻,断然言之而不疑,而于助法则仅能据《诗》句为想像也。圭田,即《王制》"夫圭田无征"之圭田。《说文》、《楚辞》王逸注皆以田五十亩曰畦。《蜀都赋》刘注引班固说同,且谓即孟子所言圭田。《文选》注引刘熙云:今俗以二十五亩为小畦,以五十亩为大畦。又《九章》有圭田法,凡零星不成井之田,一以圭法量之。焦循曰:"《荀子·王制篇》:虽王公士大夫之子孙,不能属于礼义,则归之庶人。然则士大夫之子孙,不能嗣为士大夫者,即授之田。""余夫亦蒙上圭田而言。"予案,此盖士大夫之子孙所受之田,亦在国中,而得蒙免税之典,又与什一使自赋者异,故特言之。惟方里而井一节,乃为国以外被征服之人所耕,乃为井田制,故孟子明言之曰:"所以别野人也。"

　　古代平民生活状况,据井田之制,有可推见者。今录《公羊》何注一段如下。《孟子·梁惠王篇》、《书大传》、《公》《穀》二传、《韩诗外传》、《汉书·食货志》等书,可以参看,不能遍举也。其中惟《汉书》参用古文说,有不能尽合处。

　　《公羊》何注曰:"圣人制井〔田〕之法,而口分之,一夫一妇受田百亩,以养父母妻子。五口为一家,公田十亩,即所谓十一而税也。庐舍二亩半,凡为田一顷十二亩半。八家而九顷,共为一井,故曰井田。庐舍在内,贵人也。公田次之,重公也。私田在外,贱私也。""种谷不得种一谷,以备灾害。田中不得有树,以妨五谷。还庐舍种桑荻杂菜。畜五母鸡,两母豕。瓜果种疆畔。女上蚕织。老者得衣帛焉,得食肉焉。死者得葬焉。多于五口,名曰余夫。余夫以率受田二十五亩。""司空谨别田之高下善恶,分为三品。上田一岁一垦,中田二岁一垦,下田三岁一垦。肥饶不得独乐,硗确不得独苦,故三年一换主易居。""在田曰庐,在邑曰里。一里八十户,八家共一巷。中里为校室,选其耆老有高德者,名曰父老,其有辩护伉健者为里正,皆受倍田,得乘马。父老比三老孝弟官属,里正比庶人在官。吏民春夏出田,秋冬入保城郭。田作之时,春,父老及里正旦开门坐塾上,晏出后时者不得出,莫不持樵者不得入。五谷毕入,民皆居宅。里正趋缉绩。男女同巷,相从夜绩,至于夜中。故女功一月得四十五日。作从十月尽,正月止。男女有所怨恨,相从而歌,饥者歌其食,劳者歌其事。男年六十,女年五十无子者,官衣食之,使之民间求诗,乡移于邑,邑移于国,国以闻于天子。故王者不出牖户,尽知天下所苦,不下堂而知四方。"

　　按《礼记·王制》:"冢宰制国用,必于岁之杪。五谷皆入,然后制国用。用地小大,视年之丰耗,以三十年之通,制国用。量入以为出。祭用数之仂。丧三年不祭,唯祭天地社稷,为越绋而行事。丧用三年之仂。丧祭,用不足曰暴,有余曰浩。祭,丰年不奢,凶年不俭。国无九年之蓄,曰不足;无六年之蓄,曰急;无三年之蓄,曰国非其国也。三年耕,必有一年之食。九年耕,必有三年之食。以三十年之通,虽有凶旱水溢,民无菜色。然后天子食,日举以乐。"一国之财政,全以农业为基础,可见当时农业关系之重要,亦可见古代政费之支出,全恃田税也。古代人民对于土地,并无所有权之观念。必欲问其所有者为谁,则惟有所谓"普天之下,莫非王土"之一茫漠观念而已。同时,又有所谓"分土"之一观念,天子之封诸侯,诸侯之封大夫是也。至天子、诸侯、大夫以何种观念分配土地于耕者,则在历史上及学说上皆不甚明了。大抵古代社会本行共产制,除征服者侵入,为寄生者,强人民纳税,将彼视为禄田外,本无私有之观念也。

　　力役之征,今文家说不甚详,仅《王制》有"用民之力,岁不过三日"之说而已。古文家说则见于《周官》。《周官·均人》:"掌均地政,均地守,均地职,均人民、牛马、车辇之力政。凡均力政,以岁上下,丰年则公旬用三日焉,中年则公旬用二日焉,无年则公旬用一日焉。凶札则无力政。"案人民之力政,指治城郭、涂巷、沟渠。言牛马车辇之力政,指转输委积之属而言。盖工程及运输之事,皆以责之矣。又案古代力役与兵役不甚区别。小司徒之职曰:"掌建邦之教法,以稽国中及四郊都鄙之夫家,九比之数,以辨其贵贱、老幼、废疾,凡征役之施舍……乃颁比法于六乡之大夫,使各登其乡之众寡、比要,乃会万民之卒伍而用之。五人为伍,五伍为两,四两为卒,五卒为旅,五旅为师,五师为军。以起军旅,以作田役,以比追胥,以令贡赋。乃均土地,以稽其人民,而周知其数。上地家七人,可任也者家三人;中地家六人,可任也者二家五人;下地家五人,可任也者家二人。凡起徒役,毋过家一人。以其余为羡,惟田与追胥竭作。"乡大夫："以岁时登其夫家之众寡,辨其可任者。国中自七尺以及六十,野自六尺以及六十有五,皆征之。十五以下为六尺,二十为七尺。其舍者,国中贵者、贤者、能者、服公事者、老者、疾者,皆舍。"遂大夫之职略同,皆以兵事与田役并言,然二者亦自有别。《白虎通·三军》篇:"年三十受兵何,重绝人世也!师行不必反,战不必胜,故须其有世嗣也。年六十归兵者何?不忍并斗人父子也。"《王制》正义引《五经异义礼》戴说、《易》孟氏、《韩诗》说并同,与《周官》"国中自七尺以及六十,野自六尺以及六十有五"之说异,而《周官》之说与《管子》"六十以上上所养,十五以上上所强"之说同。岂《周官》、《管子》所载为服力役之年限,而《白虎通义》之说,则服兵役之年限邪?《后汉书·班超传》:班昭上书:妾闻古者十五受兵,六十还之。亦混二者为一。

春秋战国时,井田之法渐坏,而税法乃一变。案井田之坏,世皆以为商鞅一人之咎,其实非也。朱子《开阡陌辨》曰:"《汉志》言秦废井田,开阡陌。说者之意,皆以开为开置之开。言秦废井田,而始置阡陌也。……按阡陌者,旧说以为田间之道。盖因之疆畔,制其广狭,辨其横纵,以通人物之往来。……当世衰法坏之时,则其归授之际,必不免有烦扰欺隐之奸。而阡陌之地,切近民田,又必有阴据以自私,而税不入于公上者。是以一旦奋然不顾,……悉除禁限,而听民兼并卖买,……使民有田即为永业,而不复归授,以绝烦扰欺隐之奸。使地皆为田,而田皆出税,以核阴据自私之幸。……故《秦纪》、《鞅传》皆云:为田开阡陌封疆而赋税平。蔡泽亦曰:决裂阡陌,以静生民之业,而一其俗。"《晦庵先生朱文公文集》）。

马端临亦曰:井田未易言也。田土之肥瘠,民口之众寡,民务农之勤怠,其民之或长或少,或为士,或为商,或为工,必能备知,然后授受无弊。盖古之帝王,分土而治。外而公侯伯子男,内而孤卿大夫,所治不过百里,皆世其土,子其人。春秋之世,土地寖广,又皆为世卿强大夫所裂,亦皆世有其地。邾、莒、滕、薛土地不过五七十里。窃意当时有国者,授民以田,不过如后世大富之家,以世有之田授之佃客。东阡西陌之利病,皆少壮所习闻,无俟考核,而奸弊自无所容矣。降及战国,井田之法未全废,而弊已不可胜言。故《孟子》有"今也制民之产,仰不足以事父母,俯不足以蓄妻子;又有暴君污吏,更慢其经界"之说。可见当时未尝不授田,而地广人众,考核难施,故法制隳弛,而奸弊滋多也。秦人尽废井田,任民所耕,不计多少,而随其所占之田以制赋。蔡泽言商君决裂井田,废坏阡陌,以静百姓之业,而一其志。夫静曰一,可见授田之制,至秦必扰乱无章,轻重不均矣。汉不能复,盖守令之迁除,其岁月有限,而田土之还授,奸弊无穷。受成吏手,安保无弊,争田之讼,历数十年不决。官授人以田,而欲其均平乎?晋太康时,虽有男子一人占地七十亩之制,而史不详言其还受之法。未几五胡云扰,则以无所究诘。直至魏孝文始行均田,然其立法大概,亦不过因田之在民者而均之。一传而后,政已圮乱。齐、周、隋因之,得失无大相远。唐太宗口分世业之制,亦多踵后魏之法,且听其买卖而为之限,永徽后兼并如故矣。《文献通考·田赋考》。

春秋战国时,井田制度大坏。盖由古者本有平民贵族之分,井田制度之坏,大抵贵族侵夺平民致之也。《汉书·食货志》载董仲舒之言,谓富者田连阡陌,贫者无立锥之地,可以想见其情形矣。汉人于此,乃务轻其田租,以为救济。《食货志》曰:"上汉高祖。于是约法省禁,轻田租,什五而税一。"文帝从晁错之言,"下诏赐民十二年租税之半。明年,遂除民田之租税。后十三岁,孝景二年,令民半出田租,三十而税一也"。

案十一之税,古已视为仁政。汉代所取,乃仅其三之一,可谓厚矣。然曾无补于农民之困。荀悦谓"豪强人占田逾侈,输其赋大半。官家之惠,优于三代,豪强之暴,酷于亡秦"。案,董仲舒谓"耕豪民之田，见税什五"。王莽行王田令，亦谓"豪民侵陵，分田劫假，厥名三十，实什税五"。当时私家租额，可以考见。董仲舒谓"古井田法虽难卒行，宜少近古，限民名田"。武帝不能用。哀帝即位，师丹辅政，复建此议。天子下其议，丞相孔光、大司空何武奏请："诸侯王、列侯皆得名田国中。列侯在长安，公主名田县道，及关内侯、吏民名田，皆无过三十顷。"丁、傅用事，董贤隆贵，皆不便也。诏书且须后，遂寝不行。及王莽乃断然下治，更名天下田曰王田，奴婢曰私属，皆不得卖买。男口不满八，而田过一井者，分余田与九族乡党。犯令，法至死。制度又不定，吏缘为奸，陷刑者众。三岁，莽知民愁，遂废其法。然莽末大乱，土田失主，地权转因此而稍均。观荀悦论井田，谓"土地布列在豪强，卒而革之，并有怨心，则生纷乱，制度难行。若高祖初定天下，光武中兴之后，人众稀少，立之易矣"。可见光武初年，大地主不如前汉之多也。

后汉仍行三十税一之制。《光武纪》：建武六年十二月癸巳，诏曰："顷者师旅未解，用度不足，故行什一之税。今军士屯田，粮储差积。其令郡国收见田租，三十税一如旧制。"则其初年，尝行什一之税，然为时甚暂也。《桓帝纪》：延熹八年八月戊辰，初令郡国有田者亩敛税钱。注：亩十钱也。《灵帝纪》：中平二年二月，税天下田亩十钱。注：以修宫室。此为末年之横敛。古代军赋，虽亦井田以定法，乃令民出马、牛、车辇等，以供军用，与田税之出粟米以供政费者，截然殊途。汉代军赋，变为口率出钱，后世田税，亦渐改征钱帛，而二者遂渐相混矣。今考汉口赋之制见于《汉书》及各家注者，具述如下。

《汉书·高帝纪》：四年，"八月，初为算赋"。如淳曰："《汉仪注》：民年十五以上至五十六出赋钱，人百二十，为一算，为治库兵、车马。"十一年，"二月，诏曰：欲省赋甚。今献未有程，吏或多赋以为献，而诸侯王尤多，民疾之。令诸侯王、通侯常以十月朝献，及郡各以其口数率，人岁六十三钱，以给献费"。《惠帝纪》：六年，"女子年十五以上至三十不嫁，五算"。注引应劭曰："《国语》：越王句践令国中女子年十七不嫁者，父母有罪，欲人民繁息也。汉律：人出一算，算百二十钱，唯贾人与奴婢倍算。今使五算，罪谪之也。"《武帝纪》：建元元年，"春二月，赦天下，赐民爵一级。年八十，复二算。九十，复甲卒"。张晏曰："二算，复二口之算也。复甲卒，不豫革车之赋也。"《昭帝纪》：元凤四年，"春正月丁亥，帝加元服。……毋收四年、五年口赋"。如淳曰："《汉仪注》：民年七岁至十四，出口赋钱，人二十三。二十钱以食天子。其三钱者，武帝加口钱以补车骑马也。"元平元年春二月，"诏曰：天下以农桑为本。日者省用，罢不急官，减外繇，耕桑者益众，而百姓未能家给。朕甚愍焉。其减口赋钱，有司奏请减十三。上许之"。《宣帝纪》：五凤三年，"减天下口钱"。甘露二年，诏曰："减民算三十。"《成帝纪》：建始二年春正月辛巳，上始郊祀长安南郊。诏曰："减天下赋钱算四十。"孟康曰："本算百二十，今减四十，为八十。"《贡禹传》："禹以为古民亡赋算口钱，起武帝，征伐四夷，重赋于民，民产子三岁则出口钱，故民重困。至于生子辄杀，甚可悲痛。宜令儿七岁去齿，乃出口钱，年二十乃算。……天子下其议，令民产子七岁，乃出口钱，自此始。"案口率出钱，虽与古之出车马等物者异，然其用途，则固以给军用品为主也。又有更赋、兵役与力役，亦不甚别。《昭帝纪》注："如淳曰：更有三品，有卒更，有践更，有过更。古者正卒无常人，皆当迭为之，一月一更，是为卒更也。贫者欲得雇更钱者，次直者出钱雇之，月二千，是为践更也。天下人皆直戍边三日，亦名为更，律所谓繇戍也。虽丞相子亦在戍边之调。不可人人自行三日戍，又行者当自戍三日，不可往便还，因便住一岁一更。诸不行者，出钱三百入官，官以给戍者,是为过更也。律说,卒践更者,居也,居更县中五月乃更也。后从尉律,卒践更一月,休十一月也。《食货志》曰:又加月为更卒,已复为正,一岁屯戍,一岁力役,三十倍于古。此汉初因秦法而行之也。后遂改易,有谪乃戍边一岁耳。"

两汉时,儒者亟言制民之产,然终不能行。迨晋以后,乃有颇近于此之制度,则晋之户调、魏之均田、唐之租庸调是也。按是三者,制相一贯,而其渊源则仍出于魏。《晋书·食货志》:"魏武之初,九州云扰。……军旅之资,权时调给。……乃募良民屯田许下,又于州郡列置田官,岁有数千万斛,以充兵戎之用。及初平袁氏,以定邺都,令收田租亩粟四升,户绢二匹而绵二斤,余皆不得擅兴。"及晋武平吴,乃制户调之式。其制:"丁男之户,岁输绢三匹,绵三斤,女及次丁男为户者半输。其诸边郡或三分之二,远者三分之一。夷人输賨布,户一匹,远者或一丈。男子一人占田七十亩,女子三十亩。其外丁男课田五十亩,丁女二十亩,次丁男半之,女则不课。男女年十六已上至六十为正丁,十五已下至十三、六十一已上至六十五为次丁,十二以下六十六以上为老小,不事。远夷不课田者输义米,户三斛,远者五斗,极远输算钱,人二十八文。其官品第一至于第九,各以贵贱占田。"

《魏书·食货志》:"魏初不立三长,故民多荫附。荫附者皆无官役。豪强征敛,倍于公赋。十年,给事中李冲上言:'宜准古五家立一邻长,五邻立一里长,五里立一党长。长取乡人强谨者。邻长复一夫,里长二,党长三。所复,复征戍,余若民。三载忘愆,则陟用,陟之一等。其民调:一夫一妇帛一匹,粟二石。民年十五以上未娶者,四人出一夫一妇之调。奴任耕、婢任绩者,八口当未娶者四。耕牛二十头,当奴婢八。其麻布之乡,一夫一妇布一匹。下至牛,以此为降。大率十匹为工调,二匹为调外费,三匹为内外百官俸,此外杂调。民年八十以上,听一子不从役。孤独、癃老、笃疾、贫穷不能自存者,三长内迭养食之。'书奏,诸官通议,称善者众。高祖从之,于是遣使者行其事。乃诏曰:'……自昔以来,诸州户口,籍贯不实,包藏隐漏,废公罔私。富强者并兼有余,贫弱者糊口不足。赋税齐等,无轻重之殊;力役同科,无众寡之别。虽建九品之格,而丰埆之土未融;虽立均输之楷,而蚕绩之乡无异。'……初,百姓咸以为不若循常,豪富并兼者尤弗愿也。事施行后,计省昔十有余倍。于是海内安之。"

太和八年,始准古班百官之禄,以品第各有差。先是天下户以九品混通,户调帛二匹,絮二斤,丝一斤,粟二十石。又入帛一匹二丈,委之州库,以供调外之费。至是,户增帛三匹,粟二石九斗,以为官司之禄。复增调外帛二匹。所调各随其土所出。

九年,下诏均给天下民田。诸男夫十五以上,受露田四十亩。妇人二十亩。奴婢依良。丁牛一头,受田三十亩。限四牛。所受之田率倍之,三易之田再倍之,以供耕作及还受之盈缩。诸民年及课则受田,老免及身没则还田。奴婢、牛随有无以还受。诸桑田不在还受之限,但通入倍田分。于分虽盈,没则还田,不得以充露田之数。不足者以露田充倍。诸桑田皆为世业,身终不还。恒从见口,有盈者无受无还,不足者受种如法。盈者得卖其盈,不足者得买所不足。不得卖其分,亦不得买过所足。诸麻布之土,男夫及课,别给麻田十亩。妇人五亩。奴婢依良。皆从还受之法。

齐、周、隋三朝之制,大略相沿,皆见《隋志》。

唐制:凡民始生为黄,四岁为小,十六为中,二十一为丁,六十为老。授田之制,丁男十八以上者人一顷。老及笃疾、废疾者人四十亩。寡妻妾三十亩。当户者增二十亩。皆以二十亩为永业,其余为口分。田多可以足其人者为宽乡,少者为狭乡。狭乡授田,减宽乡之半。其地有厚薄，岁一易者倍授之，宽乡三易者不倍授。工商者宽乡减半，狭乡不给。凡庶人徙乡及贫无以葬者，得卖世业田。自狭乡徙宽乡者，得并卖口分田。已卖者不复授。死者收之，以授无田者。凡收、授，皆以岁十月。授田先贫及有课役者。凡田，乡有余以给比乡，县有余以给比县，州有余以给近州。

授田者 丁 { 租　岁输粟二石。
庸　用人之力，岁二十日，闰加二日，不役者日为绢三尺。
调　随乡所出，岁输绫绢绝各二丈，布加五之一。输绫绢者绵三两，输布者麻三斤。}

有事加役二十五日，免调。三十日，租调皆免。通正役并不过五十日。

岭南诸州税米，上户一石二斗，次八斗，下六斗。夷獠之户半输。

蕃人内附者，上户丁税钱十文，次五，下免。内附经二年，上户丁羊二口，次一，下三户一。

水旱虫蝗，十损四以上免租，六以上免租调，七以上课役皆免。

《文献通考》征科之数，依《通典》、《唐会要》所载，《陆宣公奏议》、《通鉴》同。《新唐书·食货志》：凡授田者，岁输粟二斛，稻三斛，谓之租。丁随乡所出，岁输绢二匹，绫、絁二丈，布加五之一，绵三两，麻三斤，非蚕乡输银十四两，谓之调。疑太重，不取。

租庸调法，以人丁为本。开元后久不为版籍，法度废弊，丁口转死，田亩换易，贫富升降，悉非向时。户部岁以空文上之。又戍边者蠲其租庸。玄宗时，戍者多死，边将讳不以闻，故贯籍不除。天宝中，王鉷为户口使，务聚敛，以籍存而丁不在，是隐课不出，乃按旧籍除当免者，积三十年，责其租庸。至德后，人口凋耗，版图空虚，赋敛之司，莫相统摄，纪纲大坏，王赋所入无几。科敛凡数百名，废者不削,重者不去,吏因其苛,蚕食于人。富人多丁者,以宦学释老得免。贫人无所入则丁存。故课免于上,赋增于下,天下残瘁,荡为浮人,土著十不四五。德宗时,杨炎为两税法,夏输无过六月,秋输无过十一月,置两税使以总之。百役之费,先度其数。其赋于人,量出制入。户无主客,以见居为簿。人无丁中,以贫富为差。不居处而行商者,在所州县税三十之一。租庸杂徭悉省,而丁额不废。田亩之税,以大历十四年垦田之数为准而均征之。史称天下便之,人不土断而地著,赋不加敛而增入,版籍不造而得其虚实云。马端临云:"秦废井田之制,……始舍地而税人。……汉高四年,初为算赋。注:民十五以上至六十五,出赋钱人百二十,为一算。七岁至十五,出口赋,人钱三十。此每岁所出也。然至文帝时,即令丁男三岁而一事赋四十,则是算赋减三之一。且三岁方征一次,则成丁者一岁所赋,不过十三钱有奇。其赋甚轻。至昭、宣帝以后,又时有减免。盖汉时官未尝有授田、限田之法,是以豪强田连阡陌,而贫弱无置锥之地,故田税随占田多寡为之厚薄,而人税则无分贫富。……魏武初平袁绍,乃令田每亩输粟四升,又每户输绢二匹,绵二斤,则户口之赋始重矣。晋武帝又增而为绢三匹,绵三斤,其赋益重。然晋制男子一人占田七十亩,女子及丁男丁女占田皆有差,则出此户赋者,亦皆有田之人,非凿空而税之,宜其重于汉也。自是相承,户税皆重。然至元魏,而均田之法大行,齐、周、隋、唐因之,赋税沿革,微有不同。史文简略,不能详知。然大概计亩而税之令少,计户而税之令多。然其时户户授田,则虽不必履亩论税,逐户赋之,则田税在其中矣。至唐始分为租庸调,田则出粟稻为租,身与户则出绢布绫锦诸物为庸调。然口分世业,每人为田一顷,则亦不殊元魏以来之法。……中叶以后,法制寖弛,田亩之在人者,不能禁其卖易,官授田之法尽废,则向之所谓输庸调者,多无由之人矣。乃欲按籍而征之,令其与豪富兼并者一例出赋,可乎?……虽授人以田,而未尝别有户赋者,三代也。不授人以田,而轻其户赋者,两汉也。因授田之名,而重其户赋,田之授否不常,而赋之重者已不可复轻,遂至重为民病,则自魏至唐之中叶是也。自两税之法行,而此弊革矣。"《文献通考·田赋考》。

又云:"夹漈郑氏言:井田废七百年,至后魏孝文……行均田之法。然晋武帝时,已行户调之法,则亦非始于后魏也。但史不书其还受之法,无由考其详耳。后魏立法,所受者露田,诸桑田不在还受之限,意桑田必是人户世业,是以栽植桑榆其上。露田不栽树,则似所种者皆荒闲无主之田。必诸远流配谪无子孙及户绝者,尽为公田,以供授受,则固非夺富者之田以予贫人也。又令有盈者无受不还,不足者受种如法。盈者得卖其盈,不足者得买所不足。不得卖其分,亦不得买过所足。是令其从便卖买,以合均给之数,又非强夺之以为公田,而授无田之人,与王莽所行异矣。此所以稍久而无弊欤?"《文献通考·田赋考》。

宋税赋之类有五,曰公田之赋,曰民田之赋,曰城郭之赋,曰丁口之赋,曰杂变之赋。一、二为田税。三为宅税、地税之类。四为身税。所谓杂变者,唐以来民计田输赋外,增取他物,复折为赋,亦谓之"沿纳"。名品烦细,其类不一。官司岁附帐籍,并缘侵扰。明道中,诏三司以类并合,悉除诸名品,并为一物,夏秋岁入,第分粗细二色,百姓便之。

其取之用两税之法所赋之物,有四类,曰谷,曰泉,曰金铁,曰物产。凡岁赋,谷以石计,钱以缗计,帛以匹计,金银、丝绵以两计,稿秸、薪蒸以围计,他物各以其数计。

宋代赋税,有所谓支移、折变者。支移者,变其所输之地。折变者,变其所取之物。支移本以便边饷,内郡罕用焉。间有移用,则输本色于支移之地,或输脚费于所居之邑,亦得自择。又当依户籍等第,以定支移里数。折变之法,以纳月初旬估中价准折,仍视岁之丰歉,以定物之低昂,俾官吏毋得私其轻重。然支移之病:一、不能先富后贫,自近及远,有不均之患;二、但计一方所乏,不计物之有无,责民以所无;三、且有既支移而又取其脚价者。折变之弊,在以所折复变他物,或增取其直,如西蜀初税钱三百,折绢一匹,草十围,计钱二十。宣和时,绢一匹,折草百五十围,围估钱百五十,税钱三百,乃输至二十三千。

宋承晚唐、五季税法大乱之后,未尝加以根本之整理,故其取民颇薄,而民卒不富。《宋史·食货志》云:"宋克平诸国,每以恤民为先务,累朝相承,凡无名苛细之敛,常加划革,尺缣斗粟,未闻有所增益。一遇水旱徭役,则蠲除倚格,殆无虚岁,倚格者后或凶歉,亦辄蠲之。而又田制不立,畎亩转易,丁口隐漏,兼并冒伪,未尝考按,故赋入之利视前代为薄。丁谓尝言:二十而税一者有之,三十而税一者有之。"又云:"景德中,丁谓著《会计录》云,总得一百八十六万余顷。以是岁七百二十二万余户计之,是四户耕一顷,由是而知隐田多矣。……皇祐、治平,三司皆有《会计录》。……而叙《治平录》者以谓此特计其赋租以知顷亩之数,而赋租所不加者十居其七。"蔡儒等计德、霸二州户口,率三户四口。然田亩混淆,税法不立,所利者皆豪强,于平民初无与也。今略举当时贵富者兼并掊克农民困苦之情形如下:

太宗时,比年多稼不登,富者操奇赢之资,贫者取倍称之息,一或小稔,富家责偿愈急,税调未毕,资储罄然。遂令州县戒里胥,乡老察视,有取富民谷麦资财,出息不得逾倍,未输税毋得先偿私逋,违者罪之。

仁宗即位之初,上书者言赋役未均,田制不立。因诏限田,未几即废。时又禁近臣置别业京师及寺观毋得市田。后承平寖久,势官富姓,占田无限,兼并冒伪,习以成俗,重禁莫能止焉。

哲宗即位,宣仁太后临朝,起司马光为门下侍郎,委之以政。诏天下臣民皆得以封事言民间疾苦。光抗疏曰:"四民之中,惟农最苦。……幸而收成,公私之债,交争互夺。谷未离场,帛未下机,已非己有,所食者糠籺而不足,所衣者绨褐而不完。直以世服田亩,不知舍此之外,有何可生之路耳。"

观此,可知宋代农民之困苦。其所由然,则以历代开国之初,皆略有制民之产之意,如晋之户调、魏之均田、唐之租庸调是也,而宋则无之。又承晚唐、五代大乱之后,故豪强愈以恣睢,贫弱困于无告也。丧乱之际,豪强最易得势,其理由约有数端:乱时田多荒芜,豪强乘机占为己有,一也;贫者无以自立,或以迫于苛税,弃田而去,亦为富者所占,二也;乱时民多去农操兵,田益易荒,三也;暴政皆择小民而施,民不得不托庇于豪强,四也。丧乱之际,社会上及政治上易产生特殊势力。既有特殊势力,则侵占兼并,及与官吏勾结,皆易矣。

因田亩之混淆,赋税之不平,于是有均田之议。仁宗即位之初,因上书者言,下诏限田,公卿以下毋过三十顷,牙前将吏应复役者毋过十五顷,止一州之内,过是者论如违制律,以田赏告者。既又听数外置墓田五顷。任事者以为不便,未几即废。景祐时,谏官王素言:"天下田赋轻重不等,请均定。"欧阳修亦言:"秘书丞孙琳尝往洺州肥乡县,与大理寺丞郭谘以千步方田法括定民田,愿诏二人者任之。"三司亦以为然,且请于亳、寿、蔡、汝四州择尤不均者均之。于是遣谘诣蔡州,括一县,均其赋。既而谘言州县多逃田,未可尽括,朝廷亦重劳人,遂罢。后田京知沧州,均无棣田,蔡挺知博州,均聊城、高唐田。沧州之民不以为便,诏输如旧。嘉祐五年,复诏均定,遣官分行诸路,才数郡而止。至神宗熙宁五年,乃重修定方田法,诏司农以《方田均税条约并式》颁之天下。以东西南北各千步为一方。岁以九月,县委令、佐分地计量,随陂原平泽而定其地,因赤淤黑垆而辨其色。方量毕,以地及色参定肥瘠而分五等,以定税则。至明年三月毕,揭以示民,一季无讼,即书户帖,连庄帐付之,以为地符。均税之法,县各以其租额税数为限。若瘠卤不毛,及众所食利山林、陂塘、沟路、坟墓,皆不立税。令既具,乃以济州钜野尉王曼为指教官,先自京东路行之,诸路仿焉。至元丰八年,乃罢。时天下之田,已方而见于籍者,为二百四十八万四千三百四十九顷。崇宁三年,蔡京请诏诸路提举常平官选官习熟其法,谕州县官吏以丰稔日推行,自京西、河北两路始。五年,罢。大观二年,复诏行之,四年罢,其税赋依未方旧则输纳。政和时,复行其法。宣和二年,又罢之,并诏自今诸司毋得起请方田。南渡以后,兼并之患尤甚,乃有经界之法,绍兴六年,知平江府章谊言:"民所甚苦者,催科无法,税役不均。强宗巨室,阡陌相望,而多无税之田,使下户为之破产。"淳祐六年,殿中侍御史兼侍讲谢方叔言:"今百姓膏腴,皆归贵势之家,租米有及百万石者。小民百亩之田,频年差充保役,官吏诛求百端,不得已,则献其产于巨室,以规免役。小民田日减而保役不休,大官田日增而保役不及。"咸淳十年,侍御史陈坚等言:今"邸第戚畹,御前寺观,田连阡陌,亡虑数千万计,皆巧立名色,尽蠲二税。州县乏兴,鞭挞黎庶,鬻妻卖子,而钟鸣鼎食之家,苍头庐儿,浆酒藿肉;琳宫梵宇之流,安居暇坐,优游死生"。然亦罕能实行。惟朱熹行之漳州,赵恖夫行之婺州,颇见成效。

南宋病民尤甚者,则为官公田。官田谓籍没之田募民耕者,皆仍私租旧额。私租额重而纳轻,承佃尤可;公租额重而纳重,民乃不堪。而州县胥吏与仓库百执事,又皆从而浸渔之。季世金人乍和乍战,战则军需浩繁,和则岁币重大,国用常告不继。于是,因民苦官租之重,命有司括卖官田以给用,其初弛其力役以诱之,其终不免于抑配,此官田之弊也。嘉定以后,又有所谓安边所田。开禧三年,韩侂胄诛,金人讲解。明年,用廷臣言,置安边所,凡侂胄与其他权幸没入之田,及围田、湖田之在官者皆隶焉,以给行人金、缯之费。迨与北方绝好,军需边用每于此取之,收其租以给岁币,至其将亡。又限民名田,买其限外所有,谓之公田。初,议欲省和籴,以纾民力,而其弊极多,其租尤甚。宋亡,遗患犹不息也。浙西田亩有值千缗者,似道均以四十缗买之。数稍多,与银绢。又多,与度牒告身。吏又恣为操切,浙中大扰。有奉行不至者,提领刘良贵劾之。有司争相迎合,务以买田多为功,皆谬以七八斗为石。其后田少与硗瘠亏租,与佃人负租而逃者,率取偿田主,六郡之民破家者众。

明、越皆有陂湖,大抵湖高于田,田又高于江、海。旱则放湖水溉田,涝则决田水入海,故无水旱之灾。庆历、嘉祐间,始有盗湖为田者,其禁甚严。政和以来,创为应奉,始废湖为田。自是两州之民,岁被水旱之患。余姚、上虞每县收租不过数千斛,而失民田常赋,动以万计。其他会稽之鉴湖、鄞之广德湖、萧山之湘湖等处尚多。濒太湖之地,多为兵卒侵据,累土增高,长垣弥望,名曰坝田。旱则据之以溉,而民田不沾其利,涝则远近泛滥,不得入湖,而民田尽没矣。

常平汉以平谷价,义仓隋以备凶灾。惠民仓者,周显德间,以杂配钱分数折粟贮之,岁歉,减价出以惠民。宋兼存其法。又有广惠仓者,募人耕没入户绝田,收其租别为仓贮之,以给州县郭内老幼贫疾不能自存之人。常平所以平款价,充振即失本意。且皆公帑,又所蓄不厚,不足以资振救,故不得不资义仓也。

青苗法者,李参始行之陕西,令民自隐度麦粟之赢,先贷以钱,俟谷熟还官,号为青苗钱。熙宁二年,条例司请以诸路常平、广惠仓钱谷,依陕西例,预借于民,令出息二分,随夏秋税输纳,愿输钱者,从其便。如遇灾伤,许展至丰熟日纳。自河北、京东、淮南三路施行,俟有绪推之诸路。许之。其理由在:一、不使并兼之徒乘民之急,以邀倍称之息。二、常平广惠之物,收藏积滞,必待年俭物贵,然后出粜,所及者不过城市游手之人。今通一路有无,贵发贱敛,以广蓄积，平物价，使农人有以赴时趋事，而兼并者不得乘其急也。

反对者之理由谓：一、以钱贷民，出纳之际，吏缘为奸，法不能禁。二、钱入民手，虽良民不免非理使用；及其纳钱，虽富民不免违限。如此鞭笞必用，州县多事。三、良懦者不愿与州县交易，不免抑配。且上户必不愿请，近下等第与无业客户，虽或愿请，必难催纳，必有行刑督索，及勒干系人同保均陪之患。四、无赖子弟，欺谩尊长，钱不入家，甚有他人冒名诈请，莫知为谁者。五、乡村上等户并坊郭有物业者，乃从来兼并之徒，亦依乡户例支借，是官自放钱取息，与初诏违戾。六、出息二分太重。案青苗立法之意颇善。当时民间举债出息，重至一倍，约偿缗钱，而谷粟、布缕、鱼盐、薪荛、耰锄、斧(釜)锜之属，皆杂取之。见《宋史》卷三三一《陈舜俞传》。取息二分，亦实不重，但奉行不善事亦有之。其最大之弊，在于抑配，虑贫民不能偿，则令贫富相保。试观元祐元年，罢此法未几，范纯仁即以国用不足，建议复散，可知当时行此，不免有藉以取息之意也。纯仁建议后，立常平钱谷给敛出息之法。王岩叟、苏辙等复争之，乃诏更不俵散。及绍圣三年，乃仍许请给。案纯仁亦旧者徒，而亦主俵散，则青苗法虽有弊，亦不如旧党所言之甚可知。又，案和籴之中，有所谓俵籴者，度民田入多寡，都提举市易司预给钱物，秋成于指定之地入米麦，或召农民相保，预兑官钱，或坊郭乡村以等第给钱，俟收成，以时价入粟，亦与青苗相类。

和籴所以代漕运，其法：某处岁稔，则命使置场增价市籴，某处转饷难，即就置场，或内府出绫罗锦绮，缗钱金帛，付转运使籴粟，或赐常平钱，给度牒。或别遣官经画市籴。其立法之意本善，然如推置、京东西、陕西、河北缺兵食，州县括民家所积粮市之，谓之推置。括籴、括索赢粮之家，量存所用，其余尽槖入官。均籴均敷于州县，州县又以家业差等，均敷于民家。等法，本不免有弊。宋初河东既下，减其租赋。有司言土沃民勤,颇多积谷,乃定每岁和市,令随常赋输送。官虽量与钱、布,而所得细微,岁凶不蠲,河东税三十九万,而和籴乃入十二万,则其厉民可知。南渡以后,或强给官告度牒钞引,或降金银钱帛,而州县阻节不即还,又或强配于民,抑勒其价,或石取其耗,或取其头子钱,而籴入之米,又有陈腐不可用者,其弊更不可胜穷矣。

布帛亦有折科、和市,又有预给钱于民,随后输帛者,则谓之预买。蚕事不登,亦许以钱及大小麦折输。其事或由产地主之,亦或选官置场。其弊也,或物重而价轻,或出抑勒,亦有物价已涨,而仍以旧值市之者。或外增名目收钱,或不即给价,甚有不给直变为赋税者,亦有给不如数者。预买亦或不时给直。南渡后绢价大涨,而朝廷乏钱,乃创为折帛之说,以为宽民而利公。既有夏税折帛,又有和买折帛。其后绢价平,而民所纳之折帛钱已不可变,遂至三倍于本色焉。至此则和买已变为赋税,而其法又不均。如浙东和预买绢岁额为九十七万,而越州乃占六十万。和籴和买,赋税,青苗法则始终未为赋税,不另为篇,姑附于此。

宋代厉民之政,莫甚于役。盖以古者庶人在官者之事,责诸平民,以为力役之征也。其弊起于晚唐,至宋而尤甚。役之名色,曰衙前,主官物;曰里正、户长、乡书手,课督赋税;曰耆长、弓手、壮丁,逐捕盗贼;曰承符、人力、手力、散从,官给使令。此外,县曹司至押、录,州曹司至孔目官,下至杂职、虞候、拣、掐等人,各以乡户等第差充。然命官形势之家,占田无限,皆得免役。而应役之户,困于繁数,里正、衙前,主典府库,辇运官物,多致破产。于是有鬻田减其户等者;有伪为券售田于形势之家,假佃户之名,以避徭役者;又有窜名浮屠籍,号为出家,以避役者,赵州至千余人。景德中,尝诏出家者须落发为僧,乃听免役。田归官户不役之家,而役并于同等见存之户。人民因避户等,土地不敢多耕,骨肉不敢生聚。于是上户寖少，中下户寖多，役使频仍，生资不足，遂转为工商，流为盗贼矣。皇祐中，知并州韩琦疏曰："州县生民之苦，无重于里正衙前。有孀母改嫁，亲族分居，或弃田与人，以免上等，或非命求死，以就单丁，规避百端，苟免沟壑之患。"《宋史·食货志》。治平中，三司使韩绛言："京东民有父子二丁将为衙前役者，其父告其子曰：吾当求死，使汝曹免于冻馁。遂自缢而死。又闻江南有嫁其祖母，及与母析居以避役者。"《宋史·食货志》。可谓酷矣！

人之才性，本各有所宜。一役也，未必人人能之，故签差决不如雇募。又赋课贵于平均，力役亦赋课之一，以钱雇募，则损有余之地之财，以济贫瘠之乡之役。且就一小区域中计其贫富，以定户等，而为应役之轻重，就令正确公平，而合全国而观之，其不公不平实已甚，况乎一小区域内之公平，亦不可得乎？此又差役之不如雇役也。《宋史·食货志》：韩琦即谓："每乡被差疏密，与资力高下不均。假有一县甲乙二乡，甲乡一等户十五户，计资为钱三百万，乙乡一等户五户，计资为钱五十万；番役递休，即甲乡十五年一周，乙乡五年一周。富者休息有余，贫者败亡相继。"其一例也。

景德中，命募人充役。庆历中，王逵为荆湖转运使，率民输钱免役，史谓王逵得缗钱三十万，进为羡余，蒙诏奖。由是他路竞为掊克以市恩。夫其进羡余非，其令民输钱免役则是也。已开荆公雇役法之先声。神宗阅内藏库奏，有衙前越千里，输金七钱，库吏邀乞，逾年不得还者，乃诏制置条例司讲立役法。久之，定免役之法，先于京畿行之。其法分畿内乡户为五等，岁以夏秋随等输钱。乡户四等，坊郭六等，以下勿输。用其钱募三等以上税户代役，次乃颁其法于天下。凡当役人户，以等第出钱，名免役钱。坊郭等第户及未成丁、单丁、女户、寺观、品官之家，旧无役而出钱者，名助役钱。凡敷钱，先视州县应用雇直多少，随户等均取。又率其数，增取二分，以备水旱欠阁，谓之免役宽剩钱。坊场河渡旧以酬奖衙前，至是官自扑卖，以其钱同役钱，随分数给之。至熙宁九年，乃停给，盖役钱有余也。当时又因免役钱以禄内外胥吏，有禄而赃者，用仓法重其坐。免役宽剩钱又用常平法给散生息，添给吏人餐钱。

　　荆公所行之法，以免役为最合理，且最有益，而足以救时弊。而当时反对者亦蜂起，然其所言理由，皆不充足也。如谓（一）不问户之高低，例使出钱，上户则便，下户实难。又谓（二）旧上户役数而重，下户役简而轻，今不问上下，概视物力出钱，上户幸之，下户则以为苦。然输钱多少，固依户等而分，极下等户，且免输也。（三）谓非如税赋，有倚阁减放之期。然免役宽剩，即所以为蠲减之备。旧日之役，则凶荒不免也。（四）谓钱非田所出，直使输钱，丝帛粟麦必贱，若用他物准直，则又退拣乞索，且为民害。然当时立法者固云，或纳见钱，或纳斛斗，皆从民便也。（五）谓破产惟乡户衙前。至于长名衙前，在公精熟，每经重难，别得优轻场务酬奖，往往致富。不知长名衙前，与雇募异名同实，此足助雇役之论，而非所以为难也。（六）谓用乡户，为其有常产则自重，招雇恐得浮浪奸伪之人，帑庾、场务、纲运恐不胜盗用，弓手、耆、壮、承符、散从、手力、胥吏之类，恐遇寇纵逸，因事骚扰，近边奸细应募，则恐焚烧仓库，或守把城门，潜通外境。然元祐议复差役，苏辙言："熙宁以前，诸路衙前多雇长名当役，如西川则全是长名，淮南、两浙长名大半以上，余路亦不减半。"则当时曾布奏办谓"今投名衙前半天下，未尝不典主仓库、场务、纲运"者，非虚言也。苏辙又谓："初疑衙前多是浮浪投雇，不如乡差税户可托。然行之十余年，投雇者亦无大败阙。"刘挚谓："五路弓手，熙宁未变法前，身自执役，最号强劲，其材艺捕缉胜于他路。近日复差，不闻有不乐，而愿出钱雇人。惟是川蜀、江、浙等路，昨升差上一等户，皆习于骄脆，不肯任察捕之责。欲乞五路必差正身，余路即用新敕。"谓许民雇代。上官均亦谓"熙宁募法久行,何尝闻盗贼充斥?彼自爱之民,承符帖追逮则可,俾之与贼角死,岂其能哉?两浙诸路以法案差弓手,必责正身,至有涕泣辞免者"云云,则可见弓手等役之非不可雇募也,况曾布谓"承符、手力之类,旧法皆许雇人"乎?(七)谓宽剩数多,募直轻而仓法重,疑设法聚敛,则据曾布所言,当时畿内免役之钱,用以募役,固所余无几;且制用必求其有余,亦不得以为聚敛也。(八)谓其升户失实,则曾布谓"三年一造簿书,等第尝有升降,则今品量增减亦未为非;又况方晓谕民户,苟有未便,皆与厘正"。又言者"于祥符等县,以上等人户数多减充下等,乃独掩而不言"。荆公谓"外间扇摇役法者,谓输多必有赢余,若群诉必可免",则攻者之词,亦未必情实矣。

　　主免役者,谓所裁取者,乃仕宦兼并能致人言之豪右;所宽优者,皆村乡朴蠢不能自达之穷甿。此自为得实之语。曾布举畿内为例,谓上等户罢衙前之役,所输钱减十之四五;中等户本充弓手、手力、承符、户长,今使上等及坊郭、寺观、单丁、官户皆出钱以助之,所输减十之六七;下等户尽除前日冗役,专充壮丁,且不输一钱,所输减十之八九。然当时主其事者,有求增加收入之意。人民虽得免役,仍以输钱为苦,亦诚有之。且下户虽得宽闲,而向不输钱之户,乃须出钱助役,此尤所以致啧有繁言之一因也。役法改后,省役额甚多,而民间输数一切如旧。元祐初,剩余之额已达三千万贯,可见收入增加非少。故元祐时议役法,苏轼极言"可雇不可差,第不当于雇役实费之外,多取民钱"。范百禄言:"熙宁免役法行,百禄为咸平县,开封罢遣衙前数百人,民皆欣幸。其后有司求羡余,务刻剥,乃以法为病。今第减助免钱额以宽民力可也。"自是持平之论。

　　又苏辙谓"坊郭人户旧苦科配,新法令与乡户并出役钱,而免科配,其法甚便。……熙宁以前,散从、弓手、手力诸役人常苦逆送,自新法以来，官吏皆请雇钱，役人既便，官亦不至阙事"云云，则新法所除，固不独衙前之害矣。

元祐初，司马光为门下侍郎，议复差法。初，命役人用见数为额，惟衙前用坊场、河渡钱雇募，不足，方许揭簿定差。其余役人，惟该募者得募，余悉定差。诸路坊郭五等以上，单丁、女户、官户、寺观三等以上，旧输免役钱减为五分，下此者悉免输。寻以衙前不皆有雇直，改雇募为招募。苏辙言："既非明以钱雇，必无肯就招者，势须差拨。"又明许民户雇代，户少之乡，应差不及三番者，许以六色钱募州役，衙前当休无代，即如募法给直，则差法之不可复，实格于事势，旧党亦无如何矣。一时言差法不便者甚众，如李常谓："差法诏下，民知更不输钱，惟欢呼相庆，行之既久，始觉不输钱为害。何也？差法废久，版籍不明，重轻无准，乡宽户多者仅得更休，乡狭户窄者频年在役。上户极等昔有岁输钱百千至三百千者，今止差为弓手，雇人代役，岁不过用钱三四十千。中下户旧输钱不过三二千，而今所雇承符、散从之类，不下三十千。"苏轼言："三等人户，方雇役时，户岁出钱极不过三四千，而今一役二年，当费七十余千。休闲不过六年，则是八年之中，昔者徐出三十余千，而今者并出七十余千，苦乐可知。"哲宗亲政后，复行雇法。敷钱之数，取三年雇直之平均数，宽剩钱不得过十分之一。建炎初，罢之，复行差法。乾道五年，处州松阳县倡为义役，众出田谷，助役户轮充，推行之处甚多。朱熹谓"踵之者不能皆善人，于是其弊日开，其流日甚。或以材智把握，而专义役之利；或以气力凌驾，而私差役之权。虐贫优富，凌寡暴孤"。盖义役为人民自动之事，若为官绅假借名义，则仍不免于有弊也。

役起于物力，故物力升降，贵乎不敢。熙宁变法时，常责郡县考察升降，后又以吕惠卿议，行手实法。其法：官定田产中价，民各随价自占，仍并屋宅分有无蕃息立等，凡居钱五当蕃息之钱一。将造簿，预具式示民，令依式为状，县受而籍之。分为五等。参会通县役钱之额，定所当输，明书其数，示众两月。后御史中丞邓绾言其不便，罢之。南渡以后，乃讲究推割、推排之法。推割者，凡百姓典卖田业，税赋与物力一并推割。推排则用其资产之进退为之升降，三岁而一行之。南宋推排、手实二法并行。议者以推排为便，以推排委之乡都，径捷而易行，手实责之人户，散漫而难集也。然当时之弊，或以小民粗有米粟，仅存室庐，凡耕耨刀斧之器，鸡豚犬彘之畜，纤微细琐，皆得而籍之。吏视畧之多寡，为物力之低昂。于是又为之限制，除质库房廊、停塌店铺、租牛、赁船等外，不得以猪羊杂色估计。其后并耕牛租牛免之，而江之东西，又有以亩头计税，不待推排者，则不啻加田赋而免其役矣。

契丹生业，注重畜牧。《辽史·食货志》云："契丹旧俗，其富以马，其强以兵。纵马于野，弛兵于民。有事而战，彍骑介夫，卯命辰集。马逐水草，人仰湩酪，挽强射生，以给食用，糗粮刍茭，道在是矣。以是制胜，所向无前。"《食货志》述太祖时畜牧之盛，"括富人马，不加多，赐大、小鹘军万余匹，不加少"。又云："自太宗及兴宗垂二百年，群牧之盛如一日。天祚初年，马犹有数万群，每群不下千匹。"又述诸国每岁贡马之数，东丹一千匹，女真一万匹，直不古等国一万匹，阻卜及吾独婉、惕德各二万匹，西夏、室韦各三百匹，越里笃、剖阿里、奥里米、蒲奴里、铁骊等诸部各三百匹。然亦颇重农业。《辽史》云："初，皇祖匀德实为大迭烈府夷离堇，喜稼穑，善畜牧，相地利以教民耕。仲父述澜为于越，饬国人树桑麻，习组织。太祖平诸弟之乱，弭兵轻赋，专意于农。尝以户口滋繁，纠辖疏远，分北大浓兀为二部，程以树艺，诸部效之。"道宗时，"西蕃多叛，上欲为守御计，命耶律唐古督耕稼以给西军。唐古率众田胪朐河侧，岁登上熟。移屯镇州，凡十四稔，积粟数十万斛，每斗不过数钱"。以马人望前为中京度支使，视事半岁，积粟十五万斛。"辽之农谷，至是极盛。而东京如咸、信、苏、复、辰、海、同、银、乌、遂、春、泰等五十余城内，沿边诸州，各有和籴仓依祖宗法，出陈易新，许民自愿假贷，收息二分。所在无虑二三十万石，虽累兵兴，未尝用乏。迨天庆间，金兵大入，悉为所有。"圣宗乾亨十三年，诏诸道置义仓。岁秋，社民随所获，户出粟庤仓，社司籍其目。岁俭，发以振民。

其税赋之制，无可考。据《辽史·食货志》所载，但知在屯耕公田者，不输税赋，其应募治在官闲田者，则计亩出粟。各部大臣从上征伐，俘掠人户，自置郛郭，为头下军州，则市井之赋，各归头下，唯酒税赴纳上京而已。

金法，官地输租，私田输税，租之制不传，大率分田之等为九而差次之。税法则如下：

一、夏税亩取三合，秋税亩取五升。又纳秸一束，束十有五斤。

二、夏税六月止八月，秋税十月止十二月，为初、中、末三限，州三百里外，纡其期一月。章宗泰和五年，以十月民获未毕，不可遽令纳税，改秋税限十一月为初。中都、西京、北京、上京、辽东、临潢、陕西地寒，稼穑迟熟，夏税限以七月为初。

三、凡输送粟麦，三百里外石减五升，以上每三百里递减五升。粟折秸百称者，百里内减三称，二百里减五称，不及三百里减八称，三百里及输本色槁草，各减十称。兴定四年十二月，镇南军节度使温迪罕思敬请民输税者，止输本郡，谓"今民输税，其法大抵有三，上户输远仓，中户次之，下户最近。然近者不下百里，远者数百里，道路之费，倍于所输，而雨雪有稽违之责，遇盗有死伤之患"云云。

四、墓田、学田，租税皆免。

五、凡请射荒地者，以最下第五等减半定租，八年始征之。若作己业者，以第七等减半为税，七年始征之。自首冒佃比邻地者，输官租三分之二。佃黄河退滩者,次年纳租。泰和八年八月,户部尚书高汝砺言,旧制人户请佃荒地者,宽以征纳之年。"小民不为久计,比至纳租之时,多巧避匿,或复告退,盖由元限太远,请佃之初无人保识故耳。今请佃者可免三年,作已业者免一年,自首冒佃并请退滩地,并令当年输租,以邻首保识,为常制。"

《续通考》云:金之官田租制虽不传,以泰和元年学田之数考之,生员给民田官佃六十亩,岁支粟三十石,则亩征五斗矣。虽地之高下肥瘠不同,租宜有别,然视民田五升三合,草一束之数,必倍蓰过之,是亦官田租重之一征也。

牛具税即牛头税,猛安谋克户所输之税也。其制,每耒牛三头为一具,限民口二十五受田四顷四亩有奇,岁输粟不过一石,官民占田无过四十具。太宗天会三年,以岁稔,官无储积,无以备饥馑,命一耒赋粟一石,每谋克别为一廪贮之。四年九月,诏内地诸路,每牛一具,赋粟五斗,为定制。世宗大定十二年,尚书省奏:"唐古部民旧同猛安谋克定税,其后改同州县,履亩立税,颇以为重。"命从旧制。

世宗大定五年,以京畿两猛安民户不自耕垦,及伐桑为薪鬻之,命大兴少尹完颜让巡察。十七年,谓省臣曰:"官地非民谁种,然女直人户自乡土三四千里移来,尽得薄地,若不拘刷良田给之,久必贫乏,其遣官察之。"又谓参知政事张汝弼曰:"先尝遣问女直土地,皆云良田。及朕出猎,因问之,则谓自起移至此,不能种莳,斫芦为席,或斩刍以自给。卿等其议之。"省臣奏,官地所以人多蔽匿盗耕者,由其罪轻故也。乃更条约,立限令人自陈,过限则人能告者有赏。遣同知中都路转运使张九思往拘籍之。十九年十二月,谓宰臣曰:"朕闻括地事所行极不当,如皇后庄、太子务之类,止以名称便为官地,百姓所执凭验,一切不问。"云云。后又谓:"凡犯秦汉以来名称,如长城、燕子城之类者,皆以为官田。"则当时扰累可想。然拘田以给军户之事,终金世不绝,而军户且有冒名增口,以请官地及取民田,致令民空输税赋者,贻累如此。而猛安谋克户得田,初不能耕。大定二十一年,世宗谓宰臣曰:"山东、大名等路猛安谋克户之民,往往骄纵,不亲稼穑,不令家人农作,尽令汉人佃莳,取租而已。富家尽服纨绮,酒食游宴,贫者争慕效之,欲望家给人足,难矣。近已禁买奴婢,约其吉凶之礼,更当委官阅实户数,计口授地,必令自耕,力不赡者方许佃于人。仍禁其农时饮酒。"六月,遣使阅视秋稼,闻猛安谋克人惟酒是务,往往以田租人,而预借三二年租课,或种而不耘,听其荒芜。自今皆令阅实各户人力,可耕几顷亩,必使自耕耘之,其力果不及者方许租赁。如惰农饮酒者,劝农谋克及本管猛安谋克并都管,各以等第科罪。收获数多者,亦以等第迁赏。案《熙宗纪》:即位之年,即诏公私禁酒,则女直人之沉湎久矣。二十二年,以附都猛安户不自垦种,悉租与民,有一家百口垅无一苗者。从大兴少尹王脩所奏,不种者杖六十,谋克四十,受租百姓无罪。合此数条,当时猛安谋克户之怠于农业,可知矣。章宗南迁,尽徙河北军户于河南,或主括地界之耕,或主益赋以给之,以高汝砺力争,乃倍加官田之租,而未括地,然军饷亦只半给。当时女直户亦自言,得半饷犹可勉活,得田实不能耕也。

　　元之取民,大率以唐为法。取于内郡者,曰丁税,曰地税,仿唐之租庸调也。取于江南者,曰秋税,曰夏税,仿唐之两税也。丁税、地税之法,自太宗始行之。初,每户科粟二石,后以兵食不足,增为四石。至丙申年,乃定科征之法,令诸路验民户成丁之数,每丁岁科粟一石,驱丁五升,新户丁驱各半之,老幼不与。其间有耕种者,或验其牛具之数,或验其土地之等征焉。丁税少而地税多者纳地税,地税少而丁税多者纳丁税。工匠僧道验地,官吏商贾验丁。世祖申明旧制,于是输纳之期、收受之式、关防之禁、会计之法,莫不备焉。

中统十七年,命户部大定诸例:

全科户丁税,每丁粟三石,驱丁粟一石,地税每亩粟三升。减半科户丁税,每丁粟一石。

新收交参户,第一年五斗,第二年一石,第三年一石二斗五升,第四年一石五斗,第五年一石七斗五升,第六年入丁税。

协济户丁税,每丁粟一石,地税每亩粟三升。

随路近仓输粟,远仓每粟一石,折纳轻赍钞二两。富户输远仓,下户输近仓,郡县各差正官一员部之,每石带纳鼠耗三升,分例四升。凡粮到仓,以时收受,出给米钱。输纳之期,分为三限:初限十月,中限十一月,末限十二月。成宗大德六年,更定上都、河间输纳之期。上都,初限次年五月,中限六月,末限七月。河间,初限九月,中限十月,末限十一月。

秋税、夏税之法,行于江南。初,世祖平宋,除江东、浙西,其余独征秋税而已。至元十九年,用姚元之请,命江南税粮依宋旧例,折输绵绢杂物。是年二月,又用耿左丞言,令输米三之一,余并入钞为折焉。以七百万锭为率,岁得羡钞十四万锭。其输米者,止用宋斗斛,以宋一石当元七斗故也。至成宗元贞二年,乃定其制:秋税止命输租,夏税则输以木绵布绢丝绵等物。其所输之数,视粮以为差。粮一石输钞三贯、二贯、一贯,或一贯五百文、一贯七百文。皆因其地利之宜、人民之众,酌中数取之。其所输之物,各随时估之高下以为直。独湖广则异于是。初,阿里海牙克湖广,罢宋夏税,依中原例,改科门摊,每户一贯二钱,视夏税增钞五万余锭。至大德二年,宣慰张国纪又请科夏税,于是湖广重罹其害。俄诏罢之。三年,又改门摊为夏税而并征之。每石计三贯四钱以上,视江、浙等为尤重云。江、浙等一石输至钞三贯。在官之田,许民佃种输租,皆不科夏税。

辽役法不可考,惟据《辽史·食货志》:统和中,耶律昭言:西北之众,每岁农时,一夫侦候,一夫治公田,二夫给纠官之役,则知其屯田戍兵,给役殊重。《圣宗纪》:统和三年三月乙巳朔,枢密使奏:契丹诸役户多困乏,请以富户代之。上因阅诸部籍,涅剌、乌隗二部户少而役重,并量免之。又《马人望传》:拜南院枢密使,当时民所甚患者,驿递、马牛、旗鼓、乡正、厅隶、仓司之役,至破产不能给。人望使民出钱,官自募役,时以为便。

金制,户有数等,有课役户、有物力者。不课役户、无物力者。本户、女直。杂户、汉人及契丹。正户、猛安谋克之奴婢免为良者,止隶本部。监户、没入官良人,隶官籍监者。官户、没入官奴婢,隶太府监者。奴婢户、二税户。辽以良民赐诸寺,分其税一半输官,一半输寺,谓之二税户。金世宗大定二年,尝免之。章宗即位,又括北京路及中都路二税户。凡无凭验,其主自言之者,及因通检而知之者,其税半输官,半输主。有凭验者,悉放为良。户以五家为保。户主推其长充。

男女二岁以下为黄,十五以下为小,十六为中,十七为丁,六十为老,无夫为寡妻妾,诸笃废疾不为丁。

凡户口计帐,三年一籍。自正月初,州县以里正、主首,猛安谋克则以寨使,诣编户家责其手实,具男女老幼年与姓名,生者增之,死者除之。正月二十日以实数报县,二月二十日申州,以十日内达上司,无远近皆以四月二十日到部呈省。

凡汉人、渤海人不得充猛安谋克户。太祖即位之二年,以三百户为谋克,谋克十为猛安。又尝以北部辽人百三十户为一谋克,诸州汉人六十五户为一谋克。王伯龙、高从祐并领所部为一猛安。熙宗皇统五年,又分猛安谋克为上、中、下三等。海陵天德二年,削其名,但称为诸猛安谋克。世宗大定十五年十月,遣官十人,分行天下,再定猛安谋克户,每谋克户不过三百,七谋克至十谋克置一猛安。

旧以五家为保,泰和六年,令从唐制,以五家为邻,五邻为保,以相检察。京府州县郭下则置坊正，村社则随户众寡为乡置里正，以按比户口，催督赋役，劝课农桑。村社三百户以上则设主首四人，二百户以上三人，五十户以上二人，以下一人，以佐里正禁察非违。置壮丁，以佐主首巡警盗贼。猛安谋克部村寨，五十户以上设寨使一人，掌同主首。寺观则设纲首。凡坊正、里正，以其户十分内取三分，富民均出雇钱，募强干有抵保者充，人不得过百贯，役不得过一年。

凡遇差科，必按版籍，先及富者，势均则以丁多寡定甲乙。有横科，则视物力，循大至小均科。不可分摘，则以次户济之。又计民田园、屋舍、车乘、牛羊、树艺之数，及其藏镪之多寡征钱，曰物力钱。物力之征，上自公卿大夫，下逮民庶，无苟免者。近臣出使外国，归必增物力钱，以其受馈遗也。凡民物力，居宅不与。猛安谋克户、监户、官户，于所居外自置田宅，则预焉。墓田、学田，租税、物力皆免。

章宗明昌元年，刑部郎中路伯达言：民地已纳税，又通定物力，比之浮财所出差役，是重并也。命详酌民地定物力，减十之二。

金制："凡叙使品官之家，并免杂役，验物力所当输者，止出雇钱。进纳补官未至荫子孙、及凡有出身者，《金史·食货志》原注：谓司吏译人等。出职带官叙当身者、杂班叙使五品以下、及正品承应已带散官未出职者，子孙与其同居兄弟，下逮终场举人、系籍学生、医学生，皆免一身之役。三代同居，已旌门则免差发，三年后免杂役。"《金史·食货志》。

有司初以三年一籍，后变为通检，又变为推排。大定四年，以自国初占籍之后，至是承正隆师旅之余，民之贫富变更，赋役不均。乃命泰宁军节度使张弘信等二十四人，《金史·食货志》作十三人。分路通检天下物力以差定赋役。诸使往往以苛酷多得物力为功，弘信检山东州县尤酷暴。惟梁肃为河北转运副使，通检东平、大名两路，称平允。见本传。五年，有司奏诸路通检不均，诏再以户口多寡，富贵轻重，适中定之。既而，又定通检土地等第税法。十五年，以自通检以来十余年，贫富变易，赋调轻重不均，遣济南尹梁肃等二十六人，分路推排物力。二十年四月，推排猛安谋克物力。二十二年八月，始集耆老，推贫富，验土地、牛具、奴婢之数，分为上、中、下三等。二十六年，命吏部侍郎李晏等分路推排。章宗承安二年十月，命吏部尚书贾执纲等分路推排。三年九月，奏十三路籍定推排物力钱二百五十八万六千七百二贯四百九十文，旧额三百二万二千七百十八贯九百二十二文，以贫乏除免六十三万八千一百一十一贯。除上京、北京、西京路无新强增者，余路计收二十万二千九十五贯。泰和元年八月，诏推排西京、北京、辽东三路人役物力。（至五年，以西京、北京边地，常罹兵荒，复遣使推排之。大定二十六年所定三十五万三千余贯，减为二十八万七千余贯。）二年闰十二月，定人户物力随时推收法，典卖事产者随业推收，别置标簿，临时止拘浮财。八年，命吏部尚书贾守谦等十三人，分诣诸路，与按察使官一员，推排民户实力，扰民颇甚。承安时，吏部侍郎高汝砺《请据实通检疏》曰："自大定四年通检，迄今三十余年，其间虽两经推排，其浮财物力惟凭一时小民之语，以为增减，有司惟务速定，不复推究其实。由是豪强有力者扶同而幸免，贫弱寡援者抑屈而无伸。欲革其弊，莫若据实通检。"云云。通检之弊既如大定四年所行矣，推排之弊又如此，差役之法何适而可哉？

元制差科之名有二：曰丝料，曰包银。各验其户之上下而科焉。丝料、包银之外，又有俸钞之科，其法亦以户之高下为等。

丝料之法，始行于太宗八年。每二户出丝一斤，并随路丝线、颜色输于官。五户出丝一斤，并随路丝线、颜色输于本位。

包银之法，定于宪宗五年。初，汉民科纳包银六两，至是止征四两，二两折收丝绢、颜色等物。（此据《元史·食货志》。是初征六两,至五年始减。《王玉汝传》谓:宪宗即位,有旨令常赋外,岁出银六两,谓之包垛银。玉汝纠率诸路管民官,诉之阙下,得减三分之一。《史楫传》:朝廷始征包银,楫请以银与物折,仍减其元数,诏从之,则减于方征之始。《张晋亨传》则朝议户赋银六两,以晋亨言,蠲户额三之一,仍听民输他物。是初议时已减为四两矣,或各地不一律欤?)

世祖中统元年,立十路宣抚司,定户籍科差条例。其户大抵不一,有元管户、交参户、漏籍户、协济户。于诸户之中,又有丝银全科户、减半科户、止纳丝户、止纳钞户;又有摊丝户、储也速觞儿所管纳丝户、复业户,并渐成丁户。户既不等,数亦不同。又有俸钞之科,亦以户之高下为等。于是以合科之数,作大门摊,分为三限输纳。被灾之地,听输他物折焉,其物各以时估为则。凡儒士及军、站、僧、道等户,皆不与。

又泰定之初,有所谓助役粮者。命江南民户有田一顷以上者,于所输税外,每顷量出助役之田,具书于册,里正以次掌之,岁收其入,以助充役之费。凡寺观田,除宋旧额,其余亦验其多寡令出田助役焉。

元诸王及后妃公主,皆有食采分地。其路府州县得荐其私人以为监,秩禄受命如王官,而不得以岁月通选调。其赋则五户出丝一斤,不得私征之,皆输诸有司之府,视其当得之数给之。其岁赐则银币各有差,始定于太宗之时,而增于宪宗之日。及世祖平江南,又各益以民户。时科差未定,每户折支中统钞五钱,成宗后加至二贯。至于勋臣亦同。

明初定赋役法,一以黄册为准。册有丁有田。丁有役。田有租。租曰夏税,曰秋粮。夏税毋过八月,秋粮无过明年二月。

鱼鳞册成于洪武二十年。太祖定天下,核实天下土田。而两浙富民畏避徭役，大率以田产寄他户，谓之贴脚诡寄。是年，命国子生武淳等分行州县，随粮定区。区设粮长，量度田亩方圆，次以字号，悉书主名及田之丈尺，编类为册，状如鱼鳞，号曰鱼鳞图册。先是，诏天下编黄册，以户为主，详具旧管、新收、开除、实在之数为四柱式。而鱼鳞图册以土田为主，诸原坂、坟衍、下湿、沃瘠、沙卤之别毕具。鱼鳞册为经，土田之讼质焉。黄册为纬，赋役之法定焉。凡质卖田土，备书税粮科则，官为籍记之，毋令产去税存，以为民害。赋役之籍鱼鳞册与黄册相须而成，迄乎岁久，鱼鳞册漫漶至不可问，而田得买卖，粮得过都图，赋役册独以田从户，而田所在不复可辨。《春明梦余录》。执鱼鳞册以按田，既无从知此田为谁家所有，或且以鱼鳞册不存，而田并不能按籍而稽。执黄册以求各户所有之田，亦徒有其名。以鱼鳞册不存，不复能知其田之何在，即无从考证其田之果有与否。于是贫者无田而有税，富者有田而无税，其弊也有所谓坍江，已为江水淹没者。事故移流亡绝，田弃粮存者。者，悉责赔于里甲，摊征于贫民，而奸富猾胥遂得肆其诡寄那移之弊。富人不纳粮而贫民代输，贫民逃亡则责之里长，里长逃绝则粮长负累，其弊极矣。此履亩丈量之议所由起也。

丈量之议，起于嘉靖八年。霍韬奉命修《会典》，言："天下额田减强半……司国计者，可不究心。"时桂萼等先后疏请核实田亩，而顾鼎臣请履亩丈量。江西安福、河南裕州首行之，而法未详具，人多疑惮。其后福建诸州县，为经、纬二册，其法颇详。然率以地为主，田多者犹得上下其手，神宗初，建昌知府许孚远为归户册，以田从人，其法始简而密矣。

神宗时，用大学士张居正议，天下田亩通行丈量，限三岁竣事。用开方法，以径围乘除，畸零截补。于是豪猾不得欺隐，里甲免赔累，而小民无虚粮。计田数视弘治赢三百万顷。然居正尚综核，颇以溢额为功。有司争改小弓以求田多,或掊克现田以充虚额。北直隶、湖广、大同、宣府,遂先后按溢额田增赋焉。

粮长者,洪武四年九月,以郡县吏征收赋税,辄侵渔百姓,乃命户部,令有司科民土田,以万石为率,田多者为粮长,督其乡赋税。岁七月,州县委官偕诣京师,领勘合以行。粮万石,长、副各一人。十五年,革罢。十八年,复设。三十一年,更定每区正、副二名轮充。永乐十九年,命暂于南京户部宣谕给勘合,后遂为例。宣宗宣德间,复永充。科敛横溢,民受其害,或私卖官粮以牟利。其罢者,亏损公赋,事觉,至陨身丧家。景泰时,革粮长,未几又复。自官军兑运,粮长不复输京师,而州里间颇滋害。嘉靖时,谕德顾鼎臣极陈之。

洪武元年三月,命中书省议役法,田一顷出丁夫一人,不及顷者以他田足之,名曰均工夫。八年三月,编应天十八府州,江西九江、饶州、南康三府均工夫图册。每岁农隙赴京,供役三十日遣归。田多丁少者,以佃人充夫,而田主出米一石资其用。非佃人而计亩出夫者,亩资米二升五合。

迨造黄册成,以一百十户为一里,里分十甲曰里甲。以上、中、下户为三等,五岁均役,十岁一更造。一岁中诸色杂目应役者,编第均之,曰均徭。他杂役曰杂泛。凡祗应、禁子、弓兵,悉佥市民,毋役粮户。额外科一钱、役一夫者,罪流徙。

英宗正统初,行均徭鼠尾册法。先时编徭役里甲者,以户为断,放大户而勾单小。议者言,均徭之法,按册籍丁粮,以资产为宗,核人户上下,以蓄藏得实也。稽册籍,则富商大贾免役,而土著困;核人户,则官吏里胥轻重其手,而小民益穷蹙。二者交病。然专论丁粮,庶几古人租庸调之意。乃以旧编力差、银差之数当丁粮之数,难易轻重酌其中。役以应差,里甲除当复者,论丁粮多少编次先后,曰鼠尾册,按而征之。市民商贾家殷足而无田产者,听自占,以佐银差。正统初,佥事夏时创行于江西,他省仿行之,役以稍平。其后诸上供者,官为支解,而官府公私所需,复给所输银于坊里长,责其营办。给不能一二,供者或什佰,甚至无所给,惟计值年里甲祗应夫马饮食,而里甲病矣。凡均徭,解户上供为京徭,主纳为中官留难,不易中纳,往复改贸,率至倾产。其他役苛索之弊,不可毛举。明初,令天下贡土所有,有常额,珍奇玩好不与。即须用,编之里甲,出银以市。顾其目冗碎,奸黠者缘为利孔。又大工营缮,祠官祝厘,用繁资溢。迨至中叶,倭寇交讧,仍岁河决,国用耗殚。于是里甲、均徭,浮于岁额矣。

凡役民,自里甲正办外,如粮长、解户、马船头、馆夫、祗候、弓兵、皂隶、门禁、厨斗为常役。后又有斫薪、抬柴、修河、修仓、运料、接递、站铺、戍夫之类,因事编签,岁有增益。嘉、隆后,行一条鞭法,通计一省丁粮,均派一省徭役。于是均徭、里甲与两税为一,小民得无扰,而事亦易集。然粮长、里长,名罢实存,诸役卒至,复佥农氓。法行十余年,规制顿紊,不尽遵也。

孙承泽《春明梦余录》曰:"一条鞭者,其法通府州县十岁中夏税秋粮存留起运额若干,通为一条,总征而均支之也。其征收不轮甲,通一县丁粮均派之,而下帖于民,备载一岁中所应纳之数于帖,而岁分六,限纳之官。其起运完输若给募,皆官府自支拨。盖轮甲则递年十甲充一岁之役;条鞭则合一邑之丁粮充一年之役也。轮甲则十年一差,出骤多易困;条鞭令每年出办,所出少易输。譬则十石之重,有力人弗胜,分十人而运之,力轻易举也。诸役钱分给主之官承募人,势不得复取赢于民。而民如限输钱讫,闭户卧可无复追呼之扰。此役法之善者也。"

凡军、匠、灶户,役皆永充。军户死若逃者,于原籍勾补。匠户二等:曰住坐,曰输班。住坐之匠,月上工十日。不赴班者,输罚银一月六钱,故谓之输班。监局中官,多占匠役,又括充幼匠,动以千计,死若逃者,勾补如军。灶户有上、中、下三等。每一正丁,贴以余丁。上、中户丁力多,或贴二三丁,下户概优免。

明季重敛极多,自武宗正德九年建乾清宫,加赋百万,至世宗初年,天下财赋入太仓库者,二百万两有奇。旧制以七分经费,而存积三分,备兵欵,以为常。世宗中年,边供费繁,加以土木、祷祀,月无虚日,帑藏匮竭。二十九年,俺答犯京师,增兵设戍,饷额过倍。三十年,京边岁用至五百九十五万,户部尚书孙应奎蒿目无策,乃议于南畿、浙江等州县增赋百二十万,加派于是始。嗣后,京边岁用,多者过五百万,少者亦三百余万,岁入不能充岁出之半。由是度支一切之法,其箕敛财贿、题增派、括赃赎、算税契、折民壮、提编、均徭、推广事例兴焉。《食货志》:提编者,加派之名也。其法,以银力差排编十甲,如一甲不足,则提下甲补之。时东南备倭,南畿、浙、闽皆有额外提编。江南至四十万。及倭患平,仍不能减。诸例既兴,初亦赖以济匮,久之,诸所灌输益少。又四方多事,有司往往为其地奏留或请免。浙、直以备倭,川、贵以采木,山、陕、宣、大以兵荒,不惟停格军兴所征发,即岁额二百万,且亏其三之一。而内廷之赏给,斋殿之经营,宫中夜半出片纸,吏虽急,无敢延顷刻者。三十七年,大同右卫告警,赋入太仓者仅七万,帑储大校不及十万。户部尚书方钝等忧惧不知所出,乃乘间具陈帑藏空虚状,因条上便宜七事以请。既,又令群臣各条理财之策,议行者凡二十九事,益琐细,非国体。而累年以前积逋无不追征,南方本色逋赋亦皆追征折色矣。

神宗万历六年四月,诏户部岁增金花银二十万两。户科给事中石应岳奏:金花银实小民惟正之供,先朝量入度出,定为一百万两,额派解进,仅有此数,原无剩余。今若添进,必借之太仓。夫太仓之储,各边粮饷、城筑、召募、调遣诸费之所待用也。上供岁多二十万之进,则边储岁少二十万之积。愿百凡费用,止取给于百万两之中。而太仓所储,专以备军国重大之费。不从。据此,则当时折色之供宫廷费用者,止以百万为限,而神宗则不恤国而增加之也。

九年,通行一条鞭法。一条鞭法者,总括一州县之赋役,量地计丁,丁粮毕输于官。一岁之役,官为签募。力差,则计其工食之费,量为增减;银差,则计其交纳之费,加以增耗。凡额办、派办、京库岁需与存留、供亿诸费,以及土贡方物,悉并为一条,皆计亩征银,折办于官。立法颇为简便。嘉靖间,数行数止。迨隆、万之世,提编增额既如故,又多无艺之征,逋粮愈多,规避亦益巧。已解而愆限或至十余年,未征而报收,一县有至十万者。逋欠之多,县各数十万。赖行此法,无他科扰,民力不大绌。据《食货志》:先是又有纲银、一串铃诸法。纲银者,举民间应役岁费,丁四粮六总征之,易知而不繁,犹网之有纲也。一串铃,则夥收分解法也。

四十六年九月,加天下田赋。前此接踵三大征,颇有加派,事毕旋已。四十一年,凤阳巡抚陈荐以倭警需饷急,请加派银十五万两有奇,从之。至是骤增辽饷三百万。时内帑充积,帝靳不肯发。户部尚书李汝华乃援征倭、播例,亩加三厘五毫,天下之赋增二百万有奇。明年复加三厘五毫。四十八年,以兵工部请,复加二厘。通前后九厘,增赋五百二十万,遂为岁额。所不加者,畿内八府及贵州而已。贵州以地硗,兼有民变,故不加。

熹宗天启二年九月,复增田赋。时又设州县兵,按亩供饷,从御史冯英请也。庄烈帝崇祯三年十二月,复增田赋充饷。时以军兴,于九厘外,亩复征三厘。惟顺天、永平以新被兵无所加,余六府亩征六厘,得他省之半,共增赋百六十五万四千有奇。合旧所增,凡六百八十余万。

六年正月,遣使分督直省逋赋。六月,太监张彝宪又请催逋赋千七百余万。八年十月，户部尚书侯恂请严征新旧逋赋，从之。十年二月，复遣使督逋赋。

八年，征助饷银。加之田赋，每两一钱。总督卢象昇请加宦户田赋十之一，民粮十两以上同之。既而概征每两一钱，名曰助饷。十年，行均输法。是年三月，起杨嗣昌为兵部尚书，议增兵十二万，增饷二百八十万。措饷之策有四。一曰因粮，因旧额量加，亩输六合，石折银八钱。又亩加增一分九厘四丝，场地不与。岁得银百九十二万九千有奇。一曰溢地，土田溢原额者，核实输赋，岁得银四十万六千有奇。一曰事例，富民输资为监生。一曰驿递，前此邮驿裁省之银，以二十万充饷。议上，帝遂改因粮为均输，布告天下。

十二年六月，加增练饷。廷臣多请练边兵，帝命杨嗣昌定议，边镇及畿辅、山东、河北，凡四总督、十七总兵官，各抽练额兵总七十三万有奇。又汰郡县佐贰，设练备练总，专练民兵，于是有练饷之议。初嗣昌增剿饷，期一年而止。后饷尽而事未平，诏征其半。于是剿饷外，复亩加练饷银一分，共增七百三十万。盖自神宗末增赋五百二十万，崇祯初再增百四十万，总名辽饷，至是复增剿饷，先后增赋千六百七十万。据御史郝晋言，则万历末年，合九边饷止二百八十万。十三年，以给事中左懋第言，今州县上灾者新旧练三饷并停，中灾者止征练饷，下灾者秋成督征。十四年，懋第督催漕运疏言，山东米石二十两，河南百五十两。十五年后，诸边士马报户部者，浮兵部过半，耗粮居多，而屯田、盐引、民运，每镇至数十百万，一听之边臣。天津海道输蓟辽米豆三百万，惟仓场督臣及天津抚臣出入部中，皆不稽核。且所练之兵，实未尝练，徒增饷七百万为民累耳。帝乃命户部并三饷为一。州县追比，仍是三饷。

清初定《赋役全书》，征收之额，一以万历以前为准。亦用一条鞭法，夏税秋粮存留起运之额，通为一条，总征而均支之，运输之费，由官支拨，而民不与焉。地丁征银。漕粮本色米豆麦草，各视所产。折色以银代。米江苏、安徽、江西、浙江、湖南、湖北、河南、山东八省有之，约共四百五十万石，运储京通各仓，以供官俸军饷。后均改折色。海运者惟江、浙耳。州县据以征收者，亦为黄册及鱼鳞册。黄册亦名粮户册。鱼鳞亦名丈量册。然自编审不行，遂惟据鱼鳞册以造串票。清初五年一编审，州县造册申府，府申司，司申督抚以达部，部以闻。亦以百十户为里，里推丁多者十人为长，余百户分为十甲。甲系以户，户系以丁，计丁出赋，以代力役。甲长司其册籍。民年六十以上开除，十六以上添注。康熙五十二年，诏嗣后滋生人丁，永不加赋。丁赋之额，以五十年册籍为准。雍正间，摊入地粮，地丁始合征。乾隆五年，遂停编审，凭保甲造册。保甲之法，户给印单，书其姓名、习业及人数，出注所往，入注所来。十户为牌，十牌为甲，十甲为保，皆有长。八旗户口，三年一编审。户部移八旗满、蒙、汉军都统、盛京将军、各省驻防将军、都统、副都统，饬所属佐领，简稽丁壮，造册送部，汇疏以闻。其编丁起于佐领，每佐领三百人，五佐领为一参领，五参领设一都统。末年，乃有变通旗制，京旗及各省驻防，皆以所住地方为本籍之议。串票者，州县分别上中下三则每亩应征钱粮实数，刊给纳户，以为征收之据者也。始于顺治十年。其时用二联，钤印中分，官民各执其半。奸胥以查对为名，收回业户所执，遂有一票再征，及浮收之弊。康熙二十八年，改为三联，以一付役应比焉。雍正三年，改为四联，以一送府。八年，仍复三联之制，又有易知由单，刊刻赋则尤详备，与串票并行，然实际不尽行也。厅州县地丁除支用外，例应送府。府复除其支用之数，送布政司。司具完解欠支之数，报部核销，名奏销册，亦名四柱册。然其后多直送司。

明清二代，银之为用日广，而折色以起。《明史·食货志》："洪武九年,天下税粮,令民以银、钞、钱、绢代输。""十七年,云南以金、银、贝、布、漆、丹砂、水银代秋租。于是谓米麦为本色,而诸折纳税粮者,谓之折色。"三十年,谕户部:天下逋租,任土所产,折收布、绢、棉花、金银等物,著为令。成祖永乐五年,始置交阯布政司,命以绢、漆、苏木、翠羽、纸扇、沈、速、安息诸香代租赋。是时,虽岁贡银三十万两有奇,而民间交易用银,仍有厉禁。英宗正统元年,始折征金花银。以副都御史周铨言:京师官俸,俱持帖赴南京领米,而道远难运,辄以米易货,以致亏短故也,始行之。南畿、浙江、江西、湖广、福建、广东、广西米麦四百余万石,折银百万余两,入内承运库,谓之金花银。其后概行于天下。起运兑军外,粮四石收银一两解京,以为永例。宪宗成化十三年,李敏巡抚大同,见山东、河南转饷至者,道远耗费,乃会稽岁支外,悉令输银。二十三年,本传作二十一年,此从《七卿表》。李敏为户部尚书,并请畿辅、山西、陕西州县岁输粮各边者,每粮一石征银一两,以十九输边,依时值折军饷,有余则召籴以备军兴。从之。自是诸方赋入皆折银,而仓廪之积渐少矣。穆宗隆庆元年十二月,户部奏请止将南京官吏月粮及向来积久京储,尽行改折每石七钱,在北者量折十之二,每石一两,米价昂则仍征本色。从之。

《续通考》曰:"田赋输银,始见于宋神宗熙宁十年。时夏税有银三万一千九百四十两,秋税有银二万八千一百九十七两。原注:见马端临《通考》。金元以来无行之者。明洪武九年,虽有听民以银准米之令,永乐时岁贡银有三十万两,亦不过任土便民,与折麻苎、香漆之属等耳。自正统初以金花银入内库,而折征之例定,自是遂以银为正赋矣。唐德宗作两税而以钱代输,明英宗折金花而以银充赋,皆古今农政中更制之大端也。然正统时以银一两当米四石,成化时一两止当一石,行法未几,而民之苦乐,前后又复顿殊。"

《食货志》云："初,岁赋不征金银,惟坑冶税有金银,入内承运库。其岁赋偶折金银者,俱送南京供武臣禄。而各边有缓急,亦取足其中。正统元年改折漕粮,岁以百万为额,尽解内承运库,不复送南京。自给武臣禄十余万两外,皆为御用。所谓金花银也。七年乃设户部太仓库。""凡折银者,皆入太仓库。籍没家财,变卖田产,追收店钱,援例上纳者,亦皆入焉。专以贮银,故又谓之银库。"折征既兴,乃有所谓火耗。明旧制,收粮令纳户平准,石加耗不得过五升。至宪宗即位,仓吏多侵害,申禁焉。后加耗至八升。久之,复溢,屡禁不能止也。洪武时,内府所用白熟粳糯米及芝麻、黄豆等,并各官吏俸米,皆于苏、松、常、嘉、湖五府秋粮内派纳。武宗正德时,骤增内使五千人,粮亦加十三万石。世宗嘉靖元年,从户部侍郎李充嗣言,减从故额,时凡输运内府白熟粳糯米十七万四十余石,内折色八千余石,各府部糙粳米四万四千余石,内折色八千八百余石,谓之白粮。收受之际,每多加耗,颇为民累。至三年,命内官监收受白粮正粮一石,交耗一斗,不许分外多收。此皆但名耗而不曰火耗。顾炎武《钱粮论》曰："火耗之所由名,其起于征银之代乎?原夫耗之所生,以一州县之赋繁矣。户户而收之,铢铢而纳之,不可以琐细而上诸司府,是不得不资于火。有火则必有耗。此火耗之所由名也。"云云。久之,火耗遂成大宗款项。至清雍正时,悉数提归藩司,而酌给官吏以养廉焉。又有所谓平余者,乾隆初四川巡抚硕色奏请提解归公。

明清江南赋税最重,此其由来甚久。《明史·食货志》云："太祖定天下官、民田赋,凡官田亩税五升三合五勺,民田减二升,重租田八升五合五勺,没官田一斗二升。惟苏、松、嘉、湖,怒其为张士诚守,乃籍诸豪族及富民田以为官田,按私租簿为税额。而司农卿杨宪又以浙西地膏腴,增其赋,亩加二倍。故浙西官、民田视他方倍莜，亩税有二三石者。大抵苏最重，松、嘉、湖次之，常、杭又次之。"七年五月，命减苏、松、嘉、湖极重田租，如亩税七斗五升者，除其半。十三年三月，复命户部裁其额，亩科七斗五升至四斗四升者减十之二，四斗三升至三斗六升者俱止征三斗五升，以下者仍旧。《续通考》云："是时浙西赋极重，而浙东赋有极轻者。《实录》云：洪武元年，有司奏定、处州七县田赋，亩税一升。帝以刘基故，命青田县止征其半。原注：《基行状》：帝曰：使伯温乡里子孙，世世为美谈也。据此，则不但青田之赋极轻，其余六县亦仅比民田三分之一。"惠帝建文二年二月，诏曰："江、浙赋独重，而苏、松准私租起科，特以惩一时顽民，岂可为定则以重困一方。宜悉与减免，亩不得过一斗。"成祖尽革建文政，浙西赋复重。宣宗时，广西布政使周幹，巡视苏、常、嘉、湖诸府还，言民多逃亡，询之耆老，皆云重赋所致。请将没官田及公侯还官田租，俱视彼处官田起科，亩税六斗。海水沦陷田，悉除其税。命部议行之。宣德五年二月诏："旧额官田租，亩一斗至四斗者各减十之二，四斗一升至一石以上者减十之三。著为令。"九月，命周忱巡抚江南诸府，总督税粮。苏府官、民田租共二百七十七万石，而官田之租，乃至二百六十二万石，民不能堪。忱乃与知府况钟曲算累月，减至七十二万余石，他府亦以次减，民始少苏。忱又请令松江官田依民田起科，帝不能从。时天下财赋多不理，而江南为甚，苏州一郡，积逋至八百万石。忱始至，召父老问逋税故，皆言豪富不肯加耗，并征之细民。民贫逃亡，而税额益缺。忱乃创为平米法，令出耗必均，又以支拨余米，贮之仓曰济农，耕者借贷，必验中下事力及田多寡给之，秋与粮并赋。虽与民为期约，至时多不追取。每岁征收毕，逾正月中旬，辄下檄放粮，曰："此百姓纳与朝廷剩数，今还百姓用之。努力种田，秋间又纳朝廷税也。"于是两税无逋，公私饶足。又民间马草，岁运两京，劳费不资。忱请每束折银三分，南京则轻赍即地买纳。又言丹徒、丹阳二县,田没入江者,赋尚未除。国初蠲租之家,其田多并于富室,宜征其租,没于江者除之。无锡官田赋白米太重,请改征租米。悉报可。至景帝时,户部括所积余米为正赋,储备萧然。其后吴大饥,道馑相望,课逋如故矣。穆宗隆庆元年十二月,户部奏各省粮额,俱以夏税秋粮马草为正赋,差徭编增为杂派,惟苏、松诸郡不分正杂而混征之,名曰平米。其中如马役料价义役,原非户部之加增,如轻赍脚米户口盐钞,亦非粮额之正数。杂派渐多,常赋反累。宜令清查旧额所增之数,造册送部裁减。从之。

《续通考》云:"马草为明正赋,与夏税秋粮并征,《明史》不详其制。考《会典》:弘治后始有征收之数,惟及南直隶十三府,四川、北直隶八府二州,并浙江、山东、山西、河南、陕西五省。其支给之例,始见于永乐时。大率马一匹,日支草一束,束重十五斤,豆则三四升上下不等。其后有折支者,或以钞,或以布,或以银。有限月支折者,或岁给其半,或给以强半,或给以少半。因夏秋草盛而价贱,有放牧樵采之利;冬春专赖刍藁,每有不足,故视时值之贵贱、差用之劳逸而为之制。惟常令在京坊场,岁有一百五十万束之积以备用。原注:隆庆三年制。此支折所以不同,而秋草与谷草又必兼收而交济也。此外又有纳钞赎罪、纳钞中盐例,召商纳草豆例,商贩纳草入关例,凡此虽非正赋,而藉以佐正赋所不及,亦时事之不得不然耳。"

英宗正统元年闰六月,再减浙江、苏、松等处官田税。其官田准民田起科,每亩秋粮四斗一升至二石以上者减作三斗,二斗一升以上至四斗者减作二斗,一斗一升至二斗者减作一斗。

英宗天顺初,令镇守浙江尚书孙原贞等定杭、嘉、湖官、民田平米则例,官田亩科一石以下,民田七斗以下者,每石岁征平米一石三斗。官民田四斗以下者,每石岁征平米一石五斗。官田二斗以下,民田二斗七升以下者,每石岁征平米一石七斗。官田八升以下,民田七升以下者,每石岁征平米二石二斗。凡起科重者征米少,起科轻者征米多,欲使科则适均。而亩科一石之数,未尝减云。

明初官田,皆宋、元时入官田地。厥后有还官田、没官田、断入官田、学田、皇庄、马草场、城壖、苜蓿地、牲地、园陵、坟地、公占隙地、诸王公主勋戚大臣内监寺观赐乞庄田、百官职田、军民商屯田,通谓之官田。其余为民田。

草场颇多占夺民业。而为民厉者,莫如皇庄及诸王、勋戚、中官庄田。太祖赐勋臣公侯丞相以下庄田,多者百顷,亲王庄田千顷。又赐公侯暨武臣公田。又赐百官公田,以其租入充禄。指挥没于阵者,皆赐公田。勋臣庄佃,多倚威扦禁。帝召诸臣戒谕之。其后公侯复岁禄,归赐田于官。仁、宣之世,乞请渐广,大臣亦得请没官庄舍。英宗以后,诸王外戚中官,或赐,或请,或占夺,奸民又有献地王府者。虽有世次递减之限,然或隐匿不还,或当减而奉诏姑留。而自宪宗即位,以没入曹吉祥地为宫中庄田,于是又有所谓皇庄者。其后皇庄亦日广。弘治二年,户部尚书李敏上言:"畿内皇庄有五,共地万二千八百余顷。勋戚、中官庄田三百三十有二,共地三万三千余顷。管庄官校招集群小,称庄头、伴当,占地土,敛财物,污妇女。稍与分辨,辄被诬奏。官校执缚,举家惊惶。民心伤痛入骨。"神宗时,福王分封,括河南、山东、湖广田为王庄,至四万顷。群臣力争,乃减其半。王府官及诸阉丈地征税,旁午于道,扈养厮役廪食以万计。渔敛惨毒,驾帖捕民,格杀庄佃,所在骚然。其为祸可为烈矣!

清定鼎后,以近畿州县荒地及明官庄为庄田,分赐宗室勋戚,皆免赋。顺治七年,定亲王园八所,每所百八十亩。郡王五所,贝勒四所,贝子三所,公二所,镇国将军二百四十亩,辅国将军百八十亩,奉国将军百二十亩,奉恩将军六十亩。嗣后受封者,皆依次拨给,不得买卖。此项庄田属内务府,不属州县。庄皆有长,以收其赋。在盛京户部奏请简派大臣,会同征收旗人田地租税,由协领、城守尉、佐领、防御、骁骑校等征收,在热河者由总管大臣派员征收。

明代各藩所占地,清时归人民耕种者,谓之更名田。

第十四章　征　榷

租税宜多其途以取之，然后国用抒而民不至于困。然中国政治家于此不甚明了。自隋唐以前，迄认田租口赋为正税。唐中叶后，藩镇擅土，王赋所入无几，不得已，取给于盐铁等杂税。宋以后遂不复能免。至于今日，而关盐等税且为国家收入之大宗焉。然此乃事实上之发达，在理论上则古人初未尝认此为良好之税源也。

古代制度并无正式记载，只能在各家学说中见之。其见于今文经说者，耕地有分赋之法，耕地以外之土地则否，《王制》"名山大泽不以封"，"林麓川泽以时入而不禁"是也。而其取之，则有一定之法度，《孟子》所谓"数罟不入洿池"，"斧斤以时入山林"是也。关于狩猎之规则，《王制》云："天子诸侯无事，则岁三田，一为干豆，二为宾客，三为充君之庖。无事而不田，曰不敬。田不以礼，曰暴天物。天子不合围，诸侯不掩群。天子杀则下大绥，诸侯杀则下小绥，大夫杀则止佐车，佐车止则百姓田猎。獭祭鱼，然后渔人入泽梁。豺祭兽，然后田猎。鸠化为鹰，然后设罻罗。草木零落，然后入山林。昆虫未蛰，不以火田。不麛，不卵，不杀胎，不殀夭，不覆巢。"关于商业，今文家主张无税，《王制》"古者市廛而不税，关讥而不征"是也。《孟子》："昔者文王之治岐也，关市讥而不征。"又曰："市廛而不征，法而不廛。"工业则全立于国家监督之下，尤无所谓税。

古文家之说，当以《周官》为其代表。《周官·太宰》："以九职任万民：一曰三农，生九穀。二曰园圃，毓草木。三曰虞衡，作山泽之材。四曰薮牧，养蕃鸟兽。五曰百工，饬化八材。六曰商贾，阜通货贿。七曰嫔妇，化治丝枲。八曰臣妾，聚敛疏材。九曰闲民，无常职，转移执事。"其所述职业之范围，较他书为广。又以"九赋敛财贿"，"七曰关市之赋，八曰山泽之赋"，即后世所谓商税、关税、杂税也。《周官》商政掌于司市、质人、廛人、胥师、贾师、司虣、司稽、胥、肆长等官。质人"掌成市之货贿、人民、牛马、兵器、珍异。凡卖儥者质剂焉。大市以质，小市以剂。掌稽市之书契，同其度量，壹其淳制，巡而考之"。注谓质剂两书一札，同而别之。大市人民牛马之属用长券，小市兵器珍异之物用短券。书契谓取予市物之券。廛人"掌敛市絘布、总布、质布、罚布、廛布、而入于泉府"。絘布谓列肆之税，犹后世之铺税。总布为守斗斛铨衡者之税，犹后世之牙税。质布为犯质剂之罚。或谓质剂官造而取期税，则似后世之契税。罚布为犯市令之罚。廛布为邸舍之税，犹后世之栈费也。司关"司货贿之出入者，掌其治禁，与其征廛"。注："征廛者货贿之税与所止邸舍也。关下亦有邸客舍，其出布如市之廛。"案廛之有税，今古文所同，惟今文家"市廛而不征，关讥而不征"。《周官·司市》云："国凶荒札丧，则市无征而作布。"《司关》云："国凶札，则无关门之征。"则平时有征，此其所以为异也。又载师："以廛里任国中之地。""国宅无征，园廛二十而一。"注以国宅为"官所有宫室，吏所治者"；廛为"民居之区域"，郑司农云：市中空地未有肆。里为民居，是国中民居有税。又云："凡宅不毛者有里布。凡田不耕者出屋粟。凡民无职事者，出夫家之征。"宅不毛者，郑司农谓"不树桑麻"，《汉志》谓"城郭中宅"。泉府"掌以市之征布敛市之不售货之滞于民用者，以其贾买之。物揭而书之，以待不时而买者"。"凡赊者，祭祀无过旬日，丧纪无过三月。凡民之贷者,与其有司辨而授之,以国服为之息"。此则对于消费者及商人均为之保障,并为借贷之机关,其事惟古代小经济团体乃能行之耳。田猎之政令,《周官》掌于迹人及《天官》兽人。林麓掌于林衡,川泽掌于川衡,国泽掌于泽虞,斀征掌于斀人。角人"掌征齿角,凡骨物于山泽之农"。羽人"掌征羽翮于山泽之农"。掌葛"掌征絺绤之材于山农"。委人"掌敛野之赋敛、薪刍,凡疏材木材,凡畜聚之物"。金玉锡石之地,则掌于卝人。

汉初用度省而取民亦寡,《食货志》所谓"上于是约法省禁,轻田租,什五而税一,量吏禄,度官用,以赋于民。而山川园池市肆租税之入,自天子以至封君汤沐邑,皆各为私奉养,不领于天子之经费"者也。此时之财权,盖不甚集于中央。然《吴王濞传》云:"孝惠、高后时,天下初定,郡国诸侯各务自拊循其民。"则亦无甚厉民之政也。至武帝时,而取民乃多,其中重要者,一为盐铁、均输、酒酤,一为算缗。《汉书·食货志》:"以东郭咸阳、孔仅为大农丞,领盐铁事,而桑弘羊贵幸。咸阳,齐之大煮盐,孔仅,南阳大冶,皆致产累千金,故郑当时进言之。弘羊,洛阳贾人之子,以心计,年十三,侍中。""大农上盐铁丞孔仅、咸阳言:山海,天地之臧,宜属少府,陛下勿私,以属大农佐赋。愿募民自给费,因官器作煮盐,官与牢盆。浮食奇民欲擅斡山海之货,以致富羡,役利细民。其沮事之议,不可胜听。敢私铸铁器煮盐者,釱左趾,没入其器物。郡不出铁者,置小铁官,使属所在县。使仅、咸阳乘传举行天下盐铁,作官府,除故盐铁家富者为吏。""孔仅使天下铸作器,三年中至大司农,列于九卿。而桑弘羊为大司农中丞,管诸会计事,稍稍置均输以通货物。"元封元年,"桑弘羊为治粟都尉,领大农,尽代仅斡天下盐铁。弘羊以诸官各自市相争,物以故腾跃,而天下赋输或不偿其僦费,乃请置大农部丞数十人,分部主郡国,各往往置均输盐铁官,令远方各以其物,如异时商贾所转贩者为赋,而相灌输。置平准于京师,都受天下委输。召工官治车诸器,皆仰给大农。大农诸官尽笼天下之货物,贵则卖之,贱则买之。如此,富商大贾亡所牟大利,则反本,而万物不得腾跃。故抑天下之物,名曰平准。天子以为然而许之"。"昭帝即位六年,诏郡国举贤良文学之士,问以民所疾苦,教化之要。皆对愿罢盐铁酒榷均输官。……弘羊难,以为此国家大业,所以制四夷,安边足用之本,不可废也。乃与丞相千秋共奏罢酒酤。"《武帝纪》天汉三年二月,初榷酒酤。元帝时,尝罢盐铁官,三年而复之。《续汉书·百官志》:"其郡有盐官、铁官、工官、都水官者,随事广狭置令、长及丞。"本注曰:"凡郡县出盐多者置盐官,主盐税。出钱多者置铁官,主鼓铸。有工多者置工官,主工税物。有水池及鱼利多者置水官,主平水收渔税。"《后汉书·郑众传》:"建初六年,代邓彪为大司农。是时肃宗议复盐铁官,众谏以为不可。诏数切责,至被奏劾。众执之不移。帝不从。"《和帝纪》:即位四月戊寅,诏曰:"昔孝武皇帝致诛胡、越,故权收盐铁之利,以奉师旅之费。自中兴以来,匈奴未宾,永平末年,复修征伐。先帝即位,务休力役,然犹深思远虑,安不忘危,探观旧典,复收盐铁,欲以防备不虞,宁安边境。而吏多不良,动失其便,以违上意。先帝恨之,故遗戒郡国罢盐铁之禁,纵民煮铸,入税县官如故事。其申敕刺史、二千石,奉顺圣旨,勉弘德化,布告天下,使明知朕意。"算缗之制,《汉书·食货志》:公卿言:"异时算轺车贾人之缗钱皆有差,请算如故。诸贾人末作贳贷卖买,居邑贮积诸物,及商以取利者,虽无市籍,各以其物自占,率缗钱二千而算一。诸作有租及铸,率缗钱四千算一。非吏比者、三老、北边骑士,轺车一算;商贾人轺车二算;船五丈以上一算。匿不自占,占不悉,戍边一岁,没入缗钱。有能告者,以其半畀之。"《志》言:"于是告缗钱纵矣。""杨可告缗遍天下,中家以上大氐皆遇告。""乃分遣御史廷尉正监分曹往,往即治郡国缗钱,得民财物以亿计,奴婢以千万数,田大县数百顷,小县百余顷,宅亦如之。于是商贾中家以上大氐破,民媮甘食好衣,不事畜臧之业。"其为祸可谓烈矣。

　　盐铁、均输、酒酤、算缗等政,皆藉口于摧抑豪强,然其结果皆成为厉民之政,则以自始本无诚意,徒以是为藉口也。而王莽之六筦,则颇有利民之心,不能以其办理之不善,而并没其初意也。《志》又云:"遂于长安及五都立五均官,更名长安东西市令及洛阳、邯郸、临甾、宛、成都市长皆为五均司市称师(称字衍)。东市称京,西市称畿,洛阳称中,余四都各用东西南北为称,皆置交易丞五人,钱府丞一人。工商能采金银铜连锡登龟取贝者,皆自占司市钱府,顺时气而取之。又以《周官》税民:凡田不耕为不殖,出三夫之税;城郭中宅不树艺者为不毛,出三夫之布;民浮游无事,出夫布一匹。其不能出布者,冗作,县官衣食之。诸取众物鸟兽鱼鳖百虫于山林水泽及畜牧者,嫔妇桑蚕织纴纺绩补缝,工匠医巫卜祝及它方技商贩贾人坐肆列里区谒舍,皆各自占所为于其在所之县官,除其本,计其利,十一分之,而以其一为贡。敢不自占,自占不以实者,尽没入所采取,而作县官一岁。诸司市常以四时中月实定所掌,为物上中下之贾,各自用为其市平,毋拘它所。众民卖买五谷布帛丝绵之物,周于民用而不雠者,均官有以考检厥实,用其本贾取之,毋令折钱。万物卬贵,过平一钱,则以平贾卖与民。其价氏贱减平者,听民自相与市,以防贵庾者。民欲祭祀丧纪而无用者,钱府以所入工商之贡但赊之,师古曰:"但,空也,徒也,言空赊与之,不取息利也。"祭祀毋过旬日,丧纪毋过三月。民或乏绝,欲贷以治产业者,均授之,除其费,计所得受息,毋过岁什一。羲和鲁匡言:名山大泽,盐铁钱布帛,五均赊贷,斡在县官,唯酒酤独未斡。""请法古,令官作酒。""除米曲本贾,计其利而什分之,以其七入官,其三及醋酨灰炭给工器薪樵之费。

羲和置命士督五均六斡，郡有数人，皆用富贾。""乘传求利，交错天下。因与郡县通奸，多张空簿，府臧不实，百姓俞病。莽知民苦之，复下诏曰：夫盐，食肴之将；酒，百药之长，嘉会之好；铁，田农之本；名山大泽，饶衍之臧；五均赊贷，百姓所取平，卬以给澹；铁布铜冶，通行有无，备民用也。此六者，非编户齐民所能家作，必卬于市，虽贵数倍，不得不买。豪民富贾，即要贫弱，先圣知其然也，故斡之。每一斡为设科条防禁，犯者罪至死。"观其取民与平物价及赊贷并行，即知其非以为利也。

《晋书·食货志》："建安初，关中百姓流入荆州者十余万家，及闻本土安宁，皆企望思归，而无以自业。于是卫觊议为盐者国之大宝，自丧乱以来放散，今宜如旧置使者监卖，以其直益市犁牛，百姓归者以供给之。于是魏武遣谒者仆射监盐官，移司隶校尉居弘农。流人果还，关中丰实。"

《魏书·食货志》："河东郡有盐池，旧立官司以收税利，是时_{案指孝文帝时}罢之，而民有富强者专擅其用，贫弱者不得资益。延兴末，复立监司，量其贵贱，节其赋入，于是公私兼利。世宗即位，复罢其禁。""自后豪贵之家，复乘势占夺，近池之民，又辄障吝。神龟初，……复置监官以监检焉。其后更罢更立，以至于永熙。自迁邺后，于沧、瀛、幽、青四州之境，傍海煮盐。又于邯郸置灶四。"《隋书·食货志》：后周太祖创制六官，掌盐"掌四盐之政令。一曰散盐，煮海以成之。二曰鹽盐，引池以化之。三曰形盐，物地以取之。四曰饴盐，于戎以取之。凡鹽盐、形盐，每地为之禁，百姓取之皆税焉"。

又开皇三年，先是尚依周末之弊，官置酒坊收利，盐池盐井皆禁百姓采用，至是罢酒坊，通盐池盐井，与百姓共之。

《魏书·食货志》："孝昌二年冬，税京师田租亩五升，借赁公田者亩一斗。又税市，入者人一钱，其店舍又为五等，收税有差。"

《隋书·食货志》：武平之后，"给事黄门侍郎颜之推奏，请立关市、邸店之税。开府邓长颙赞成之。后主大悦，于是以其所入，以供御府声色之费，军国之用不豫焉"。

又周闵帝元年，初除市门税。及宣帝即位，复兴入市之税。高祖登庸，除入市之税。

又晋自过江，凡货卖奴婢、马牛、田宅，有文券，率钱一万，输估四百入官，卖者三百，买者一百。无文券者，随物所堪，亦百分收四，名曰散估。历宋、齐、梁、陈如此，以为常。又都西有石头津，东有方山津，各置津主一人，赋曹一人，直水五人，以检察禁物及亡叛者。其荻炭鱼薪之类过津者，并十分税一以入官。其东路无禁，故方山津检察甚简。淮水北有大市百余，小市十余所。大市备置官司，税敛既重，时甚苦之。

唐有盐池十八，井六百四十，皆隶度支。

天宝、至德间，盐每斗十钱。乾元元年，盐铁、铸钱使第五琦初变盐法，就山海井灶近利之地置监院。游民业盐者为亭户，免杂徭。盗鬻者论以法。及琦为诸州榷盐铁使，尽榷天下盐，斗加时价百钱而出之，为钱一百一十。自兵起，流庸未复，税赋不足供费，盐铁使刘晏以为因民所急而税之，则国足用。于是上盐法轻重之宜，以盐吏多则州县扰，出盐乡因旧监置吏，亭户粜商人，纵其所之。江、岭去盐远者，有常平盐，每商人不至，则减价以粜民。吴、越、扬、楚之盐，有监十，岁得钱百余万缗，以当百余州之赋。晏之始至也，盐利岁才四十万缗，至大历末，六百余万缗。天下之赋，盐利居半。明年而晏罢。贞元四年，淮南节度使陈少游奏加民赋，自此江淮盐每斗亦增二百，为钱三百一十，其后复增六十，河中两池盐每斗为钱三百七十。顺宗时，始减江淮盐价，每斗为钱二百五十，河中两池盐，斗钱三百。其后盐铁使李琦奏江淮盐斗减钱十以便民，未几复旧。兵部侍郎李巽为使,以盐利皆归度支,物无虚估,天下粜盐税茶,其赢六百六十五万缗。初岁之利,如刘晏之季年,其后则三倍晏时矣。时两池盐利,岁收百五十余万缗。宪宗之讨淮西也,度支使皇甫镈加剑南东西两川、山南西道盐估以供军。自兵兴,河北盐法羁縻而已。至皇甫镈又奏置榷盐使,如江淮榷法。及田弘正举魏博归朝廷,穆宗命河北罢榷盐。宣宗即位,茶盐之法益密。其后兵遍天下,诸镇擅利。

唐初无酒禁。广德二年,定天下酤户以月收税。建中元年,罢之。三年,复禁民酤,以佐军费,置肆酿酒,斛收直三千,州县总领,醨薄私酿者论其罪。寻以京师四方所凑,罢榷。贞元二年,复禁京城、畿县酒,天下置肆以酤者,斗钱百五十,免其徭役,独淮南、忠武、宣武、河东榷曲而已。元和六年,罢京师酤肆,以榷酒钱随两税青苗敛之。太和八年,遂罢京师榷酤。凡天下榷酒为钱百五十六万余缗,而酿费居三之一,贫户逃酤不在焉。

青苗钱者,大历元年,天下苗亩税钱十五,市轻货给百官手力课。以国用急,不及秋,方苗青即征之,号青苗钱。又有地头钱,每亩二十,通名为青苗钱。后青苗钱亩加一倍,而地头钱不在焉。

初,德宗纳户部侍郎赵赞议,税天下茶、漆、竹、木,十取一,以为常平本钱。及出奉天,乃罢之。诸道盐铁使张滂奏,出茶州县若山及商人要路,以三等定估,十税其一。自是岁得钱四十万缗。穆宗即位,盐铁使王播增天下茶税,率百钱增五十。江淮、浙东西、岭南、福建、荆襄茶,播自领之,两川以户部领之。天下茶加斤至二十两,播又奏加取焉。其后王涯判二使,置榷茶使,徙民茶树于官场,焚其旧积者,天下大怨。令狐楚代为盐铁使兼榷茶使,复令纳榷,加价而已。李石为相,以茶税皆归盐铁,复贞元之制。武宗即位,盐铁转运使崔珙又增江淮茶税。是时茶商所过州县有重税,或掠夺舟车,露积雨中,诸道置邸以收税,谓之搨地钱。大中初,盐铁转运使裴休著条约。庐、寿、淮南皆加半税。天下税茶增加。贞元江淮茶为大模,一斤至五十两。诸道盐铁使于悰每斤增税钱五,谓之剩茶钱,自是斤两复旧。

银铜铁锡之冶,德宗时户部侍郎韩洄建议,山泽之利宜归王者,自是皆隶盐铁使。开成元年,复以山泽之利归州县,刺史选吏主之。其后诸州牟利以自殖,举天下不过七万余缗,不能当一县之茶税。及宣宗增河湟戍兵衣绢五十二万匹,盐铁转运使裴休请复归盐铁使以供国用。

田赋而外,各种税入如上所述者,虽亦历代皆有,而其视为国家重要之收入,则实自唐中叶以后。盖经安史之乱,北方大敝,而富力之重心移于江淮,藩镇擅土,赋税不入,而中央所仰给,乃在杂税,故其初于江淮置租庸使,又置度支盐铁使,皆为财政要职,后遂至以转运使掌外,度支使掌内,永泰二年,分天下财赋、铸钱、常平、转运、盐铁,置二使。东都畿内、河南、淮南江东西、湖南、荆南、山南东道,以转运使刘晏领之;京畿、关内、河南、剑南、山南西道,以京兆尹、判度支第五琦领之。琦贬,以户部侍郎、判度支韩滉与晏分治。而财政上之机关,亦与古大异矣。自此逐渐变迁,遂成为宋以后之税制。

宋代盐利:一、"解盐",解州、安邑两池。二、"海盐",京东、河北、两浙、淮南、福建、广南六路。三、"硷盐",并州永利盐。仁宗时,分永利为东西两监,东隶并州,西隶汾州。四、"井盐",益、梓、夔、利四路。其制盐之法,解盐则籍民户为畦夫,官廪给之,复其家后稍以佣夫代之。制海盐之民,谓之亭户,亦曰灶户。户有盐丁,岁课入官,受钱或折租赋两浙又役军士为之。硷盐则籍民之有硷土者,谓之铛户,岁输盐于官,名课盐。井盐大者为监,小者为井,监由官掌,井则土民自制输课。其售盐之法,有官鬻、通商二者。通商者又得入刍粟于边,或入钱帛金钱及粟于京师。入刍粟于边,及于指定处所纳钱帛金银,始于雍熙间。京师置折中仓令商人入中斗斛,始于端拱二年。于京师榷货务入纳钱帛金银,始于天圣七年。官卖之弊,在于役民运输,劳扰颇甚。又水运处役民伐木造船,陆运处役及车户。而官盐价贵,私盐遂繁,薮奸丛盗。通商似较合理,入中之法尤可省运输而集财权,然行之亦不能无弊,则以官吏之理财,每至成为弊薮也。宋盐利厚于海,而海盐之利厚于东南。东南之盐关系尤大者,厥惟淮南,次则两浙。京东或官卖,或通商,利不甚厚。河北始终通商。元丰七年乃行榷法,元祐罢之。元符复榷,至蔡京而京东、河北乃皆行钞法焉。福建上四州建、剑、汀、邵。行官卖法,下四州福、泉、漳、化。行产盐法。令民随税输盐。广南行榷法而主以漕司。广南所产大抵以给广东、西两路。四川井盐听民贩卖,惟不得出川峡。归、峡二州各有二井,亦同。并州销行于河东之大部分,大略皆专给一方,故盐利厚于淮、浙、解池。而解池与陕西边郡刍粟关系较深,淮南之盐置转般仓于真州、涟水军。江南、荆湖岁漕米至而运盐以归,与漕关系较密,故二者所系尤重也。

解盐初由官卖于本州及三京、京东西、陕西、河东、淮南、河北。而京西、陕西、河北皆通商。天圣八年,罢三京、二十八州军榷法,听商人入钱若金帛于京师榷货务,而受盐于两池。元昊反,入中刍粟者,予券,趋京师榷货务,受钱及金银,入中他货者,羽毛、筋角、胶漆、铁、炭、瓦、木等。受盐两池。猾商贪吏,表里为奸,至入橡木二,估钱千,给盐一大席,凡二百二十斤。虚费池盐,不可胜计。乃复于多地行榷法,而民苦运输,入中者专恃缗钱以给之,京师钱又不足供。庆历八年,范祥制置解盐,乃令一切通商,商人愿得盐者,全入实钱,官以钱市刍粟,其弊乃革。祥擢转运使,以他事贬,并边复听入刍粟,虚估之弊复起。嘉祐三年,以祥总盐事,稍复旧观,自此迄行通商。至熙宁中,乃复榷。时增加盐价,民不肯买,乃至课民买而随其贫富作业以为高下之差焉。其后或通商,或官卖,至蔡京出而其法乃大变。崇宁元年,蔡京议更盐法,遂变钞法,置买钞所于榷货务。初盐钞法之行,积盐于解池,积钱于京师榷货务,积钞于陕西沿边诸郡,商贾以物斛至边入中,请钞以归。物斛至边有数倍息,惟患无回货,故极利于得钞。京欲囊括四方之钱入中都,乃使商人先输钱请钞,然后赴产盐郡授盐,大概见行之法,售给才通,辄复变易,名对带法,季年又变对带为循环。循环者,已卖钞,未授盐,辄更钞;已更钞,盐未给,复贴输钱,凡三输钱,始获一直之货。民无资更钞,已输钱悉干没,数十万券一夕废弃,朝为豪商,夕侪流丐,有赴水投缳而死者。淮盐亦废转般,而使商人以长短引经销于四方焉。南渡之后,淮、浙亭户,由官给本钱。诸州镇置合同,商贩入钱请引,大抵类茶法而严密过之。福建、广南曾行钞法,不久即罢,视旧法无大更革。乾道六年,户侍叶衡奏:"今日财赋,鬻海之利居半。"又湖北盐商吴传言:"国家鬻海之利,以三分为率,淮东居其二。"四川四千九百余井,收入四百余万缗,则南渡盐利盖厚矣。《宋史》云:"唐乾元初,第五琦为盐铁使,变盐法,刘晏代之,当时天下盐利,岁才四十万缗。至大历,增至六百余万缗,天下之赋,盐利居半。元祐间,淮盐与解池等岁四百万缗,比唐举天下之赋已三分之二。绍兴末年以来,泰州海陵一监,支盐三十余万席,为六七百万缗,则是一州之数,过唐举天下之数矣。"案此言不计货币价格之低昂,而但就数字相比较,殊不足据。然盐利之降而愈厚,则事实也。

茶亦为厚利所在,于要会之地置榷货务六:一、江陵府,二、真州,三、海州,四、汉阳军,五、无为军,六、蕲州之蕲口。初,京城、建安及襄复州皆置务,后建安、襄复州务皆废,京城务但会给交钞而不积茶货。除淮南十三场之茶就本场出鬻外,余悉送榷货务鬻之。私贩者计直论罪,惟川峡、广南听其自卖,而禁出境。制茶者曰园户,岁课作茶输租,所余者官悉市之。凡市于官者,皆先受钱而后入茶,谓之本钱。又所输税愿以茶代者听,谓之折税茶。商贾贸易,入钱若金帛于京师榷货务,给券随所射与之,愿就东南入钱若金帛者亦如之。雍熙后，入刍粟于边者，授之券，酬以京师榷货务缗钱及东南茶盐。端拱二年，置折中仓，听商人输粟京师，给茶盐于江、淮。淳化三年，监察御史薛映、秘书丞刘式等请罢诸榷务，令商人就出茶州军官场算买，既省辇运，又商人皆得新茶。诏以雷有终、张观制置诸路茶盐。四年，废沿江八务，大减茶价。商人颇以江路回远非便，有司又以损直亏课为言，乃罢制置，复置八务。至道二年，从发运兼制置茶盐使杨允恭请，禁淮南十二州军盐，商人入金帛者悉偿以茶，岁课增加五十万余贯。乾兴以来，西北兵费不足，募商人入中刍粟如雍熙法给券，以茶偿之。后又益以东南缗钱、香药、犀齿，谓之三说，虚估日高，茶日益贱，入实钱金帛日益寡。而入中者多土人，不知茶利厚薄，且急于得钱，得券则转鬻于茶商或京师交引铺，交引铺者，坐贾置铺，隶名榷货务。行商怀交引者，铺为保任，诣榷货务取钱，南州取茶。若非行商，则铺贾自售之，转鬻与茶贾。获利无几。茶商、交引铺或以券取茶，或收蓄贸易，以射厚利。虚估之利，皆入豪商巨贾，券之滞积，虽二三年茶不足以偿，而入中者以利薄不趋，边备日蹙，茶法大坏。天圣元年，三司使李谘请罢三说，行贴射法，并计十三场茶本息之数，罢官给本钱，使商人与园户自相交易。然必辇茶入官，随商人所指予之，给券为验，以防私售，而官收其息。如舒州罗源场茶，每斤卖出之价为钱五十六，而本钱二十五。今官不给本钱，而使商人出息钱三十一。贴射不尽，或无人贴射，仍官卖之。园户过期输不足者，亦须计所负数出息如商人。其入钱以射六务茶者，如旧制，乃募入钱六务。其商人入刍粟塞下者，实估给券至京，一切偿以见钱，谓之见钱法。使茶与边籴，各以实钱出纳，不得相为轻重，以绝虚估之弊。行之期年，所省及增收计六百五十余万缗。边储向不足一岁者，至是多者有四年，少者有二年之蓄，而论者多言其不便。天圣三年，使孙奭等同究利害，其法遂罢，茶法寖坏。景祐三年，李谘执政，乃复行之。旧北商持券至京师，必得交引铺保任，并得三司符验，然后给钱。谘悉罢之，令商持券径趋榷货务验实，立偿以钱。

久之，上书者复以为言，三说稍复用矣。庆历八年，三司请并用茶、盐、香药、缗钱四物，谓之四说。自是三说、四说并行于河北，不数年，茶法复坏。刍粟之直，虚估者居十之八。券至京师，为南商所抑，每直十万，仅售三千，富人乘时收蓄，转取厚利。久之，售三千者，又仅得二千，且往往不售。北商无利，入中者寡，公私大弊。皇祐二年，三司请复行见钱法，然京师见钱入中，商人持券以俟，动弥岁月，至损其直售于蓄贾之家，虚估之弊复起。至和三年，河北提举籴便粮草薛向建议，罢并边入粟，自京辇见钱和籴。三司使杨察请从其说。初尚募商人入钱并边，京师以见钱茶绢偿之，其入刍豆者，仍偿以茶，后并罢之。于是茶不为边籴所须，而通商之议起矣。初，官既榷茶，民私蓄盗贩皆有禁，腊茶之禁又严于他茶，岁报刑辟，不可胜数。园户困于征取，官司并缘侵扰，因陷罪戾至破产逃匿者，岁岁有之。而茶法屡变，岁课日削。至和中，岁售钱并本息计之，才一百六十七万二千余缗。官茶所在陈积，县官获利无几，论者皆谓弛禁便。案崇宁元年，蔡京言："祖宗立禁榷法，岁收净利凡三百二十余万贯，而诸州商税七十五万贯有奇，食茶之算不在焉，其盛时几五百余万缗。"案人民买以自饮者谓之食茶。嘉祐三年，命韩绛、陈升之、吕景初即三司置局议之，言宜约至和后一岁之数，以所得息钱均赋茶民，恣其买卖，所在收算。四年，下诏行之，以三司岁课之半，均赋茶户，三十三万八千余缗，盖以岁课之半，取于茶户，其半则取之商税。**谓之租钱**。租钱与诸路本钱，悉储以待边籴。自是惟腊茶禁如旧，余茶肆行天下矣。

治平中收入	缗
茶户租钱	三二九八五五
内外茶税	四九八六〇〇
储本钱	四七四三二一

历神宗、哲宗朝，无大改革。崇宁元年，蔡京乃复榷荆、湖、江、淮、两

浙、福建七路茶,于产茶州郡置场,仍收园户租折税茶,而严商人园户私易之禁,产茶州军之民许其赴场输息,给短引,于旁近郡县鬻卖,余悉听商人于榷货务入纳金银、缗钱或并边粮草,即本务给钞于场,别给长引,从所指州军鬻之。商税至所指地尽输。四年,罢官置场,商旅并即所在州县或京师给长短引,自买于园户。大观三年,七路一岁之息一百二十五万一千九百余缗,榷货务再岁一百十八万五千余缗。政和六年收息至一千万缗。及方腊起事,乃诏权罢州郡比较之法焉。蜀之茶园,皆民两税地,赋税一例折输。税额三十万。王韶开熙河,言商人颇以善马至边,乏茶与市。乃诏三司干当公事李杞入蜀经画,著作佐郎蒲宗闵同领其事,即诸州县创设官场而行榷法。南渡后,东南产茶者十路所行之法无大变更。蜀茶,赵开于建炎二年变法,亦仿蔡京之法,给茶商以引,俾即园户市茶焉。

酒,宋诸州城内皆置务酿酒,县、镇、乡间或许民酿而定其岁课。三京官造曲,听民纳直以取。天圣后,北京亦售曲,如三京法,官售酒曲亦有疆界。其弊也有课民婚丧,量户大小令酤者,民甚被其害。而蠲禁之地,榷酤岁课附两税均纳,是又使"豪举之家坐专其利,贫弱之户岁责所输"也。扑买之法,宋初即有之,至南宋而其法大敝。凡扑买不及者,则为败阙而当停闭,然坊场停闭而输额如故,则责民按户纳钱,以北宋坊场仅用以酬奖役人,而南宋则用为中央或各路之政费也。添酒钱之举,滥觞于徽宗时,崇宁二年,上酒升增二文,下酒一文。宣和二年,发运使陈遘于江、淮等路上酒升增五文,次增三文,供江、浙新复州县之用,后尚书省令他路悉行之。亦至南渡后而更甚。建炎四年,上酒升增二十文,下酒十八文。绍兴元年,上酒又增二十文,下酒增十文。五年,又皆增五文。而其尤甚者,则四年令诸州军卖酒亏折者,随宜增价。先是酒有定价,每增须上请。是后,郡县始各自增,而价不一矣。或主于提刑,或领于漕司,或分隶经、总制司。七年,行在立赡军酒库,后罢,隶户部,而诸帅亦各擅榷沽之利。三十一年以后,乃皆归之朝廷。而四川则赵开立隔酿法,即旧扑买坊场置隔槽，设官主之，令民以米入官自酿，而征其税。斛输钱三十，又头子钱二十二。收入大增，然其后酝卖亏欠，仍责认输，不核其米而第取其钱，而民始病矣。

矾自五代以来，始创务制官吏，而宋因之。有镬户制造入官，由官鬻之，亦许以金银、丝绵、布帛、茶等博易，又许入刍粟，而官偿以矾。天圣后，晋、慈二州募民鬻之。熙、丰间，东南九路官自卖矾，发运司总之。元祐初通商，绍圣复熙、丰之制。大观元年，罢官卖，行商贩。政和初，复官鬻。南渡后，抚州有胆矾，铅山有场，潭州浏阳县及韶州亦有场，皆给引，有常额。坑冶，金、银、铜、铁、铅、锡，或官置监冶场务，或听民承买，以分数中卖于官，内隶金部，外隶转运司，悉归之内帑。大率山泽之利有限，或暴发辄竭，或采取岁久，所得不偿其费，而岁课不足，有司必责主者取盈。仁宗、英宗每降赦书，辄委所在视冶之不发者，或废之，或蠲主者所负岁课；有司有请，亦辄从之，无所吝。故冶之兴废不常，而岁课增损随之。崇宁以后，乃置专官提举。凡属提举司谓之新坑冶，用常平钱与剩利钱为本，金银等物，往往积之大观库。迄于政和，专司数罢数复。然告发之地，多坏民田，承买者立额重，或旧有今无，亦不为损额。钦宗即位，诏悉罢之。建炎元年，诏仍隶金部及转运司。

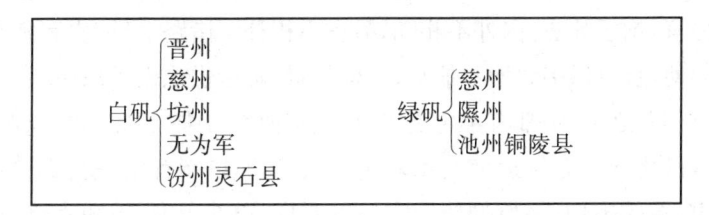

```
         ┌ 晋州                    ┌ 慈州
         │ 慈州                    │
    白矾 ┤ 坊州              绿矾 ┤ 隰州
         │ 无为军                  │
         └ 汾州灵石县              └ 池州铜陵县
```

商税起唐藩镇，五季诸国，征榷尤繁。宋兴，所下之国，必诏蠲省，然仍其制而不废。其法：凡州县皆置务，关镇亦或有之，大则专官监临，小则令、佐兼领，诸州仍令都监、监押同掌。行者赍货，谓之

"过税"，每千钱算二十。居者市鬻，谓之"住税"，每千钱算三十。其名物各随地宜不一。其见于《宋史》者，有耕井、贩牛、蒲、鱼、果、竹木、炭箔、柴草、力胜钱——载米之商船、典卖牛畜舟车、衣屦、布絮、谷菽、鸡鱼、蔬菜、油、面、瓷瓦器等。常税名物，令有司件析颁行天下，揭于版，置官署屋壁，俾共遵守。贩鬻不由官路者罪之。熙宁五年，在京商税院尝隶市易提举司。市易提举司者，始于熙宁五年。先是有魏继宗者，自称草泽，上言："京师百货无常价，贵贱相倾。富人大姓，乘民之亟，牟利数倍，财既偏聚，国用亦绌。请假榷货务钱，置常平市易司，择通财之官任其责，求良贾为之转易。使审知市物之价，贱则增价市之，贵则损价鬻之，因收余息，以给公上。"于是中书奏在京置市易务官。凡货之可市及滞于民而不售者，平其价市之，愿以易官物者听。若欲市于官，则度其抵而贷之钱，责期使偿，半岁输息十一，及岁倍之。贷市易钱贷者，许以金帛为抵。以田宅抵久不还者，估实直，如卖坊场、河渡法。以吕嘉问为都提举市易司，诸州市易务皆隶焉。论者訾其贵鬻贱市，挟官府为兼并，且请贷不能无亡失。元祐一切罢之。绍圣复置。元符三年，改为平准务，后罢。崇宁又复。司之初设，尝约诸行利入厚薄，令输免行钱以禄吏，而蠲其供官之物。其后免行钱亦成常赋焉。

与市易并称者，又有均输。熙宁二年，制置三司条例司言："典领之官，拘于弊法，内外不相知，盈虚不相补。诸路上供，岁有常数。丰年便道，可以多致而不能赢；年俭物贵，难于供亿而不敢不足。远方有倍蓰之输，中都有半价之鬻，徒使富商大贾乘公私之急，以擅轻重敛散之权。令发运使实总六路赋入，其职以制置茶、盐、矾、酒税为事，军储国用，多所仰给。宜假以钱货，资其用度，周知六路财赋之有无而移用之。凡籴买税敛上供之物，皆得徙贵就贱，用近易远。令预知中都帑藏年支见在之定数，所当供辨者，得以从便变易蓄买，以待上令。稍收轻重敛散之权归之公上，而制其有无，以便转输，省劳费,去重敛,宽农民,庶几国用可足,民财不匮。"诏本司具条例上闻,而以发运使薛向领均输平准事,其后亦无甚成效。

南渡之初,四方商税,间有增置,后屡省免。然贪吏并缘,苛取百出。私立税场,算及缗钱、米薪、菜茹之属,擅用稽察措置,添置专栏收检。虚市有税,空舟有税,以食米为酒米,以衣服为布帛,遇士夫行李则搜囊发箧,目以兴贩。甚至贫民贸易琐细于村落,指为漏税,辄加以罪。空身行旅,亦白取百金,方纤路避之,则拦截叫呼。或有货物,则抽分给赏,断罪倍输,倾囊而归矣。

宋对辽、夏互市,意不在于牟利,惟熙宁间,王韶置市易司于秦州,则意在以茶易马。而海路互市,则于国计关系颇大。开宝四年,始置市舶司于广州,后又于杭、明州置司。太宗时,置榷署于京师,诏诸蕃香药宝货至广州、交阯、两浙、泉州,非出官库者,毋得私相贸易。后乃诏珠贝、玳瑁等外,他药听市于民。雍熙中,商人出海外蕃国贩易者,并诣两浙市舶司请给官券,违者没入其宝货。大抵海船至,十先榷其一,价直酌蕃货轻重而差给之。天圣以来,宝货充牣府库,尝斥其余以易金帛、刍粟,县官用度实有助焉。元丰三年,广东、西以转运使,两浙以副使,福建以判官领之。罢广东帅臣兼领。元祐二年,置泉州板桥市舶司。三年,又增置于密州板桥焉。

宋代横敛最甚者,莫如经总制钱、月桩钱、板帐钱。所谓经总制钱者,政和三年,方腊初平,江、浙诸郡未有常赋,乃诏陈亨伯以大漕之职,经制七路财赋,许得移用,监司听其按察。于是亨伯收民间印契及鬻糟醋之类为钱,凡七色,州县遂有所谓经制者。建炎二年,高宗在扬州,四方贡赋不以时至,用吕颐浩策,令两浙、江东西、荆湖南北、福建、两广收添酒钱、添卖糟钱、典卖田宅增牙税钱、官员等请给头子钱、楼店务增三分房钱,充经制钱,以宪臣领之,通判敛之,季终输送。绍兴五年,参政孟庾提领措置财用,请以总制司为名,又因经制之额增析而为总制钱焉。所谓月桩钱者,始于绍兴二年。时韩世忠驻军建康,宰相吕颐浩、朱胜非议令江东漕臣月桩发大军钱十万缗,以朝廷上供经制及漕司移用等钱供亿。当时漕司不量州军之力,一例均科,既有偏重之弊,于是郡县横敛,铢积丝累,江东西之害尤甚。十七年,诏州郡以宽剩钱充月桩,以宽民力,遂减江东西之钱二十七万七千缗有奇。板帐钱者,军兴后所创。如输米则增收耗剩,交钱帛则多收糜费,幸富人之犯法而重其罚,恣吏胥之受赇而课其入,索盗赃则不偿失主,检财产则不及卑幼,亡僧、绝户不俟核实而入官,逃产、废田不与消除而抑纳,他如此类,不可遍举。州县固知其非法,然以板帐钱额重,虽欲不横取于民,不可得也。

辽杂税多不可考。会同初,晋献瀛、莫,始得河间煮海之利,置榷盐院于香河县。一时产盐之地,五京计司各以其地领之。其煎取之制,岁出之额,不可得而详矣。以上盐税。太祖置羊城于炭山北,起榷务以通诸道市易。太宗得燕,置南京,城北有市,令有司治其征,余四京及他州县货产懋迁之地,置亦如之。雄州、高昌、渤海亦立互市,以通南宋、西北诸部、高丽之货。以上征商。太祖始并室韦,其地产铜、铁、金、银,其人善作铜铸器。参看《五代史·室韦传》。又有曷术部者,多铁部,置三冶。神册初,平渤海铁利府,改曰铁利州,地亦多铁。又东平县本汉襄平县地,产铁矿,置采炼者三百户,随赋供纳。以诸坑冶多在国东,故东京置户部司,长春州置钱帛司。太祖征幽、蓟,师还,次山麓,得银、铁矿,令置冶。圣宗太平间,于潢河北阴山及辽河之源,各得金、银矿,兴冶采炼。自此以迄天祚,国家皆赖其利。以上坑冶。

金榷货之目有十,曰酒、曲、茶、醋、香、矾、丹、锡、铁,而盐为称首。盐亦行钞、引之法。贞元初,蔡松年为户部尚书,始行之。山东、沧、宝坻以三百斤为袋,二十五袋为大套,钞、引、公据三者俱备然后听鬻。小套或十袋,或五袋,或一袋,每套钞一,引如袋之数。宝坻零盐校其斤数,或六之三,或六之一,又为小钞引给之,以便其鬻。解盐二百五十斤为一席,五席为套,钞引与陕西转运司同鬻,其输粟于陕西军营者,许以公牒易钞引。西京等场盐以石计,五石为大套,三石为小套。北京四石为大套,一石为小套。皆套一钞,石一引。零盐积十石,亦一钞而十引。榷酤因辽、宋旧制。世宗大定二十七年,天下院务依中都例,改收曲课,而听民酤。醋税,大定初,以国用不足,设官榷之。二十三年,府库充牣,罢之。明昌五年,复榷,后罢。承安三年,复榷。五百贯以上设都监,千贯以上设同监一员。茶,宋人岁供外,皆贸易于宋界之榷场。章宗承安三年,以为费国用而资敌,命设官置之。四年,于淄、密、宁海、蔡州各置一坊,造新茶,依南方例一斤为一袋,直六百文。以商旅卒未贩运,命山东、河北四路转运司以各路户口均其袋数,付各司县鬻之。泰和四年,每袋减价三百。泰和五年,罢茶坊。六年十一月,尚书省奏:"茶,饮食之余,非必用之物。比岁上下竞啜,农民尤甚,市井茶肆相属。商旅多以丝绢易茶,岁费不下百万。"遂命七品以上官方许食茶,仍不得卖及馈献。不应留者,以斤两立罪赏。七年、八年及宣宗元光二年,又更定其制。泰和间,尝禁与宋贸易茶,后以和罢。军兴,复禁之。然犯者不少衰。见元光二年省臣奏。此外,金税制之可考见者:

大定二年八月,罢诸路关税。

大定二十年,定商税法,金银百分取一,诸物百分取三。

大定二年,制院务创亏及功酬格。三年,尚书省奏,山东西路转运司言,坊场河渡多逋欠,诏如监临制,以年岁远近为差,蠲减。

明昌元年,敕尚书省,定院务课商税额,诸路使司院务一千六百十六处,遂罢坊场。五年陈言者乞复旧置坊场,不许,惟许增置院务。

大定三年,以尚书工部令史刘行义言,定城郭出赁房税之制。

明昌元年,免赁房税。三年,诏减南京出赁官房及地基钱。

大定五年,以前此河滦罢设官,复召民射买,两界之后,仍旧设官。章宗大定二十九年，户部言天下河泊已许与民同利，其七处设官可罢之。

明昌二年，司竹监岁采入破竹五十万竿，春秋两次输都水监，备河防，余边刀笋皮等卖钱三千贯，苇钱二千贯，为额。

其坑冶则大定三年制金银坑冶许民开采，二十分取一为税。十二年，诏金银坑冶咨民采，毋收税。二十七年，尚书省奏，听民于农隙采银，承纳官课。明昌三年，以提刑司言，封诸处银冶，禁民采炼。五年，以御史台奏，请令民采炼随处金银铜冶，命尚书省议之。宰臣言禁有名无实，官无利而民多犯法。如令民射买，则贫民得生计，且胜官役雇工，乃仍许民射买。

榷场为与敌国互市之所。皆设场官，严厉禁，以通二国之货，岁之所获，亦大有助于经用焉。各地时有罢有置。用兵则罢。大抵与宋通贸易者，泗、寿、邓、凤翔、唐、颍、蔡、巩、洮、秦等州、胶西县、密州。泗州场，大定间，岁获五万三千四百六十七贯，承安元年，增为十万七千八百九十三贯六百五十三文。与夏则兰州、保安、绥德、东胜、环州。金初又尝于西北招讨司之燕子城、北羊城之间置之，以易北方牧畜。《金史·食货志序》："历观自古……国亡财匮，比比有之，而国用之屈，未有若金季之甚者。……括粟、阑籴，一切掊克之政，靡不为之。加赋数倍，豫借数年，或欲得钞则豫买下年差科。高琪为相，议至榷油。进纳滥官，辄售空名宣敕，或欲与以五品正班。僧道入粟，始自度牒，终至德号、纲副威仪、寺观主席亦量其货而鬻之。甚而丁忧鬻以求仕，监户鬻以从良，进士出身鬻至及第。"

元盐每引四百斤，其价太宗庚寅十两，中统二年七两，至元十三年九贯，二十六年五十贯，元贞二年六十五贯，至大二年至延祐二年累增为一百五十贯。行盐各有郡邑。煎盐者各处有官设盐铺，亦有商卖，又有食盐地方验户口之多寡输纳课钞。见《元史》卷九十七。

茶于江州设榷茶都转运司，仍于各路出茶之地设提举司七处，专任散据卖引。引制定于至元十三年，长引茶一百二十斤，收钞五钱四分二厘八毫。短引茶九十斤，收钞四钱二分八毫。十七年，除长引，专用短引，每引收二两四钱五分，草茶每引收二两二钱四分。后每引增一两五分，通为三两五钱，又增为五贯。二十六年，丞相桑哥增为十贯。引之外又有茶由，以给卖零茶者。初，每由茶九斤，收钞一两，后自三斤至三十斤，分为十等。

酒醋，太宗辛卯年立酒醋务坊场官，榷沽办课，仍以各州府司县长官充提点官，隶征收课税所，其课额验民户多寡定之。甲午年，颁酒曲醋货条禁，私造者依条治罪。

商税，凡为商贾及以官银卖买之人，并令赴务输税，入城不吊引者同匿税法。又，典卖田宅亦须纳税。

市舶司，上海、澉浦、杭州、庆元、温州、泉州、广东七处，然时有省罢。凡商船发舶回帆，必著其所至之地，验其所易之物，给以公文，为之期日，大抵行抽分法时最多。亦有既抽分而又税之者。又有时官具船给本，选人入番，贸易而分其息，则禁人下番。

岁课谓山林川泽之产，若金、银、珠、玉、铜、铁、水银、朱砂、碧甸子、铅、锡、矾、硝、碱、竹、木之类，因土人呈献而定其岁入之课，多者不尽收，少者不强取。

额外课者，岁课皆有额，而此课不在其额中也。课之名凡三十有二：

（一）历。

（二）契本。

（三）河泊。

（四）山场。

（五）窑冶。

(六) 房地租。

(七) 门摊。

(八) 池塘。

(九) 蒲苇。

(十) 食羊。

(十一) 荻苇。

(十二) 煤炭。

(十三) 撞岸。

(十四) 山查。

(十五) 曲。

(十六) 鱼。

(十七) 漆。

(十八) 酵。

(十九) 山泽。

(二十) 荡。

(二十一) 柳。

(二十二) 牙例。

(二十三) 乳牛。

(二十四) 抽分。

(二十五) 蒲。

(二十六) 鱼苗。

(二十七) 柴。

(二十八) 羊皮。

(二十九) 磁。

(三十) 竹苇。

(三十一) 姜。

（三十二）白药。

其中惟（一）（二）两课通行全国，余皆止行于一地或数地。

明盐制亦同前代，而其最要者为中盐。中盐始洪武三年，令商人输粮于边而给以引。后亦行之行省，令纳粮于仓。正统三年，西北边又有纳马中盐之例，始验马乃给盐，后纳银于官，以市马银入市政司，皆供他用，而纳马之本意亡矣。中盐之制，编置勘合及底簿，发各布政司及都司、卫所。商纳粮毕，书所纳粮及应支盐数，赍赴各转运提举司照数支盐。转运诸司亦有底簿比照，勘合相符，则如数给与。

其后以守支年久，淮、浙、长芦以十分为率，八分给守支商，曰常股，二分收贮于官，曰存积，遇边警，始召商中纳。凡中常股者价轻，存积者价重，然人甚苦守支，争趋存积，而常股壅矣。景帝时，边圉多故，存积增至六分。后减为常股七分，存积三分，然中存积者争至，遂仍增至六分。淮、浙盐犹不能给，乃配支长芦、山东以给之。一人兼支数处，道远不及亲赴，边商辄贸引于近地富人。自是有边商、内商之分。内商之盐不能速获，边商之引又不贱售，报中寖怠，存积之滞遂与常股等。存积非国家大事、边境有警，未尝妄开。开必边臣奏请，经部覆允。正德时，权幸乃奏开"残盐"，改存积、常股皆为正课，且皆折银。商人无利不愿中盐，盐臣又承中珰旨，列零盐所盐诸名目以假之。至嘉靖五年，乃复常股存积四六分之制。

中盐初由户部出榜召商，成化时，富人吕铭等始托势要奏请，于是有势豪"搀中"之弊。宪宗末，阉宦奏讨淮、浙盐无算，商引益壅。孝宗时，乃有买补余盐之议。余盐者，灶户正课外所余之盐也。洪武初制，商支盐有定场，毋许越场买补。勤灶有余盐送场司，二百斤为一引，给米一石。其盐召商开中，不拘资次给与。成化后，令商收买，而劝借米麦以振贫灶。至是清理两淮盐法，侍郎李嗣请令商人买余盐补官引,而免其劝借,且停各边开中,俟逋课完日,官为卖盐,三分价值,二充边储,而留其一以补商人未交盐价。由是以余盐补充正课,而盐法一小变。是时以济逋课,后令商人纳价输部济边。武宗时,权要开中既多,又许买余盐,一引又有用至十余年者。明初灶户工本,每引给米一石,钱钞兼支,而以米为准,后乃定钞数。是时所以优恤灶户者甚厚。后设总催,朘削灶户,灶户贫困,始多逃亡。中叶以后,盐价十倍于初,而所给工本不及一,故私盐遂多。嘉靖二十七年,两淮灶户余盐,每引官给银二钱,以充工本,谓之工本盐。商中额盐二引,带工本盐一引。三十九年,严嵩党鄢懋卿总理淮、浙、山东、长芦盐务,既增工本盐额,又有所谓添单添引者,正课愈滞。嵩败,乃罢懋卿所增。四十四年,巡盐御史朱炳如乃并奏罢两淮工本盐焉。

明初,各边开中商人,招民垦种,筑台堡自相保聚,边方菽粟无甚贵之时。成化间,始有折纳银者,然未尝著为令也。弘治五年,商人困守支,户部尚书叶淇请召商纳银运司,类解太仓,分给各边。每引输银三四钱有差,视国初中米直加倍,而商无守支之苦,一时太仓银累至百余万。然赴边开中之法废,商屯撤业,菽粟翔贵,边储日虚矣。嘉靖八年以后,稍复开中,边商中引,内商守支。末年,工本盐行,内商有数年不得掣者,于是不乐买引,而边商困,因营求告掣河盐。河盐者,不上廪困,在河泾(径)自超掣,易支而获利捷。河盐行,则守支存积者愈久,而内商亦困,引价弥贱。于是奸人专以收买边引为事,名曰囤户,告掣河盐,坐规厚利。时复议于正盐外附带余盐,以抵工本之数,囤户因得贱买余盐而贵售之,边商与内商愈困矣。隆庆二年,乃罢河盐。四年,罢官买余盐。

此外,仁宗以钞法不通,尝定纳钞中盐之法,未几即停。

茶法亦略如前代,而四川、陕西之茶,用以易西番之马,关系特重。偶因饥荒令商人入粟中茶,又或令中粮草以备边饷。初禁私茶特严,犯者及失察者皆凌迟处死,后乃稍宽。初易西番马甚多,然私茶卒不能尽禁。中叶后,往往于正引外,给商人以尝由票,私茶益盛,上马皆入商人,茶司所得乃其中下而已。而将吏又以私马窜番马,以易上茶,茶法遂坏。万历五年,俺答款塞,请开茶市。御史李时成言:"番以茶为命。北狄若得,借以制番,番必从狄,贻患匪细。"部议乃许给百余箧,而不许其市易。盖明代茶市实有制驭西番之意,非徒为利也。

坑冶之课,金、银、铜、铁、铅、汞、朱砂、青绿,而金银矿最为民害。盖历代矿之厉民,无过(一)产额减而课额不减,甚或已无所得而课额如故;(二)或役民夫开采;(三)而私人开采者亦多非良善之流,其盗采者则尤易成为盗也。明则开采必遣中官。天顺时,已分遣中官诣浙江、云南、福建、四川。万历二十四年以后,更无地不开,中使四出,皆给以关防,并偕原奏官往。矿脉微细无所得,勒民偿之,而奸人假开采之名,乘传横索民财,陵轹州县。有司恤民者,罪以阻挠,逮问罢黜。中官多暴横,而使德安之陈奉尤甚。富家巨族则诬以盗矿,良田美宅则指以为下有矿脉,率役围捕,辱及妇女,甚至断人手足投之江。自二十五年至三十三年,诸珰所进矿税银几及三百万两,群小藉势诛索,不啻倍蓰,民不聊生。识者以为明之亡肇于此云。

关市之征,宋、元颇繁琐。明初务简约,其后增置渐多,行赍居鬻,所过所止各有税。其名物件析榜于官署,按而征之,惟农具、书籍及他不鬻于市者勿算,应征而藏匿者没其半。买卖田宅头匹必投税,契本别纳纸价。凡纳税地,置店历,书所止商民名物数。官司有都税,有宣课,有司,有局,有分司,有抽分场局,有河泊所。所收税课,有本色,有折色。凡诸课程,始收钞,间折收米,已而钱钞半,后乃折收银,而折色、本色递年轮收,本色归内库,折色归太仓。凡税课,征商估物货;

抽分,科竹木柴薪;河泊,取鱼课。又有门摊课钞,领于有司。初,京师军民居室皆官所给,比舍无隙地。商货至,或止于舟,或贮城外,驵侩上下其价,商人病之。太祖乃命于三山门外,濒水为屋,名塌房,以贮商货。永乐时,准南京例,置京城官店塌房。洪熙元年,增市肆门摊课钞。宣德四年,以钞法不通,由商居货不税,由是于京师商贾凑集地,市镇店肆门摊税课,增旧凡五倍。两京蔬果园不论官私种而鬻者,塌房、店舍居商货者,骡驴车受雇装载者,悉令纳钞。委御史、户部、锦衣卫、兵马司官各一,于城门察收。舟船受雇装载者,计所载料多寡、路近远纳钞。钞关之设自此始。于是有漷县、济宁、徐州、淮安、扬州、上新河、浒墅、九江、金沙洲、临清、北新诸钞关,量舟大小修广而差其额,谓之船料,不税其货。惟临清、北新则兼收货税,各差御史及户部主事监收。隆庆二年,始给钞关主事关防敕书,寻令钞关去府近者,知府收解;去府远者,令佐贰官收贮府库,季解部。主事掌核商所报物数以定税数,收解毋有所与。此等税至钞法通后,皆有减革。始而钞关估船料定税,既而以估料难核,乃度梁头广狭为准,自五尺至三丈六尺有差。世宗令成尺为限,勿科畸零。

万历十一年,革天下私设无名税课。然自隆庆以来,凡桥梁、道路、关津私擅抽税,罔利病民,虽累诏察革,不能去也。迨两宫三殿灾,营建费不赀,始开矿增税。中官遍天下,非领税即领矿。

榷税之使,自二十六年千户赵承勋奏请始。或征市舶,或征店税,或专领税务,或兼领开采。奸民纳贿于中官,辄给指挥千户札,用为爪牙。水陆行数十里,即树旗建厂。视商贾懦者肆为攘夺,没其全赀。负戴行李,亦被搜索。又立土商名目,穷乡僻坞,米盐鸡豕,皆令输税。所至数激民变,帝皆庇不问。诸所进税,或称遗税,或称节省银,或称罚赎,或称额外赢余。又借买办、孝顺之名,金珠宝玩,貂皮名马,杂然进奉。三十三年,始诏罢采矿,以税务归有司,而税使不撤。光宗立,始尽蠲天下额外税,撤回税监。按明初商税三十取一,后则各机关皆立有定额。诸税收机关时有增省,定额亦时有增减。然其厉民最甚者,则宣德时因钞法不通而增税,及万历时之税使也。

市舶司,洪武初设于太仓黄渡,寻罢。复设于宁波、通日本。泉州、通琉球。广州。通占城、暹罗、西洋诸国。琉球、占城诸国皆恭顺,任其时至。惟日本,限其期为十年,人数为二百,舟为二艘,以金叶勘合表文为验,以防诈伪侵轶。永乐时,设交阯云南市舶提举司。嘉靖初,给事中夏言言倭患起于市舶,遂罢之。三十九年,凤阳巡抚唐顺之议复三市舶司。部议从之。四十四年,浙江以巡抚刘畿言,仍罢。福建开而复禁。万历中,悉复。按《明史·食货志》云:"明初,东有马市,西有茶市,皆以驭边省戍守费。海外诸国入贡,许附载方物与中国贸易。因设市舶司,置提举官以领之,所以通夷情,抑奸商,俾法禁有所施,因以消其衅隙也。"盖明之与国外通市,其意皆在消边患,非以为利,故永乐初,西洋剌泥国回回哈只马哈没奇等来朝,附载胡椒与民互市,有司请征其税,成祖不可。武宗时,提举市舶太监毕真言:"旧制,泛海诸船,皆市舶司专理,近领于镇巡及三司官,乞如旧便。"礼部议:市舶职司进贡方物,其泛海客商及风泊番船,非敕旨所载,例不当预也。夫许外国互市,而曰"入贡,许附载方物与中国贸易",而市舶司且若以接待贡使为要职。永乐三年,又置驿于三市舶司,以待诸番贡使,岂真信其来为入贡而不为贸易哉?夫亦曰勒令必入贡而后许贸易,则不至与沿海之民私相贸易,而官司无所稽考,以是为制驭之一术云尔。此等办法似乎多事,然亦略有益处。盖客强主弱,乃有清中叶以后之情形,而前此则适相反。故嘉靖倭变,朱纨访知由"舶主皆贵官大姓,市番货皆以虚直,转鬻牟利,而直不时给",而史且谓"市舶既罢,日本海贾往来自如,海上奸豪与之交通,法禁无所施"也。盖市舶官吏原未尝不有赃私之行,然视土豪势家则终有间矣。

永乐间,设马市三:一在开原南关,以待海西;一在开原城东五里,一在广宁,皆以待朵颜三卫。定直四等:上直绢八匹,布十二,次半之,下二等各以一递减。既而城东、广宁市皆废,惟开原南关马市独存。大同马市始正统三年。也先贡马互市,王振裁其马价,遂致土木之变。成化十四年,陈钺抚辽东,复开三卫马市。通事刘海、姚安肆侵牟,朵颜诸部怀怨,扰广宁,不复来市。兵部尚书王越请令参将、布政司官各一员监之,毋有所侵剋。寻令海西及朵颜三卫入市。开原月一市,广宁月二市,以互市之税充抚赏。嘉靖三十年,以总兵仇鸾言,于宣府、大同开马市,俺答大同市则侵宣府,宣府市则侵大同。然诸部嗜互市利,未敢公然大举,边臣亦多以互市啗之。明年,罢大同马市,宣府犹未绝。侵扰不已,乃并绝之。隆庆四年,俺答孙把汉那吉来降,于是封贡互市之议起。而宣、大互市复开,边境稍静。然抚赏甚厚,司事者复从中干没,边费反过当矣。辽东义州木市,万历二十三年开,事具《明史·李化龙传》。二十六年,罢之,并罢马市。其后总兵李成梁力请复,而蓟辽总督万世德亦疏于朝。二十九年复开木、马二市,后以为常。

　　清制盐以运司、盐道掌之,盐政督之,户部司其出纳。其制因明沿海及有池井之地,听民辟场置灶为盐,而售之商,或出帑收盐,授商行之行。盐之符信曰引。每岁户部核计各路额销之引,分一路为纲,颁于盐政,盐政受而颁之商,商纳课于运道库,乃捆盐于场,掣盐于批验所,转运于应行之地,是谓正引。其商皆世业。或引多而商少,则设票而售之民,听其转售,不问所之,是谓票引。其商皆临时报资充当,岁终盐政收回已行之引,截角报部核销,更颁新引。场税盐课大,使征之输运道库。开征时给单据于灶户,书其应纳之数。岁或不登,则辨其等而蠲缓之,略如田赋之法。产盐之地,分为九区,曰两淮,曰两浙,曰长芦,曰河东,曰广东,曰福建,曰甘肃,曰四川,曰云南。清初,长芦、河东、两淮、两浙设巡盐御史,专司盐政,谓之盐院。雍正二年,盐政并归督抚,而盐院犹未尽撤。道光十年,两江总督陶澍奏裁两淮盐院,以节商家之费,各省盐政悉归督抚兼管矣。立法之初,计口授盐,故按地给引,无盐之地则设商转运。其后户口日增,而商所承运引数如故;通路既改,而商所画分地界如故,故运道迂折,盐贵病民。商既把持地段,引盐不敷行销,以引为护,夹带私盐,先私后官,则引销滞,课入绌而官病。商所夹带私盐,一切规费取给价与官盐同,故民贩私盐又贱于商。顺治初年,行盐一百六十一万六千六百二十五引,课银五十六万三千三百十两,乾隆时增至五百万两。咸、同后屡次加价,末年乃达一二千万两,而盐商遇事,又有报效。盖国家保护少数盐商,从而取其利,由来久矣。明末盐之加派亦多,清初亦悉免之。

茶法初亦循明设茶马事例,以茶易西番之马。雍正后废之。征税之法,略同于盐。茶引亦由部颁。各省引数时有增减,总数约七千万引。

《清通典》惟载云、贵、广东矿课确数,此外有(一)"四分解部,六分抵还工本";(二)"官收四分,六分给民";(三)"官收半税";(四)"二八收课"诸例。又有(五)"十分税二之外,官买其四分"者;有以(六)"一成抽课,其余尽数官买"者;有以(七)"三成抽课,其余听商自卖"者;有(八)"官发工本,招商承办"者。鉴于明之覆辙,上下颇以言矿利为戒。

此外各税,惟牙税、契税全国俱有。牙帖初由藩司颁签,而收其课报部存案。康熙初,或言地方光棍,自称经纪,十百为群,逐日往州县中领牙帖数十纸,每纸给银二三钱不等,持帖至集,任意勒索,遂命各省藩司查禁。雍正十一年,谕内阁各省商牙杂税额设牙帖,俱由藩司衙门颁发,不许州县滥给,所以防增添之弊。近闻各省牙帖,岁有增添,即如各集场中有杂货小贩向来无籍牙行者,今概行给帖,而市井奸牙,遂借此把持,抽分利息。著各省藩司,因地制宜,著为定额。后牙帖改由部发，各省按所给以其税解中央。税则约分三等，上则纳银三两，下一两，私立牙行名色者有禁。当税亦给当帖。顺治九年，定直省典铺税例，每年五两。康熙三年，定京城当铺税同外省，嗣改京城当铺上等税五两，余二两五钱。契税之例，清初变更綦多。顺治四年，定凡买田地房屋增用契尾每两输银三分。康熙十六年至二十一年，增定江、浙、山东、江西等省契税。雍正七年，准契税每两三分之外，加征一分，为科场经费。十三年，禁止用契纸契根，并停征收税课议叙之例。乾隆四年，复契尾旧例。十三年，谕民间买卖田房，例应买主输税交官，官用印信钤盖契纸，所以杜奸民捏造文券之弊，原非为增课也。后经田文镜创为契纸契根之法，预用布政司印信发给州县。行之既久，官吏夤缘为奸，需索之费，数十倍于前。嗣后民间买卖田房，仍照旧例，自行立契，按则纳税，将契纸契根之法永行禁止。乾隆初，巡抚杨永斌奏："向来民间执契投税，官给司颁契尾一纸，粘连钤印，令民间收执为据。盖因广东田房税价，赢缩不齐，若止就民间自立之契印税，则藩司衙门无数可稽，不肖官吏得以私收饱橐。且民交易之后，往往延挨不税，候至官厅离任之顷，假托亲知书吏，或乞恩盖印，或量减税银。彼忽忙解组之员，多寡视为幸获，岂能详审。于是有捏造假契，乘机投税，致滋讦讼不休者，是以《会典》开载，凡买田地房产，必用布政司契尾，非惟防私征，亦以杜假冒也。迨后因用契纸，而契尾之例遂尔停止。今契纸既已革除，而契尾尚未复设，似应仍请复设，照依旧例。"从之。十二年，由定契税例，凡民间置买田房，令布政司使颁发契尾，编刻字号，于骑缝钤印，发各州县填注业户姓名价值，一存州县，一同季册报司。如不投税无契尾者，事发照漏税例治罪。此外有渔课、竹税、木税、牛马牲畜税等。凡杂税均由地方官征收，解省报部核销，然事琐细，多中饱。关税旧有者曰常关。江、浙、闽、广四省之海关税，亦与通商以后海关不同。其税有三，曰正税，按出产地征收；曰商税，按物价征收；曰船料税，按船之梁头大小征收。各关有特派王大臣监督者，京师之崇文门左右翼是也；有派户部司员监督者,张家口、杀虎口是也;有由将军兼管者,福州之闽海关是也;有由织造兼管者,苏州之浒墅关、杭州之南北新关是也。其由督抚总理者,皆委道府监收。各关税入酌中定额不及者,于吏议所亏之数,勒令赔偿。

落地税沿自明末,附于关税则例。盖前代商税中之所谓住税也。其税无定地,无定额,流弊甚大。雍正十三年谕谓櫌锄、箕帚、薪炭、鱼虾、蔬菜之属,其直无几,必查明上税,方许交易,且贩于东市,既已纳课,货于西市,又复重征,至于乡村僻远之地,有司耳目所不及,或差胥役征收,或令牙行总缴其官者甚微,不过饱奸胥猾吏之私橐。著通行内外各省,其在府州县城内人烟凑集贸易,易于稽查者,照旧征收,若乡镇村落,则全行禁革。

清开海禁在康熙时,于宁波、上海、福州、广州设四海关,委帮商经理其事,诛求甚苛。英人屡请裁减,不许。迨道光之季,五口通商,而新海关即俗所称洋关者,乃出现焉。新海关之税则,《江宁条约》第十条订明秉公议定则例,由部颁发晓示。明年,《中英通商章程》乃云核估时价,照值百抽五例征税。是时估价之权,尚操之我。其后续修增改各国通商进口税则章程乃云,估价之法,亦须订定,以昭平允,于是有附录税则所列各类货价表。《江宁条约》本兼进出口税言之,咸丰八年《中英通商章程善后条约》第一款亦云,凡货物仅载进口税则者,遇有出口,皆应照进口税则纳税,或有仅载出口税则未载进口税则者,遇有进口,亦皆照出口税则纳税。各国条约因有最惠国关系,均系如此订立。道光二十四年美、法、比、瑞、挪诸约,咸丰十一年德约,同治元年葡约,二年丹麦、荷兰两约,三年西班牙约,五年意约,八年奥约,十年日本约,十三年秘鲁约,光绪七年巴西约。最惠国条款,始于道光二十三年《五口通商附粘善后条款》第八款,明年美约第二款,中法约第六、第三十五款因之,嗣后各国新约续约大抵相因耳。其意义广泛,并不限于经济上,实束缚最深之条约。

是为进口正税、出口正税。洋货转运别口,三十六个月内免税,逾期照完正税,是为复进口正税。土货转运他口,直百抽二又五,为复进口半税。火轮夹板等船百五十吨以上,吨纳银四钱,以下一钱为船钞。咸丰十一年,《长江通商收税章程》第十二款云,洋商由上海运土货进长江,应在上海交纳出口正税,并先完长江复进口之半税。其由别口运到上海,在别口已完出口税,上海已完复进口税者,则无庸另纳此两税,见第三款。又长江复进口半税所以必在上海豫纳者,以是时粤事未平,长江流域不在清人手中故也。粤事平后,均在所进之口完纳,并不豫征。到长江各口后,一经离口贩运,无论洋商华商,均逢关纳税,遇卡抽厘。案本国之沿海贸易,本有出口进口两税,复进口半税者,即沿岸贸易之进口税也。所以必税之者,以货物自内地运往,亦有税也。当时中国沿岸贸易,亦有在外人手中者,故须订入约章。

同治二年《中丹条约》第四十四款载明,通商各口载运土货,约准出口,先纳正税,复进他口,再纳半税。后欲复运他口,以一年为期,准向该关取给半税存票,不复更纳正税,惟到改运之口,再纳半税。其时抽税之法,尚系临时另估,从量从价,各口不一律。光绪元年,乃改定办法,一律完正税之半,不另估。免税品亦完百分之二又五。子口税者,所以替代内地之税厘者也,亦曰抵代税。以其税率为进口之半,故又称子口半税,或内地半税。《江宁条约》第十款谓英国货物照例纳税后,即准中国商人遍运天下,所过税关,只可照估价则例加税几分。盖虑我别设新章,以阻难洋货,欲求与土货之经过税关者享同一之权利也。咸丰八年,《中英天津条约》第二十八款以英商称货物自内地至口岸,自口岸至内地,各子口恒设新章,实于贸易有损,定立约之后,各领事移文各关监督,由关监督将所经之处应纳税数,明晰照复,彼此出示,晓谕汉英商民。惟英商愿一次纳税,以免各子口征收纷繁者,亦可照准其税。洋货在海口完纳,内地货在首经之子口完纳,税率为百分之二又五,俟在上海重修税则时,亦可将各货应纳之数议定。是年，《中英通商章程善后条约》第七款载明，入口货在海关完纳，内地税饷由海关发给内地税单，经沿途子口时，呈验盖戳放行。其在内地置货者，到第一子口验货，发给执照，各子口查验盖戳，至最后子口，先赴出口海关报完内地税项，方许通过。俟下船出口时，再完出口税。而将前得由关监督照复税数一节取销。此时，此项办法限于洋商。光绪二年，《中英烟台条约》乃云，嗣后各关发给单照，应由总理衙门核定，画一款式，不分华洋商人，均可请领。惟又云，若非英商自置土货，该货若非实在运往海关出口者，不得援照办理。盖所以保护固有之国内通过税也。自有此约，洋货进口后，无论在洋商手，抑在华商手，均不受内地税厘之阻难矣。光绪二十一年，《中日马关条约》第六款第四项云，日本臣民在中国制造一切货物，其于内地运送税，即照日本臣民运入中国之货物一体办理。于是洋商所置土货，不出洋而运往通商各口供洋厂家制造者，亦得享一次纳百分之二又五之内地税不再重征之权利。然华商则除机制及仿造洋货许呈请政府完直百抽五之出口税豁免沿途税厘外，其余原料品及非机制品，均须逢关纳税，遇卡抽厘也。

《马关条约》第六款第四项为洋商在内地设厂所自始。其文云："日本臣民得在中国通商口岸、城邑，任便从事各项工艺制造。又得将各项机器任便装运进口，只交所定进口税。日本臣民在中国制造一切货物，其于内地运送税，内地税钞课杂派，以及在中国内地沾及寄存栈房之益，即照日本臣民运入中国之货物一体办理，自应享优例豁除，亦莫不相同。"此款非徒许其在中国设厂，并税率亦加协定，则我不能加税，以阻其设立。明年，《中日通商口岸日本租界专条》又名《中日公立文凭》。第三款云："日本政府允中国政府任便酌量课机器制造货物税饷，但其税饷不得比中国臣民所纳加多，或有殊异。"则我虽欲减轻本国厂税，以事保护，亦有所不能矣。此类条件，看似彼此平等,然彼在我国设厂,而与我国人所自设者一律,且以我国幼稚之工业,而与彼在同一条件之下竞争,其不平等实已甚也。

陆路通商始于俄。康熙二十八年《尼布楚条约》,雍正五年《恰克图条约》,咸丰元年《伊犁塔尔巴哈台通商章程》,八年《瑷珲条约》,十年《北京条约》,均系无税。征税始同治元年之《通商章程》。光绪七年收回伊犁,重订《陆路通商章程》,订明十年修改一次,然其后迄未修改。光绪十七年,《通商章程》所定两国边境百里内为不纳税地方。伊犁、塔尔巴哈台、喀什噶尔、乌鲁木齐、关外天山南北路各城为暂不纳税地方。其俄商运货物至天津、肃州者照海关税则三分减一。如运至天津之货再由海道往通商各口,应将原免三分一之税补缴。如系运往内地者,并须交子口半税。俄商在天津、通州贩土货由陆路回国者,应照税则完纳出口正税。在张家口贩卖土货出口回国者,在该口纳一子口半税。如由内地贩卖土货运往通州、张家口回国者,照各国在内地贩卖土货成例,交一子口半税。光绪二十二年,《东省中俄合办铁路公司合同章程》第十款规定:"货物由俄国经此铁路运往中国,或由中国经此铁路运赴俄国者,应照各国通商税则,分别交纳进口出口正税。惟此税较之税则所载之数减三分之一交纳。若运往内地,仍应交纳子口税,即所完正税之半。"但铁道竣工后,中国迄未设立税关。至光绪三十一年,《中日协约》中国开放满洲商埠多处,俄人恐中国在开放之地设立税关,损及俄商特权,乃要求中国协定北满税关。三十三年,两国委员议定税关章程大纲。明年正月,吉林交涉局总办与俄总领事订结章程:(一)两国边境各百里仍为无税区域;(二)由铁路输出入之物,照海关税率三分减一;(三)输入东三省之物,照海关税率减三分之二课通过税;输入内地之物,照海关税率减二分之一课通过税。其输入税则照海关税率征收章程定。后于铁路两端绥芬河、满洲里各设税务分局,于哈尔滨设总局。

中法陆路通商，光绪十一年《中法新约》、十二年《越南边界通商章程》其中第十一、第十二两款为互惠条款。规定，法货运进云南、广西者，按照中国海关税则减五分之一。十三年，续订《商务专条》十条，其中第三、第四两款为互惠条款。规定进出口税均减十分之四。

中英藏印间，光绪十九年《中英会议藏印条款九款续款》三款开亚东为商埠，并规定免税五年。后又增开江孜、噶大克为商埠，并规定凡关涉亚东各款，亦应在江孜、噶大克一律施行。当时虽规定免税五年，然其后迄未收税。滇缅之间，光绪二十年《中英续议滇缅界商务条款》二十条其中第八、第九、第十三数条为互惠条款。与二十三年《中缅条约附款》规定，英商可于思茅等地贸易，货自缅运入中国者，完税照海关税则减十分之三，若货由中国运缅者减十分之四。

道咸间允许外国船舶在通商口岸间载货往来营业，本系各国所无之例。光绪二十五年《中墨条约》第十一款云："两国商船，准在彼此现在或将来开准通商各口，与外洋往来贸易；但不准在一国之内各口岸往来载货贸易。盖于本国之地往返各口运货，乃本国子民独享之利也。如此国将此例施于别国，则彼国商民自应一律均沾，但须妥立互相酬报专条，方可照行。"似有意于挽救矣。乃二十八年《中英商约附加章程》又许外国商船往返于通商口岸，至其内地之间，如奉允准，并得由此不通商口岸之内地，至彼不通商口岸之内地，专行往来，反较旧例又加甚焉。岂战败之后，有所不暇顾虑邪？抑虽欲顾虑而不得邪？

新海关之设，初由各国领事按货课税，交我政府。后各领事各徇其私，咸丰元年，乃改由我官吏课税。其时上海税关设于旧城。三年八月，小刀会占上海，海关关吏以下皆弃职而去。英、法、美领事以照约未完税之商船不得出口，乃派员代征其税，或使商人立约，于恢复后如数偿还。明年正月,三国领事以改良税关组织,请命上海道与议。六月二十九日,上海道与三领事订立章程,聘英人微德T.Wade,或作维德,或作威妥玛。法人斯密次 A.Smith,美人卡尔 L.Carr襄办。《税务章程》第一条谓此项人员应由道台慎选遴委,并应予以信任事权,俾得改良一切云。于是建海关新屋于租界。三外人中,微德娴中国语言,故实权皆归其手。一年后,微德去,翻译官勒伊 H. N. Lay 或作莱以,或作李泰国。继之,税收大增,政府善之,而外商多以为税重。咸丰八年,《天津条约》规定改订税则,钦差大臣桂良、花沙纳、何桂清与各国公使在上海订定新税率,遂任勒伊为税务司。其权限及任用规定,于附章第十款中谓任凭总理大臣邀请英人帮办税务,毋庸英官指荐干预云云,则任用之权,固在我也。是时总税务司属理藩院。咸丰十年总署设立后改属之。明年,勒伊因病请假回国,以赫德 Robert Hart 署理。本系广州海关副税务使,同治二年为中国海关总税务司。同治四年,迁总税务司署于北京总理衙门,命赫德订募用外人帮办税务章程,于是各关税务司悉用洋人矣。光绪二十四年,《中英通商条约》规定,英人对华贸易超过各国时,总税务司一职应用英人。中国亦声明,英国对华贸易苟不能超过各国,则此约当然无效。而是年《英德借款约》第六条第二项又申明,在此借款未清偿前,中国政府不得变更海关行政之组织,其处心积虑深矣,宜乎他国之不平也!光绪三十四年,赫德病归,以布雷顿代理。宣统三年,赫德没,以安格联继之。庚子赔款以海关税为担保,其时海关税入仅二千万。《辛丑条约》乃将各通商口岸常关暂拨归洋关管理。清末磅价高涨,又益以常关五十里内各分口。民国十五年一月十九日,汕头海关监督兼交涉员马文车以洋关及通商口岸常关所入,已足敷赔债所需,而炮台口司事王盛唐舞弊案,牵涉副税务司马多隆,呈请东征军总指挥批准,于是日将潮海关 50 里内各分口,派员收回。税务司提出抗议,国民政府以马氏事前未得政府许可,手续不合,于二月五日撤消之。

今日海关行政,全在外人手中。据近来调查,税务司43,英人27;副税务司30,英人18;帮办157,英人62。华人之为副税务司者,惟清季亚东关有一人,民国五年有一人,至民国十五年,华人之升税务司者乃得一人(思第),升副税务司者得三人云。_{粤海常关、秦皇岛、嘉兴分关}。各海关本有监督,然条约上税务司系受命于总税务司,故监督命令,税务司不之听,必呈财政部,由部咨税务处转,由总税务司下令也。税务处设于光绪三十二年,有督办税务大臣,总税务司以下,皆受管辖,后并入度支部。民国以来,亦归财政部管辖,各关监督有专任兼任之分,专任监督兼管所在地之常关,兼任者以道尹为之。

关税存放,民国以来亦成为一问题。我国以关税担保债款,由来已久。咸丰八年、十年英法赔款,即以关税指拨,至同治四年清讫。同治六年甘肃军事借款,亦以关税担保。其后,甲午俄法英德各款及庚子赔款,亦均以关税为担保。清时关道有库,海关收入皆交关道指定之中国银钱号,由关道指拨道库,海关自身并无经营收付之权也。_{即海关经费,亦向关道具领}。应付债赔各款,由关道按期_{或按月或半年}。将本息交付银行或银团,平时则分存上海各银钱号,其时收入,年约4 000余万。上海银钱号得此大宗存款,颇足以资周转。辛亥革命,银行钱庄倒闭,关款始有亏欠。先是庚子赔款,因海关收入不足以偿,分摊之于各省,各省所认亦悉交上海道。及是各省或则不认,或虽认而解不以时,偿赔各款始有拖欠。各外银行乃在沪组织委员会,以清理积欠为名,为处分押品之计,拟具办法八条,呈诸外交团。外交团略加改动,于民国元年一月,由领衔驻使交我政府,勒逼照行。该委员会系以对1900年以前,以关税作保而现未清偿之债款及庚子赔款,有关系之银行,即汇丰、德华、道胜分存,总税务司应将关税净收入报告该委员会,至中国政府能付债赔各款为止。民国二年,政府恐内地税款收解之权,亦落外人之手,由外财两部及税务处组织关税委员会研究此事,结果与税务司商定征收税款,统交中、交两行,订立合同九条,然税务司只认为中、交两行营业之关系,不认为关税与国库之关系,故积有成数,即照解汇丰,存行之期,至多不过7日,为数至多不过10万而已。

现在海关税存放办法,系每月按期平均分作三份,以三分之二存于汇丰、道胜两行,为债之担保。该两行即以所收数目支配于以下五项:(一)1898年四厘半金债,每月拨汇丰。(二)1896年五厘金债,每月拨汇丰。(三)1895年四厘金债,每年于6月及12月拨道胜。(四)由总税务司以命令照拨之关余。(五)弥补庚子赔款,按月拨入庚子赔款项下。此外三分之一,则存入汇丰之总税务司海关收入保留下。通商口岸50里以内之常关税,系在汇丰,为赔款之担保,记入总税务司常关税存款项下,以定率分作八份,每月按四期分配于以下两项:(一)庚子赔款项下此项尚有由海关税按月拨入者,向分存正金、汇丰、荷兰、华比、花旗、道胜、汇理七银行。欧战起,英法美日俄意比等国以我加入参战之故,自1917年起,准我停付庚子赔款五年,我即以此停付部分担保七年公债基金,悉以关银折算存入总税务司,担保七年短期内国公债项下,而以总税务司之命令,分存于正金、汇理、华比、花旗、道胜、汇丰六银行。(二)总税务司常关收入保留项下,向为拨存德华银行,以抵(甲)偿还奥赔款,(乙)部分的德国赔款之用,自对德奥宣战停付后,即改由汇丰保管,其中关于德国部分已移充民三、民四两种内国公债之担保,奥国部分则拨中国银行,充作两种关税借款之担保。所谓关余者,系关税所入,支配上项各款,尚有盈余,然后再交政府者。故关余名词,实始于1917年也。现在关税存放支配之权,完全操诸外人,而外人复有改善税款存放之主张,即(一)取利益均沾主义,须分存与中国有关系各银行,不能由一二银行垄断。(二)特组税务银行,由海关当局及各债权关系国派人共同管理。华会之际,日本代表会有希望将海关税,由日本银行保管一部分之要求,并另附有意见书,法代表赞同日代表主张,亦有同样之书面声明。比国意国代表并与日法代表声明,取同一态度。我国自华会决定加税之后,因外人议及存放问题,始知其关系重大,乃始加以研究,有(一)应由中央金库保管说。(二)指定银行保管说。主此说者,以中央金库之银行,往往对政府滥行借债,致失信用,不如分存各商办大银行,由税务司指定较为可靠,亦少流弊。(三)国民银行保管说。欲集全国商会,共同发起组织。(四)新旧税分管说。主此说者,以旧税向存外国银行,抵偿外债,已成惯例,一旦收回,恐不易办。新附加税,则必争归本国银行保管。(五)旧税亦必拨存本国银行一部分说。主此说者,以关税按月有盈,盈余部分及已退还之赔款,亦应争回。(六)组织关税保管委员会说。以财长税务处督办总税务司审行公会会长总商会会长组织之。

又按关款之充债赔款者,英葡由汇丰存付,美由花旗存付,俄由道胜存付,日由正金存付,法、西、瑞典由东方汇理存付,意由华义银行存付,比由华比银行存付,荷由荷兰银行存付,最近道胜又以倒闭闻矣。

最近关税问题,皆因《辛丑条约》及《九国关税条约》而起。《辛丑条约》赔款负担既重,我国要求加税,各国乃以裁厘为交换条件。英约第八款,许我裁厘后,进口货税加至值百抽十二又五,出口货税不逾值百抽七又五,其中丝斤不逾值百抽五。美约第四款,日约附加第一款,葡约第九款略同。并许我裁厘后对土货征销场税、以常关为征收机关,常关以载在《清会典》及《户部则例》者为限。惟(一)有海关无常关,(二)沿边沿海而非通商口岸,(三)新开口岸,皆可增设。出厂税。本款第九节已见前,美约略同。美约附件又许我抽出产税。照英约本应于1904年1

月1日实行。然政府既惮裁厘，又习于因循，迄未筹备，厘金所病者，华商至外货入中国内地，本有半税可代，且通商口岸愈增，则内地愈少，故外人亦迄未提及。光绪三十四年外务部乃向各国提议加税，英日谓我于原约未曾履行，遂又延宕。至华府会议开会，中国代表提出关税自主案，其结果乃有所谓九国中国关税条约者，最近之关税会议，实根据此约而来者也。九国者，美比英华法意日荷葡也。

（一）修正1918年12月19日上海修正税则委员会，所定海关进口货税表，以期切实值百抽五。此项委员会，由上开各国及列席华府会议各国承认之政府，曾与中国订有值百抽五之税则之条约，而愿参与修正之各国代表组织之。本案议决之日起，四个月以内修正完竣。至早公布后两个月实行。

（二）由特别会议立即设法，以便从速筹备，废除厘金，并履行1902年9月5日《中英商约》第八款，1903年10月8日《中美商约》第四款第五款及1903年10月8日《中日附加条约》第一款所开之条件，以相征收各该条款内所规定之附加税。特别会议由签字本约各国之代表组织之，凡依据本约第八条之规定，愿参与暨赞成本约之政府，亦得列入。该会议应于本条约实行后三个月内，在中国会集，其日期与地点由中国定之。

（三）特别会议应考量裁厘，履行第二条所载，各条约诸条款所定条件之前，所应用之过渡办法，并应准许对于应纳关税之进口货，得征收附加税，其实行日期用途及条件，均由特别会议议决之。此项附加税，一律值百抽二又五，惟某种奢侈品，据特别会议意见，能负较大之增加，尚不至有碍商务者，得将总额增加，惟不得逾值百抽五。

（四）中国进口货海关税表，按照第一条，立即修改完竣。四年后，应再行修正，以后每七年修改一次，以替代中国现行条约每十年修改之规定。

（五）关于关税各项事件，缔约各国应有切实之平等待遇及机会均等。

（六）中国海陆边界，划一征收关税之原则，即予以承认，特别会议应商定办法，俾该原则得以实行。凡因交换局部经济利益，曾许以关税上之特权，而此种特权，应行取消者，特别会议得秉公调剂之。一切海关税率，因修改税则而增加者，与各项附加税，因本约而增收者，陆海边界均应一律。

（七）第二条所载办法，尚未实行以前，子口税一律值百抽二又五。

（八）凡缔约各国，从前与中国所订各条约，与本条约各规定有抵触者，除最惠国条款外，咸以本条约各条款为准。

所谓切实值百抽五者，吾国关税虽协定为值百抽五，然因货物估价之关系，实只值百抽一二。《辛丑条约》乃有切实值百抽五之说，于是年修改一次。民国七年，因加入参战，对协约国要求实行值百抽五，又将税则修改一次。据熟于商情者评论，其结果亦不过值百抽三又七一五而已。其时欧战未平，货价异常，外交部及各国驻使均备文申明，俟欧战终结后二年，再行修改。九国条约改定修改税则委员会，于十一年三月二十一日在上海开会，我国派蔡廷幹为委员，与会者有英法意荷西葡比丹瑞挪瑞士美日。并中国，凡十三国。所修税则于十二年一月十七日实行。近人云《南京条约》后，入口税则，共修改四次。出口税至今未改，或云1858年，即咸丰八年，曾随进口税修改一次，未知然否？又云我国出口税，皆系从量，故随物价之变，征税轻重，大有不同。如茶自1806年以前，由中国垄断，其时茶价最高，自此以后，遂逐渐降低。而茶之从量征税如故，则加重。又如丝价逐渐高涨，而其从量征税如故，则减轻是也。我国出口税率，无原料、制造品……分别，概从一律协定，以致欲免某物之税，或欲加重某物之税，以图保护，皆有所不能，实一大缺点也。

关税特别会议,民国十一年十二月五日派顾维钧为筹备处处长,八日许顾辞,以王正廷代之。先是五月间,黑河华侨商会请召集各省商会各派代表在京开关税研究会议,财农两部从之。九月九日成立商会,所推副会长张维镛,又邀各商会代表及全国商会联合会驻京评议员开商约研究会,于十月一日成立。

关税研究会中,所争论最大者,为产销税问题。商会代表欲废产销税,以营业所得两税代之。其理由谓现有常关43,又50里内常关19,合分关分卡,约340—350,其收入50里内常关500余万,50里外常关700余万。实为厘金之变相,存之仍不免留难。又英约常关以《清会典》所有为限,沿边及有海关处,虽可添设,内地则可移动而不能增设。关既有限制,征收必难普遍公平,且厘局长由省委任,要求撤换较易,关监督由中央委任,呼吁赴诉更难也。边远省份尤为不便。又英约无出产税,日约第一款虽有出产字样,而订明悉照中国与各国商定办法,毫无歧异,则出产税可办与否尚属疑问。至于销场税,则如何办法,约文未言。当时总署饬赫德,即谓未知议约大臣意旨所在,难以拟具。何者厘既裁矣,查验为约文所禁,有限之常关,断不能遍征全国之销场税也。政府之意,主就条约所许,存留常关,以征产销两税。财部所拟办法,产税于起运后第一常关征收,销税于最后常关征收,惟特种大宗货物得就地征收产税。此据英约第八款第三节第七第八节。又产税得于最后常关征收,并征销场税。距常关远者,并得由当地商会代征。补征产税亦然。通商口岸现有海关而无常关者,沿边区域包水陆沿海三者及内地自辟商埠,一律添设。各常关管辖区域另定,有海关处,常关仍照现在办法,轮船由海关收税,民船由常关收税。其税额,产税为百之二又五,销税竞争品、如丝茶。需要品如粮食。百之二又五,资用品百之五,奢侈品百之七又五。此省运至彼省,途经通商口岸,在海关完过出口税者,如已满产销两税总额,即免征销场税,否则照不足之数补征。将税司兼管50里内常关之权解除,而照英美约，由省长官在海关人员中选一人或数人为常关监察员，不限外人。当时政府及商会代表争持不决，后乃融通定议，谓赶于两年以内，将所得税、营业税、出产税、销场税等同时筹备，而究行何税，则俟特别会议议定。土货出口税，照约尚可加抽二又五，合为七又五之数，商会代表要求分别货物之性质原料竞争品、手工制造品等。以定，或应减轻，或应全免，议决由政府与商民合组商品研究会，随时讨论施行。九国条约第六款，所谓关税上之特权，应指中英续议滇缅条约及中法会议越南边界通商章程续议专条内，彼此允让之利益而言，议决此事，须为进一步之要求于特别会议，提出局部经济交换之利益，与最惠国条款不相冲突。各国对于商约中关税部分，不能引机会均等各例，要求利益均沾，如此办法并可由单制协定渐入于复制协定。迭次修改税则，派员协定货价，时间每虑匆促，办理易致迁延。议次各财政讨论会所议，预定公布洋货进口货价办法，由政府于上海、汉口、天津、广州、大连五口设立调查机关，求平均之货价，供随时之修改。按此案后仅办到上海一处。过渡期内值百抽二又五之进口附加税。华会宗旨欲以整理外债，或可提出一部为行政必要经费及教育公益事业之处，商会代表欲存为裁厘担保。议决将来会议时，如能拟出担保或裁厘办法，地方长官不致顾虑反对，则亦可将增收之附加税，拨充整理公债之用。

民国十四年八月五日九国公约批准文件全到华盛顿，按该约第十条，该约即发生效力。政府乃于八月十八日召集各国开特别会议，十月二十六日开会，我以王宠惠为全权代表，与会者凡十二国，会中组织四委员会，第一委员会处理关税自主问题，第二委员会处理关税自主以前应用之过渡办法，第三委员会处理其他有关事件，第四委员会为起草委员会。当1922年太平洋与远东问题委员会开第十七次会议时，中国委员宣言，对于关税条约，虽予承认，并无放弃关税自主之意,召集照会中即报此,再行提出。关税会议既开,中国政府提出:(一)与议各国向中国政府正式声明,尊重关税自立,并承认解除现行条约中所包含之关税束缚,并中国国定关税条例于1929年1月1日发生效力。(二)我国政府允裁厘,与国定关税定率条例同时实行。(三)未实行国定关税定率条例以前,于现行值百抽五外,加收临时附加税。普通品值百抽五,甲种奢侈品,即烟酒值百抽三十,乙种奢侈品值百抽二十。(四)临时附加税条约签字后,三个月开始征收。

关于(一)十四年十一月十九日,在第一二委员会议合通过,中国亦公布关税定率条例。据某当局谈话云:实附有数种保留条件,其时法意代表知会我国代表团,谓法意政府,只能照下列条件赞同上项议案,即(1)已纳关税之洋货,不得加征捐税。(2)各种条件互相维系。(3)裁厘应由双方承认与实行。(4)意国单独提出整理外债互惠税率问题。驻京日使馆与外交部于十五年一月二十日、二十七日先后换文两次,文内所列原则:(1)此互惠办法之施行,系为缔约国双方之利益。(2)缔约国之某种货物,得享互惠税率之利益。(3)互惠协定期间之规定,必须能符合缔约国两方经济变迁之情形之需要。(4)互惠协定一俟中国关税定章实行,即行有效。(二)中国政府曾正式声明,尽十八年一月一日前切实办竣。又宣言抛弃不出之土货之出口税,复进口半税,以为裁厘初步。关于(三)中国尝公布烟酒进口税条例,日主实行华约第三条第二段,美主立即征收二又五附加税,奢侈品可值百抽五,水陆一律。英亦主水陆一律。又日欲于过渡期内,议订新条约,规定某物互惠的协定税率与国定税率,同时施行。海关施行附加税后之进款,美主(1)只补各省裁厘损失。(2)各省违背裁厘复行征税,对于被税者予以赔偿。(3)整理无抵押借款。(4)中央行政费。后各国允将附加税增至"收入可增至7 000万元至9 000万元之间"之数,未能正式决定。政变作,我国代表多不能出席。七月三日英美法意日比西荷葡宣言,俟中国代表能正式出席时，立即继续会议。我国政府乃修正关税会议委员会组织条例，派蔡廷幹、顾维钧、颜惠卿、王宠惠、张英华、王荫泰为全权代表，然各国代表多已出京，迄今未曾开会。会中提出者，又有（一）外侨纳税案。自与各国通商以来，无论何项条约，均未许外人在租界内租界外免纳税捐。迩年中国推行税务，外侨辄藉口租界，托词未奉本国政府训令，抗不交纳，租界外铁道附属地亦然，华人住租界铁道附属地者，亦不令纳税。中国政府不得已，暂在租界及铁道附属地周围，设卡征收，于外国商务，实亦有关碍。故政府宣言，凡外侨在中国领土居住者，无论在租界内或租界外，或铁道附属地及其他区域，均与中国人民同一服从中国政府公布之办法，负担其一切捐税。（二）从前遍订货价，亦出协定（1）集会愆期，（2）会议中间停顿，（3）已订施行迟延，以致多所延搁。华府会议业经要求先收回调查货价之自由，并应用自动修改之原则，今者1929年1月1日后当然修改，亦依中国法令，在此过渡期间，仍依据华会精神，拟具修改税则章程草察提交关会第二委员会，希望予以同意。

南方对于关余。民国八年至九年三月之关余，本曾分付广东政府，占全额百分之十三又七。后因七总裁意见分歧，政府瓦解，遂仍付诸北方。九年底南方政府恢复，要求照拨，并还以前积欠。总税务司暨外交团谓须请示本国政府，后美政府电谓应交外国所承认之政府，关余遂尽归北方。十二年九月五日南方政府照会北京外交团，请"各使训令代理关税各银行，将关余拨交总税务司，由本政府训令总税务司，分解南北，并令总税务司以政府辖境内之关余，须另行存储，并将1920年3月以后之关余补拨，否则将另委员海关总税务司"。外人疑南方政府将干涉海关行政，外交团令驻华海军赴广州，电领事团转复南方政府，谓关余为中国所有，外交团不过保管人，如欲分取，当与北京政府协议云云。此事遂未有结果。当时实业界，因民国十年北方政府曾定以关余为内国公债基金，颇反对南方分用。据南方政府之言,则谓此项基金,尚可以1400万元盐余及1000万元烟酒税充之,且北方政府本不应自由处置南方应得之关余也。迨"五卅"案起,广东又有六月廿二日之沙基惨案,粤人封锁港澳。十五年中央政治会议第二十六次会议,决定征收入口货之消费税,普通货物百分之二又五,奢侈品百分之五,以为解除封锁最低限度,交换条件于十月十一日施行。照会中仍申明无意干涉海关行政。封锁亦即于是日取消。驻粤首席总领事曾禀承驻京首席公使之训令,向粤政府提出抗议,粤政府以不能承认北京首席公使驳覆之。领袖公使亦曾向北方政府提出抗议,以广东与山东及其他地方官吏并言。

欧战后,中国于对德和约未曾签字,十年五月二十日所结中德协约第四条,两国有关税自主权,惟人民所办两国间或他国所产未制已制货物,其应纳之进口出口税,不得超过本国人民所纳税率。奥约则我仍签字,奥放弃1902年8月29日关于中国关税之协定。中俄解决悬案大纲协定第十三条,两缔约国政府允在本协定第二条所定之会议中,订立商约时,将两缔约国关税税则,采取平等相互主义,同意协定。

内地常关,清季惟崇文门左右翼及张绥各边关直隶中央,此外均由各省派员征收。民国二年将淮安、临清、凤阳、武昌、汉阳、夔、赣等关改归中央,等派监督管理。三年设局多伦,四年改为税关。又将旧属于省之潼关、辰州、浔州、成都等关改简监督,雅安、宁远两关,改归部辖。广元、永宁两关属之成都,打箭炉关属之雅安。

厘金,清咸丰三年,太常寺卿雷以諴饷军扬州,始倡之于仙女庙,幕客钱江之谋也。本云事定即裁,后遂留为善后经费,由布政使派员征收。厘局之数,据前数年之调查,全国凡700余处,但只指总局而言,分局及同类之稽征局不在其内。

| 直隶 | 15 | 奉天 | 34 | 黑龙江 | 31 | 甘肃 | 43 |
| 新疆 | 11 | 山西 | 42 | 山东 | 10 | 河南 | 32 |

江苏	58	浙江	42	湖南	34	四川	20
福建	45	广东	29	广西	30	贵州	44
吉林	44	江西	47	安徽	42	陕西	30
湖北	25	云南	44				

共735厘局。

其收入光绪初年为2 000万两,据云实有7 000万,余皆被中饱。清末预算所列为3 500万两,民国初年,预算所列为2 400万两。最近之调查则如下:

厘金收入调查一

1912年	36 584 005元
1913年	36 882 877元
1914年	34 186 047元
1916年	40 290 084元
1919年	39 251 522元

厘金收入调查二

直隶 681 295元	吉林 1 267 087元	山东 227 888元
山西 623 504元	安徽 1 599 412元	奉天 4 169 733元
黑龙江 537 087元	河南 615 553元	江苏 5 791 113元
江西 2 651 936元	福建 1 238 737元	湖北 5 049 819元
湖南 2 598 722元	浙江 4 225 532元	陕西 933 791元
新疆 391 079元	甘肃 995 806元	四川 636 989元
广东 2 545 568元	广西 982 784元	云南 398 000元
贵州 525 561元	热河 319 621元	察哈尔 250 894元
总计 39 257 518元		

(译自日本《中华经济》)

厘金之中饱,据各方面之调查,皆云超过归公之数。其病民在于设卡之多,一宗货物经过一次,厘卡收税即不甚重,而从起运以至到达,究须经过几次,能否免于重征,初无把握。厘本百分抽一之谓,据调查实在百分之五至百分之十之间,且皆非从价而从量,盖因征收者之无能也。又有七四厘捐、抽百之一又一。九厘捐抽千分之九。等。凡抽税,何者为税之物?何物税率如何?必有一定之法,并须明晰榜示。即如《清会典》与户部关税云:凡货财之经过关津者,必行商大贾挟资货殖以牟利者。乃征之物有精粗,值有贵贱,利有厚薄,各按其时也,以定应征之数,部设条科,颁于各关,刊之木榜,俾商贾周知,而吏不能欺……至小民日用所需,担负奇零之物,皆不在征榷之条,以历代之通法也。惟厘金不然,开办虽须得中央核准,然办法则并无一定,税品税率以及征收之方法,皆由各省官吏,各自为政,其可随时改变。据调查江苏一省,即有八种不同之办法云。各省后来亦谋改良,然其所谓改良者,大抵名异而实则相差无几也。下表为民国四年以后各省所行之厘税。

省 名	税 名	税 率
直 隶	厘金(一次抽收)	天津 1.25% 大石高黄 1%
奉 天	产销税	普通货物 2% 粮 1% 豆 3%
吉 林	销场税	运销本省货物 2%
黑龙江	销场税	5%
甘 肃	统捐落地捐	统捐 5%　落地捐 2.5%
新 疆	统捐	3%
山 西	厘金(一次抽收) 落地捐	1.2%—2.4% 1.5%

续 表

省 名	税 名	税 率
陕 西	统捐	5%—6%
山 东	厘金地捐	厘金约2%
河 南	厘金(一次抽收)	1.25%
江 苏	宁属厘金 认捐 落地捐 苏属统捐(两次抽收)	约一分外加出江捐一道 2.5% 2%
安 徽	统捐 厘金 落地捐 包捐	2%
江 西	统捐(四次抽收)	3%—2.5%
湖 北	过境税 销场税 落地捐	2% 5% 2%—4%
浙 江	统捐(两次抽收) 落地捐	约5% 2.5%
湖 南	厘金(一次或两次抽收) 落地捐	3%—1.5%
四 川	统捐(一次抽收)	5%
福 建	厘金(四次抽收)	10%
广 东	厘金(两次抽收)	内地2% 沿海1%—1.6%
广 西	统捐	梧州贺县2.5%—5%,粮石3.5%—5%,他地普通货物值百抽五

续 表

省 名	税 名	税 率
云 南	征厘加厘	5%
贵 州	厘金	未详

统捐即一次征收。产销税照例产地在本省,而销地不在本省者,即不征销税。销地在本省而产地不在者,即不征产税,但通过者,即两税皆不征,过境税则又不然。落地税者,缴销子口单之拘,承买商人直指销货地点,完税一次。征收方法,除由官吏征收外,又有认捐及包捐,认捐由本业中人与税务机关商定,认数由财厅核准,包捐则由业外之人为之,此两法可免检查之烦,及节省征收费,然认包之人,所有之权太大。铁路兴后,有寓征于运之议。民国二年通过国务会议,拟先从国有铁路试办,苟有成效,再推及其他各路及他种运输业。五年交通部拟裁路厘,创办一特别运输税,皆未能行。

最近政府已在特别会议宣布裁厘,财政善后委员会所拟办法,厘金、统捐、统税、货物税、铁路货捐以及名异实同之通过税,商埠50里内外常关正杂各税之含有通过性质者,海关征收之子口税、复进口半税及由此口到彼口之出口税,均在裁撤之列,合计所裁之数为7 500余万元。裁厘自是善政,然以此与加税为交换条件,则不当。何则?厘乃内政,苟以裁厘与列国交换,当以各国减轻中国货物之入口税为条件也。且有谓裁厘,决非三数年间所能办到者,其说由美之产业税,行之百余年,无人不以为恶税,亦能于三年内裁之邪?

盐税自担保借款以来,于主权亦颇有关系。现在盐务行政,由财部附设之盐务署主管。督办由财政总长兼任,署长由次长兼任。署中设总务处及场产运销二厅,总务处司盐务人员之任用及考绩,场产厅司建造盐场仓栈及缉私之事,运销厅司运销,此外有盐运使10人,副使4人,总场长2人,盐场知事127人,榷运局9所,官硝总厂1所,掣验局2所,蒙盐局1所,扬子总栈1所,运销局1所。为担保善后大借款,故于署内设稽核总所,总办由署长兼任,会办聘外人任之。产盐地方设稽核分所,经理由华员任之,协理亦聘外人任之。盐税均存银行,非总会办会同签字,不能提用也。该借款契约且订明本利拖欠逾展缓近情之日期,即须将盐政事宜归入海关管理。

盐产地	引地
两淮 十五场 海盐	江宁旧宁属六县南通及如皋、泰兴两县及扬州府属(以上为淮南食岸),淮安府属及今徐海道(除铜山丰沛萧砀,以上为淮北食岸),湖南殆全省(淮南湘岸),湖北武昌等31县(淮南鄂岸。另钟祥等30县与川盐并消),江西南昌等57县(淮南西岸),安徽怀宁等50县(淮南皖岸)
两浙 二十九场 海盐	浙江全省,江苏镇、苏、常、松、太、海门25县,安徽休宁、广德、建平等8县,江西玉山等7县
云南 十二场 井盐	云南殆全省,贵州普支等4县
陕西 四场 土盐	即产盐之朝邑、蒲城、榆林、富平4县附近
长芦 三场 海盐	京兆直隶及河南之开封、陈留等52县
山东 六场 海盐	山东全省,江苏之铜山及丰沛萧砀,安徽之涡阳、宿县,河南之商丘、宁陵、鹿邑、夏邑、永城、虞城、睢县、考城、柘城
福建 十二场 海盐	福建殆全省

续　表

盐　产　地	引　　　地
四川 二十三场井盐	四川全省,贵州之殆全省,湖北恩施等8县,云南昭通、宣威等8县
河东 一场池盐	本省45县,河南伊阳等32县,陕西长安等35县
东三省 七场海盐	东三省全部
两广 十九场海盐	两广及湖南永兴等11县,江西兴国等17县,福建长汀等8县,贵州下江等11县
甘肃十四场	甘肃殆全省,陕西甘泉等47县

税率轻重不等,最重者,每百斤至四元七角及三两。最轻者不满一元。因生产运输之费不同,以此调剂之。盐税当担保庚子赔款,时每年收入不过1 200万两,近年则在9 000万元左右。除善后大借款外,民国元年之克利斯浦500万金镑,借款亦以盐税为担保。民国十年三月北方政府指定每年盐税中,拨1 400万元为内国公债基金。盐税自担保大借款后,征税之地,均能交中交两行,每十日由中交两行汇交就近外国银行,再汇至汇丰、道胜、德华、正金、汇理五银行。对德宣战后,由四行经理。民国十一年,因关税收入增加,借款本息均以关税支付,盐款实际已与借款无关,然此项办法仍未变更。民国十五年,道胜银行停业,稽核所令道胜经理之款,概交汇丰,汇往伦敦,名为:盐务稽核总所拨备归还俄发债券本息帐。其德发债票向由道胜汇出者,亦令该三行分汇伦敦,经阁议议决照办。但令该财部对三行声明:"对于道胜经理中国各种外债之权利,政府保留自由处分移转之特权。"

民国二年,财政部颁行盐税条例,除蒙古、青海、西藏外,产盐销盐各地方划为两区,第一区为奉天、直隶、山东、山西、甘肃、陕西、江苏之淮北各产地及吉林、黑龙江、河南、安徽之皖北各销盐地方。第二区为江苏之淮南、两浙、福建、广东、四川、云南各产地,安徽之皖南,江西、湖北、湖南、广西、贵州各销盐地方。三年,第一区百斤税二元,第二区仍照从前税则,四年以后,与第一区同,此为第一期办法,至第二期,则均改为二元五角,其后此项税率未能实行。

清时茶税,随地附加之捐颇多。故各省税率互有轻重,一省之中,亦彼此互殊。咸同以后,原定引制,渐成具文,光宣之交,各省或设统捐,或抽厘捐,或又按引征课,税率亦不一致。大较西北重于东南。民国三年十月,因华茶运销外洋者,江河日下,将出口茶叶,向来每担征银一两二五者减为一两,而湘鄂皖赣洋庄红茶,求减轻茶厘,则未能实行。

烟酒牌照税,系民国元年熊希龄以总理兼财长时所办,整卖年税40元,零卖分16元、8元、4元三等。纸烟输入,当清光绪二十六年,年仅3000元,民国元年已达3000万元(现在1.7亿元)。当时举办烟酒税,意在对外国输入之卷烟加以抽收,而结果仅办到牌照税而止。民国四年,政府曾于京兆,设烟酒公卖局,定有暂行章程十四条,旋又定全国烟酒公卖局暂行章程二十条,立全国烟酒事务署,以纽(钮)传善为督办,各省皆设烟酒公卖局,由商人承办分栈,前此各省所收烟酒税如烟叶捐、烟丝捐、刨烟捐、酿造税、烧锅税之类。及烟酒牌照税,均归并征收。传善去后,张寿龄继之,于民国十年八月三日,与英美烟公司立声明书十一条:凡自通商口岸运入内地者,无论其自外洋运来,抑在中国所制,除海关税及北京崇文门税外,均完一内地统捐,分四等,第一等每5万支,完12.375元,次7.125元,次4.125元,次2.25元,完过此项统捐者,各省厘金及各种税捐均免。在华制者,每5万支另完出厂捐2元,其在通商口岸或商埠销售者,出厂捐外,不完内地统捐,各省各有更税者,得以捐单为据,抵缴此项应纳捐款,惟营业税、牌照税不在此例。另以公函声明,广东、广西、湖南、云贵五省为例外。遂于上海设全国纸烟捐总局,津、汉设捐务处,前此各省自抽之零星纸烟捐税陆续取消,均归沪局征收。收入年约200余万元。而浙江于十二年三月开办纸烟特税,江苏、安徽、江西、湖南、湖北、直、鲁、豫、川、陕等继之,或称销场税或营业税,其税率大约为百分之二十,仿光绪初等洋药税厘并征之额也。英美烟公司,遂以此抵缴烟酒事务署所收之捐,英美公使亦迭向外部提出抗议。汪瑞闿为全国纸烟捐务督办,欲修改声明书,令英美烟公司于原有二五捐外,加捐若干,拨归各省应用,而使各省取消特税。曾于民国十三年与英领事及江苏所派委员,在江苏省公署协议,议未有成。十四年三月,督办全国烟酒事务姚国桢,与英美烟公司续订声明书四条,于十六日呈奉段执政核准。据该续订声明书,公司于先所认捐项外,加征保护捐一道,其额为百分之五,照纸烟所销售之省份,拨归该省,以抵补特税。倘各省于此外,再行征收,得将所征之数,于应缴该省数内扣抵,扣抵不足,仍得将应缴烟酒署之捐扣抵,此项办法于各省取消特税时发生效力。烟酒署与英美烟公司所订声明书,据舆论之批评,损失颇大。(一)通商口岸及商埠定为免捐区域。续订声明书时,据烟酒署云:烟公司已允实行,时通商口岸及商埠,均贴印花。然系口头声明。(二)出厂税例,征百分之五,今校最下等内地统捐之数,尚觉不及。(三)出厂捐条文云"在华制造行销各省",因之运销国外者海参崴、南洋群岛等。均不纳税。(四)海关税除外,而50里内常关漏未提及,以致外商投报常关扣抵应纳之捐。而其关系尤大者。(五)子口税本所以代内地厘金,故在英文为 Transit Duty 沿途税。光绪二十四年总署咨准洋商进口货物领有税单者,自通商口岸至单内指定之地,允免重征,既至该地后,子口税单即应缴销,子口税单既经缴销,即与无单之货无异。故落地税等,我国向来自由征收,绝不受条约限制。浙江之洋广货落地捐,江苏之洋广货业认捐等是。质言之,我国受条约限制者,惟(A)国境税及(B)国内税之通过税。厘金及类似厘金之税。今乃许其将厘金及各种税捐概行免纳,是并国内税而亦与协定也。又(六)该声明之第九条,公司声明条约应享之权利,毫不抛弃。然则条约所享之权利优,即以条约为据,条约外之权利,又可以声明书攫得之,设使各种商业而皆如此,条约将等于无效矣。(七)烟税各国皆重,美国五万支抽至美金百元,日本值百抽二百。实为良好税源,若与外人协定,姑不论他种捐税,外人踵起效尤,即就烟税而论,已失一笔大宗收入。日本至一万数千万元。(八)至续订声明书所加税率,亦仅百分之五,此乃汪瑞闿在江宁省署协议时,烟公司已允,而我方未之许者,且此事之得失,不在税率之轻重,苟与协定,即税率加重,在彼方犹为有利也。(九)声明书期限为8年,财部宣布,照会英使时,曾声明如实行加税,修改税则,不受此声明书有效期间之限制,然除此以外,吾国改订税法,则不能不受其限制矣。然此项声明书实系违反约章,故以法律论,尝无效力之可言。各省开办卷烟特税,英美提出交涉,谓声明书允免重征,据吾国人之解释,则此项捐纳,乃所以代子口半税,子口半税,则所以代厘金,故所免者,亦应以厘金及与厘金同性质之税捐为限,各省所办非营业税,即销场税性质,营业税声明书且已除外,销场税据马凯条约,必入口洋货加征至百分之十二又五时,乃限制仅可征于土货,否则固当任我征收也。或谓营业税系行为税,当按商店纯益,用累进法征收,性质与所得税相似。今按值百抽几,对货征收,明明非营业税,江苏官场解释,谓日本营业税以(1)售出货价,(2)赁房价格,(3)店伙人数为征收之标准。我国省略(2)(3)两项手续耳。又我方谓免纳限于英美烟公司。今营业税,取之营销店铺,间接取之吸户。营业者为我国人营业店铺之物,实为我国之物。彼谓批发商大都公司代理人,货物仍系公司财产。我方谓约章外商不得在内地开设行栈,我惟认为中国商人,故许其在内地营业,且制造营销合为一人时,两税当分别征收,固各国之通例也。又议决本省单行条例及省税,为省议会之职权,中央亦不能干涉。各省所办纸烟特税,成绩不甚佳良。浙省除开支外,仅得数十万,而中央所收,为烟公司扣抵者百余万,苏省初云招商包办,实多业外之人,化名承充,尤属责有繁言。民国十四年,湖北督军萧耀南曾派军需课长与公司交涉,就厂征税,订立草合同。萧卒后,吴佩孚派军警督察处长李炳煦,将草合同修正,即派李为湖北全省纸烟捐务总办,于十五年三月十六实行。原设特捐总处分局及包,概行取消。土产酒类公卖章程行后,久经征税,各省税率且逐渐增加,洋酒自民国四五年后输入日多,华洋商人,又多在华仿制者,近年政府乃颁行机制酒类贩卖条例,于京兆设机制酒类征税处,向贩卖洋酒商店征收。

渔税向视为杂税之一,沿海州县间或征收。此外则吏役埠头需索,水师营汛私费而已。日人既据大连青岛,遍设水产组合所,向中国渔民索取组合费,不纳则禁其捕鱼,而彼在中国沿海却肆意滥捕,又将所得组合费作为经营渔业之资。大连水产会社水产试验场、满洲渔市场、东洋捕鲸会社、青岛渔业会社等经费,不下数千万元。据报载多出自组合费,费之变相渔税。又据报载农商部尝与日本缔结渔业借款600万元,以七省领海划作数渔区为抵押品。长此以往,我国沿海渔民必将失业,难免不流为海盗,甚可虑也。近年农商部始公布渔业条例,"非中华民国人民不得在中华民国领海采捕水产动植物及取得关于渔业之权利"。第一条。然日本渔轮仍有利用我国人,巧立名目,朦混注册者。欧美日本对于领海,均有捕鱼区域及禁区域之别,凡属民船采捕之地,渔轮机船不许羼入,所以维沿海渔民之生计也。台湾此项区域,以沿海岛屿灯塔向外量起,自10海里至60海里不等,平均计算离岛屿约35海里。民国十年,外海两部汇订领海线,以各岛潮落,向外起算3英里为界。江浙渔会曾函上海总商会,拟议扩充。

烟酒牌照税为营业税之一。此外属于营业税者,有牙税、有领帖费,有常年税,自十余元至数百元。**当税、特种营业执照税**。民国三年,定分十三种,计其资本抽百分之二又五。

登录税分契税及注册费两种。契税所包其广凡产业移转有契为凭者,皆税焉。注册费分(1)轮船,(2)铁路,(3)商业,(4)公司,(5)矿业,(6)律师,(7)著作权七类。

清代鉴于明末矿税之弊,各地之矿,有司多奏请封闭,惟云南有铜矿,户工二部恃以铸钱。此外率多私采。民国乃定矿税条例,分为矿区税、矿产税,视其种类及矿区之大小、矿产之多少而定。

印花税民国二年所行者,第一类发货票、银钱收据15种,第二类提货单、股票、汇票等11种。三年八月续颁人事凭证帖用印花条例,为出洋及内国游历护照、免税单照、官吏试验合格证书、中学以上毕业证书、婚书等。

牲畜税及屠宰税本系杂税。清初凡贸易之牲畜,值百抽三,屠宰无税,季年东南各有屠宰税,民国因之。民国三年冬,财政部调查各省牲畜税为骡马驴牛羊豕六种,西北多于东南。四年正月,财政部颁屠宰税简章,以猪牛羊三种为限。

房捐起于清末,清初大兴宛平有铺面税,仁和、钱塘有间架房税,江宁有市廛钞,北京琉璃高瓦两厂,有计檩输税之法,新疆乌鲁木齐亦有铺面税,康雍间先后奉旨豁免。由各地方自办,民国亦有仍之者。

第十五章 官　制

官制一门，在制度中最为错杂，此由历代设官时有变迁，即其制不变者，其职亦或潜行改易。最初因事设官，即因事立名，不难循名而知其职。变迁既甚，则或有其名而无其实，或无其实而有其名，于是循其名不能知其职之所在。而骈枝之官错出，与固有之官之分职，又多出于事之偶然，而无理之可求，则知之弥艰矣。夫制度因事实而立，亦必因事实而变，此为理之当然。然思想之变迁，必不如事实之变迁之速，往往制度已与事实不切，人犹墨守旧制而不知更。然虽欲墨守旧制，而其制既与事实不合，在势必不能行，而名是实非之弊遂起。一朝创制之时，未始不欲整齐之，使归于画一，然思想之变更既不能与事实之变更相副，则所定之制度，往往与实际不合，制甫定而潜行变迁之势已起其中，此官制之所以错杂而难理也。然官制实为庶政之纲，研求史事者必不容不究心，最好以官制与他种制度相参考，既就一切政事求其属于何官，更就凡百职官求其所司何事，更通观前后而知其所以变迁之由，考诸并时而得其所以分职之故，则不独官制可明，即于一切庶政，亦弥觉若网在纲矣。

官之缘起，予旧作《释官》一篇可以明之，今录其辞如下。原文曰：

"《曲礼》曰：'在官言官，在府言府，在库言库，在朝言朝。'注曰：

'官谓板图文书之处，府谓宝藏货贿之处也，库谓车马兵甲之处也，朝谓君臣谋政事之处也。'然则官字古义与今不同，今所谓官，皆为政事所自出，古则政出于朝，官特为皮藏之处，与府库同耳。盖古者政简，不须分司而理，故可合谋之于朝。后世政治日繁，势须分职，而特设之机关遂多，各机关必皆有文书，故遂以藏文书之处之名名之也。

"官既为皮藏文书之处，则处其间者不过府史之流，位高任重者未必居是。《论语》：'冉子退朝。子曰：何晏也？对曰：有政。'《子路》。荀子入秦，'及都邑官府，其百吏肃然。……入其国，观其士大夫，出于其门，入于公门，出于公门，归于其家'，《荀子·强国》。其证也。然则司政令者不居官，居官者不司政令，故官在古代不尊，所尊者为爵。《仪礼·士冠礼》曰：'以官爵人，德之杀也。死而谥，今也。古者生无爵，死无谥。'《檀弓》谓士之有诔，自县贲父始。诔所以作谥，明古者大夫有谥，士无谥。生无爵，则死无谥，明大夫为爵，士不为爵也。《王制》曰：'司马辨论官材，……论定然后官之，任官然后爵之，位定然后禄之。'官之者任以事，是为士，爵之禄之则命为大夫也。《曲礼》曰：'四十曰强，而仕。'《士冠礼》曰：'古者五十而后爵。'则任事十年，乃得为大夫矣，所谓'任官然后爵之'也。《檀弓》又曰：'仕而未有禄者，君有馈焉曰献，使焉，曰寡君，违而君薨，弗为服也。'《王制》云'士禄以代耕'，而此曰未有禄者。《曲礼》又曰：'无田禄者，不设祭器；有田禄者，先为祭服。'禄指土田言，故代耕所廪，不为禄也。《檀弓》：工尹商阳曰：'朝不坐，燕不与，杀三人，亦足以反命矣。'注：'朝燕于寝，大夫坐于上，士立于下。'坐于上为有位，立于下为无位，必爵为大夫，然后有田，则所谓位定然后禄之也。古者国小民寡，理一国之政者，亦犹今理一邑之事者耳，势不得甚尊。至于国大民众而事繁，则其势非复如此矣。则凡居官任事者，皆有以殊异于齐民矣。上下之睽，自此始也，故曰德也。"以上《释官》原文。

我国官制当分为五期。三代以前为列国之制。秦制多沿列国之旧。而汉因之，以其不宜于统一之世，东汉以后，乃逐渐迁变，至隋唐而整齐之。然其制与隋唐之世又不适合，唐中叶后又生迁变而宋因之。元以蒙古族入主中国，其治法有与前代不同者。明人顾多沿袭，清又仍明之旧，故此三朝之治，又与唐宋不同。此我国官制之大凡也。

古代官制不甚可考，今文家言天子三公、九卿、二十七大夫、八十一元士，《王制》，《昏义》，《尚书大传》，《韩诗外传》，《春秋繁露》，《白虎通》，《五经异义》，《今尚书》夏侯、欧阳说皆同。公卿、大夫、元士凡百二十。《白虎通》云："下应十二子。"《异义》云："在天为星辰，在地为山川。"二百四十三下士。《春秋繁露·官制象天篇》合公卿、大夫、元士凡三百六十，法天一岁之数。案《洪范》曰："王省惟岁，卿士惟月，师尹惟日。"与此说合。此仅言有爵者之数耳，未尝详其官职也。三公之职，诸书皆云司马、司徒、司空。九卿即不详，或曰：《荀子·王制序官》所列举者，曰宰爵，曰司徒，曰司马，曰大师，曰司空，曰治田，曰虞师，曰乡师，曰工师，曰伛巫跛击，曰治市，曰司寇，曰冢宰。除冢宰及司徒、司马、司空外，恰得九官，即九卿也。然此特数适相合耳，更无他证，似不应武断。古文家谓天子立三公，曰太师、太傅、太保，与王同职。又立三少以为之贰，曰少师、少傅、少保，是为三孤。冢宰、司徒、宗伯、司马、司寇、司空，是为六卿。古《周礼》，说见《五经异义》。伪《古文尚书·周官篇》同。案冢宰似不当与余官并列，司马、司徒、司空三官确较他官为要，宗伯、司徒似亦不当与之并列。撰《周官》者盖杂取古代制度纂辑之，而未计及其不相合。汉武谓为渎乱不验之书，良有以也。诸书又有言四辅、言五官者，皆取配四方五行而已，与分职授政实无涉也。

侯国之官，《春秋繁露》谓三卿、九大夫、二十七上士、八十一下士，《王制》则云三卿、五大夫，此主大国及次国言之，小国则二卿。《王制》

曰："大国三卿,皆命于天子。下大夫五人,上士二十七人。次国三卿,二卿命于天子,一卿命于其君,下大夫五人,上士二十七人。小国二卿,皆命于其君,下大夫五人,上士二十七人。"郑注："小国亦三卿,一卿命于天子,二卿命于其君。此文似误脱耳,或者欲见畿内之国二卿与。"郑注盖据上文"小国之上卿,位当大国之下卿,中当其上大夫,下当其下大夫"言之。《公羊》襄十一年《解诂》曰:"古者诸侯有司徒、司空、上卿各一,下卿各二;司马事省,上下卿各一。"疏云:"所谓诸侯之制三卿五大夫矣。"《王制》疏引崔氏,谓司徒兼冢宰,司马兼宗伯,司空兼司寇。司徒下小卿二,曰小宰、小司徒。司空下小卿二,曰司寇、小司空。司马下惟小卿一,曰小司马。则又牵合《周官》为说也。未知孰是。要之,其制略与天子之国同也。古官因事而名,司其事者即可称之,不关体制也。如司徒、司马为王国之官,然《檀弓》云:"孟献子之丧,司徒旅归四布。"《左》昭二十五年"叔孙氏之司马鬷戾",是大夫家亦有司徒、司马也。大夫家亦有宰,但不称冢宰而已。

  分地而治之官,今文家云:"古八家而为邻,三邻而为朋,三朋而为里,五里而为邑,十邑而为都,十都而为师,州十有二师焉。"《尚书大传》。又曰:"一里八十户,八家共一巷。"《公羊》宣十五年《解诂》。与井田之制相合。古文则乡以五家为比,比有长;五比为闾,闾有胥;四闾为族,族有师;五族为党,党有正;五党为州,州有长;五州为乡,乡有大夫。遂以五家为邻,邻有长;五邻为里,里有宰;四里为酂,酂有长;五酂为鄙,鄙有师;五鄙为县,县有正;五县为遂,遂有大夫。《周官》。比长爵下士,自此递升一级,至乡大夫为上大夫。遂则邻长无爵,里宰为下士,自此递升一级,遂大夫为中大夫。与军制相应,疑古代国中之人充兵,用什伍之制,野外之人为农,依井田编制也。《史记·商君列传》:"令民为什伍,而相牧司连坐。"又云:"集小都乡邑聚为县。"此两事盖相因,县固甲兵所自出也。《管子·立政》:"分国以为五乡,乡为之师。分乡以为五州,州为之长。分州以为十里,里为之尉。分里以为十游,游为之宗。十家为什,五家为伍,什伍皆有长焉。"《乘马》:"五家而伍,十家而连,五连而暴,五暴而长,命之曰某乡。"亦皆以五起数。《礼记·杂记》:"里尹主之。"注:"里尹,闾胥里宰之属。《王度记》曰：百户为里，里一尹，其禄如庶人在官者。"疏："按《别录》，《王度记》云：似齐宣王时淳于髡等所说也。其记云：百户为里，里一尹。其禄如庶人在官者，则里尹之禄也。按《撰考》云：古者七十二家为里。《洛诰传》云：古者百家为邻，三邻为朋，三朋为里。郑云：盖虞夏时制也。其百户为里，未知何代，或云殷制。"案《后汉书·百官志》云："里有里魁，民有什伍，善恶以告。本注曰：里魁掌一里百家。"与《王度记》说合。又案七十二家为里，即三朋为里也。百户为里，或即此制，而举成数言之耳。或疑什伍之制，后世行之，今文家所述之制，何以不可见，不知此由井田废坏故也。爵禄内官与外诸侯无异，所异者世袭与不世袭耳。然其后内官亦多世袭，则事实为之，而非法本如此也。《王制》："王者之制禄爵，公、侯、伯、子、男凡五等。诸侯之上大夫卿、下大夫、上士、中士、下士凡五等。天子之田方千里，公侯田方百里，伯七十里，子男五十里。不能五十里者，不合于天子，附于诸侯，曰附庸。天子之三公之田视公侯，天子之卿视伯，天子之大夫视子男，天子之元士视附庸。"又曰："天子之县内诸侯，禄也。外诸侯，嗣也。"

汉制多沿自秦，秦制则沿自列国时代，故此一期之官制，去古最近。秦制掌丞天子，助理万机者为丞相。秦有左右，高帝即位，置一丞相。十一年，更名相国。孝惠、高后时，置左右丞相。文帝二年，复为一丞相。丞相之贰为御史大夫。主兵者曰太尉，汉初仍之，哀帝时乃改太尉为司马，丞相为司徒，御史大夫为司空，其议建自何武，盖行今文经说也。后汉同，惟改大司马为太尉。其太傅前汉惟高后元年、八年置之。后汉每帝初即位，则置太傅录尚书事，薨即省。此与古文经说无涉。惟哀帝元寿二年置太傅，而平帝始元二年又置太师、太保，其时王莽辅政，系行古文经说耳。《汉书·朱博传》："初，汉兴，袭秦官，置丞相、御史大夫、太尉。至武帝罢太尉，始置大司马，以冠将军之号，非有印绶官属也。及成帝时，何武为九卿，建言：'古者民朴事约，国之辅佐必得贤圣，然犹则天三光，备三公官，各有分职。今末俗之弊，政事烦多，宰相之材不能及古，而丞相独兼三公之事，所以久废而不治也。宜建三公官，定卿大夫之任，分职授政，以考功效。'其后上以问师安昌侯张禹，禹以为然。时曲阳侯王根为大司马骠骑将军，而何武为御史大大。于是上赐曲阳侯根大司马印绶，置官属，罢骠骑将军官，以御史大夫何武为大司空，封列侯，皆增奉如丞相，以备三公官焉。议者多以为古今异制，汉自天子之号，下至佐史，皆不同于古，而独改三公，职事难分明，无益于治乱。是时御史府吏舍百余区井水皆竭；又其府中列柏树，常有野乌数千栖宿其上，晨去暮来，号曰朝夕乌，乌去不来者数月，长老异之。后二岁余，朱博为大司空，奏言：'帝王之道，不必相袭，各繇时务。高皇帝以圣德受命，建立鸿业，置御史大夫，位次丞相，典正法度，以职相参，总领百官，上下相监临，历载二百年，天下安宁。今更为大司空，与丞相同位，未获嘉祐。故事，选郡国守相高第为中二千石，选中二千石为御中大夫，任职者为丞相，位次有序，所以尊圣德，重国相也。今中二千石未更御史大夫而为丞相，权轻，非所以重国政也。臣愚以为大司空官可罢，复置御史大夫，遵奉旧制。臣愿尽力，以御史大夫为百像率。'哀帝从之，乃更拜博为御史大夫。会大司马喜免，以阳安侯丁明为大司马卫将军，置官属，大司马冠号如故事。后四岁，哀帝遂改丞相为大司徒，复置大司空、大司马焉。"案政治各有统系，选举亦宜有次序，当时议者及朱博之言是也。汉世自改三公之后，权转移于尚书。而曹操欲揽大权，仍废三公而置丞相，可见总揆之职，不宜分立众司，而事之克举与否，初不系设司之多寡矣。

奉常、秦官。掌宗庙礼仪。景帝中六年，更名太常。**郎中令**、秦官。掌官殿掖门户。武帝更名光禄勋。**卫尉**、秦官。掌官门卫屯兵。**太仆**、秦官。掌舆马。**廷尉**、秦官。掌刑辟。景帝、哀帝皆尝改为大理，旋复故。**典客**、秦官。掌诸归义蛮夷，武帝更名大鸿胪。**宗正**、秦官。掌亲属。**治粟内史**、秦官。掌谷货，武帝更名大司农。**少府**、秦官。掌山海池泽之税，以给供养。**皆中央政府分理众事之官，汉以为九卿，分属三公**。奉常、郎中令、卫尉，太尉所部。太仆、廷尉、大鸿胪，司徒所部。宗正、大司农、少府，司空所部。此亦取应经说而已，无他义。**又有将作少府**、秦官。掌治宫室。景帝更名将作大匠。**典属国**、秦官。掌蛮夷降者。成帝省并大鸿胪。**水衡都尉**、武帝置。掌上林苑，后汉省。**大子太傅、少傅、詹事**、秦官。掌皇后、太子家。成帝省，并属大长秋。**长信詹事**、掌皇太后家。景帝更名长信少府，平帝更名长乐少府。**将行**秦官。景帝中六年，更名大长秋。或用中人，或用士人。**等**。

武官通称尉。太尉、卫尉外,有中尉,秦官。掌徼循京师。武帝更名执金吾。护军都尉、秦官。武帝元狩四年,属大司马。成帝绥和元年,居大司马府,比司直。哀帝元寿元年,更名司寇。平帝元始元年,更名护军。案高帝以陈平为护军中尉,即此官,主护诸将,故人逸平受诸将金,多者得善处,少者得恶处也。魏晋以后为护军将军,主武官选。司隶校尉,武帝征和四年初置。持节,从中都官徒千二百人,捕巫蛊,督大奸猾。后罢其兵,察三辅、三河、弘农。哀帝属大司空,比司直。后汉时领州一,郡七,比刺史。城门校尉。掌京师城门屯兵。又有中垒、掌北军垒门内外,掌西域。后汉但置中侯,以监五营。《续书·百官志》:"大将军营五部,部校尉一人。部下有曲,曲有军侯一人。"屯骑、掌骑士。步兵、掌上林苑门屯兵。越骑、掌越骑。长水、掌长水、宣曲胡骑。胡骑、掌池阳胡骑。不常置,后汉并长水。射声、掌待诏射声士。虎贲掌轻车。后汉并射声。八校尉,各统特设之兵。参看《兵制》篇。其西域都护,则为加官。宣帝地节二年初置,以骑都尉谏大夫使护西域三十六国。有副校尉,后汉通西域时亦置之。又有戊、己校尉,元帝初元二年置,亦治西域。后汉但置己校尉。又有使匈奴中郎将、主护南单于。度辽将军、明帝初置,以卫南单于众新降有二心者。其后数有不安,遂为常守。护乌桓校尉、护乌桓。护羌校尉,护西羌。皆主护各夷之降者也。

内史,秦官,掌治京师。后分置左右。武帝更右内史曰京兆尹,左内史曰左冯翊。又改都尉主爵中尉,秦官,掌列侯。景帝中六年,更名都尉。为右扶风,治内史右地,列侯更属大鸿胪。是为三辅。后汉更以河南为尹。以三辅陵庙所在,不改其号,但减其秩而已。

外官分郡县两级。县列侯所食县曰国。皇太后、皇后、公主所食曰邑。蛮夷曰道。万户以上曰令,秩千石至六百石。减万户曰长,秩五百石至三百石。皆有丞、尉。秩四百石至二百石,是为长吏。百石以下,有斗食、佐史之秩,是为少吏。师古曰:"《汉官名秩簿》云:斗食月俸十一斛,佐史月俸八斛也。一说斗食者岁俸不满百石,计日而食一斗二升,故云斗食也。"《续汉书·百官志》:"边县有障塞尉。"郡守汉景帝更名太守,秩二千石。有丞。边郡又有长史,掌兵马。秩皆六百石。郡尉景帝更名都尉,掌佐守,典武职甲卒。秩比二千石。亦有丞。秩六百石。又有关都尉、后汉省。农都尉、边郡主屯田植谷。属国都尉。《汉书·武帝纪》元狩二年注:"凡言属国者,存其国号,而属汉县,故曰属国。"郡有盐官、铁官、工官、都水官者,随事广狭,置令长及丞。

监御史,秦官,掌监郡。汉省。丞相遣史分刺州,不常置。武帝元封五年,初置部刺史,掌奉诏条察州。《后汉书·百官志》云:"蔡质《汉仪》曰:诏书旧典,刺史班宣,周行郡国,省察治状,黜陟能否,断理冤狱,以六条问事,非条所问,即不省。一条:强宗豪右,田宅逾制,以强陵弱,以众暴寡。二条:二千石不奉诏书,遵承典制,倍公向私,旁诏守利,侵渔百姓,聚敛为奸。三条:二千石不恤疑狱,风厉杀人,怒则任刑,喜则任赏,烦扰苛暴,剥戮黎元,为百姓所疾。山崩石裂,妖祥讹言。四条:二千石选署不平,苟阿所爱,蔽贤宠顽。五条:二千石子弟,怙恃荣势,请托所监。六条:二千石违公下比,阿附豪强,通行货赂,割损正令。"员十三人。成帝绥和元年,更名牧。哀帝建平二年,复为刺史。元寿二年,复为牧。后汉光武建武十八年,复为刺史。十二人,各主一州。其一州属司隶校尉。案汉刺史监纠非法,不过六条。《日知录·六条之外不察》:"汉时部刺史之职,不过以六条察郡国而已,不当与守令事。故朱博为冀州刺史,敕告吏民欲言县丞尉者,刺史不察黄绶,各自诣郡。鲍宣为豫州牧,以听讼所察过诏条被劾。而薛宣上疏言:吏多苛政,政教烦碎,大率咎在部刺史,或不循守条职,举错各以其意,多与郡县事。《翟方进传》言:'迁朔方刺史,居官不烦苛,所察应条辄举。'自刺史之职下侵,而守令始不可为。天下之事,犹治丝而棼之矣。""传车周流,匪有定镇。"刘昭语。《后汉书·百官志》:"诸州常以八月巡行所部郡国,录囚徒,考殿最。初岁尽诣京都奏事,中兴但因计吏。"《三国志》:司马宣王报夏侯太初书曰:"秦时无刺史,但有郡守长吏。汉家虽有刺史,奉六条而已,故刺史称传车,其吏言从事,居无常治,吏不成臣,其后转更为官司耳。"实非理人之官也。成帝时,丞相翟方进、大司空何武乃奏:"古选诸侯贤者以为州伯,《书》曰'咨十有二牧',所以广聪明,烛幽隐也。今部刺史居牧伯之位,任重职大,《春秋》之义,用贵治贱,不以卑临尊,刺史位下大夫,而临二千石,轻重不相准,失位次之序。臣请罢刺史,更置州牧,以应古制。"此成帝所由改制。及哀帝时,朱博奏言:"部刺史奉使典州,督察郡国,吏民安宁。故事居部九岁,举为守相。其有异材,功效著者,辄登擢。秩卑而赏厚,咸劝功乐进。前丞相方进奏罢刺史,更置州牧,秩真二千石,位次九卿。九卿缺,以高第补。其中材则苟自守而已,恐功效陵夷,奸宄不禁。请罢州牧,置刺史如故。"此哀帝所由复旧。元寿二年之改制,盖王莽所为。莽事多泥古,不足论。《后汉书·刘焉传》:"灵帝政化衰缺,四方兵寇。焉以为刺史威轻,既不能禁,且用非其人,辄增暴乱。乃建议改置牧伯,镇安方夏,清选重臣,以居其任。"《三国志·二牧传》亦载此事,而不如《后汉书》之详。于是"改刺史,新置牧"。《灵帝纪》中平五年。史以为"州任之重,自此而始"焉。《魏志》言:"汉季以来,刺史总统诸郡赋政于外,非复曩时司察之任而已。"案刺史之职,秩卑而权重。秩卑则其人激昂,权重则能行其志,"得有察举之勤,未生陵犯之衅。"《后汉书·百官志》刘昭注语。《王制》:"天子使其大夫为三监,监于方伯之国,国三人。"金华应氏曰:"方伯权重则易专,大夫位卑则不敢肆,此大小相维,内外相统之微意也。"《日知录·部刺史》。古者诸侯各统其国,置牧伯以监之,以为权归于上矣。后世天下一家,以事权委郡守,设刺史以督察之,斯其宜也,焉用假牧伯以重权以致尾大不掉乎?何武之言,实为不达世变者矣。汉世郡守皆有兵权,小盗自可逐捕,大盗则当命将专征,事已即罢,亦不必立方伯而重其权也。刘焉既创斯议,遂牧益州,终至窃据,故刘昭讥其"非有忧国之心,专怀狼据之策"。《申鉴·时事》:"或问曰:州牧刺史、监察御史之制孰优?曰时制而已。古诸侯建家国,世权柄存焉。于是置诸侯之贤者为牧,总其纪纲而已,不统其政,不御其民。今郡县无常,权轻不同,而州牧秉其权重,势异于古,非所以强干弱枝也,而无益治民之实,监察御史斯可也。若权时之宜,则异论也。"顾亭林谓"自古迄今,小官多者其世盛,大官多者其世衰"。其言殊有至理。《三国志·夏侯玄传》:"以为司牧之主,欲一而专。""始自秦世,不师圣道,私以御职,奸以待下。惧宰官之不修,立监牧以董之,畏督监之容曲,致司察以纠之。宰牧相累,监察相司,人怀异心,上下殊务。汉承其绪,莫能匡改。""今之长吏,皆君吏民,横重以郡守,累以刺史。若郡所摄,惟在大较,则与州同,无为再重。宜省郡守,但任刺史。""县皆径达,事不拥隔。"案两汉之制,自后世观之,已觉其简易直截。而太初更欲省郡存州,刺史非治民之官,则成一级制矣。此自非后世所能行,然汉刺史之职,则当时之良法也。

汉初,封建体制崇隆,诸侯王皆得自治其国,有太傅以辅,二内史以治国民,中尉掌武职,丞相统众官。群卿大夫都官如汉朝,国家惟为置丞相。其御史大夫以下,皆自置之。景帝中五年,乃令诸侯王不得复治国,天子为置吏,改丞相曰相,诸官或省或减,其员皆朝廷为署,不得自置。成帝绥和元年省内史,令相治民,如郡太守,中尉如都尉,自此郡之与国,徒异其名而已。列侯所食县为侯国,功大者食县,小者食乡亭,得臣其所食吏民。武帝令诸侯王得推恩分众子土,国家为封,亦为列侯。每国置相一人,至治民如令长不臣也,但纳租于侯,以户数为限。关内侯无土,寄食所在县,民租多少,各有户数。

秦汉去古未远,故古代设治繁密之意,犹有存者。《汉书·百官公卿表》曰:"大率十里一亭,亭有长。十亭一乡,乡有三老、有秩、啬夫、游徼。三老掌教化。啬夫职听讼,收赋税。游徼徼循禁贼盗。县大率方百里,其民稠则减,稀则旷,乡、亭亦如之,皆秦制也。"《后汉书·百官志》:"又有乡佐,属乡,主民收赋税。"注引《汉官仪》曰:"五里一邮,邮间相去二里半。"《后汉书·百官志》曰:"里有里魁,民有什伍,善恶以告。"本注曰:"里魁掌一里百家。什主十家,伍主五家,以相检察。民有善事恶事,以告监官。"此等制度,后世亦非无之,然特虚有其名,汉世则不然。高帝二年二月,"举民年五十以上,有修行,能帅众为善,置以为三老,乡一人。择乡三老一人为县三老,与县令、丞、尉以事相教"。高帝为义帝发丧,以洛阳三老董公之说。皆见《汉书·高帝纪》。武帝明戾太子之冤,亦以壶关三老茂上书。《汉书·武五子传》。爰延为外黄乡啬夫,仁化大行,民但闻啬夫,不知郡县。《后汉书·爰延传》。朱邑自舒桐乡啬夫官至大司农,病且死,属其子曰:"必葬我桐乡。后世子孙奉尝我,不如桐乡民。"其子葬之桐乡西郭外,民共为起冢立祠,岁时祠祭。《汉书·循吏传·朱邑传》。盖其上之重之,而民之尊之如此,此其所以能有所为也。后世一县百里之地旷焉,无一乡亭之职,其职当古乡官者,非穷困无聊,听役于官,则欲借官之权势,以鱼肉其邻里者耳。令长孤立于上,政令恩意皆不下逮,是古百里之国有公侯而无卿大夫士也,何以为治乎?

汉世宰相权重而体制亦崇。丞相进,天子御坐为起,在舆为下。丞相有病,皇帝法驾亲至问疾。丞相府门无兰,不设铃,不警鼓,言其深大阔远,无节限也。自东汉以后,其权乃移于尚书。魏晋以后,又移于中书。刘宋以后,又移于其门下。尚书本秦官,汉武帝游宴后庭,始用宦官,改名中书谒者令,《后汉书·百官志》。《汉书·司马迁传》:"迁既被刑之后,为中书令,尊宠任职。"即此官也。不言谒者,文省耳。为置仆射。《汉书·成帝纪》四年注引臣瓒说。宣帝时弘恭、石显为之。元帝时,萧望之白,欲更置士人,卒为恭、显谮杀,其权力可谓大矣,然特宦寺之弄权者耳。成帝建始四年,罢中书宦官,置尚书员五人,分主内外官、庶人上书、外国刑狱之事。师古曰:"《汉旧仪》云:尚书四人为四曹:常侍尚书,主丞相御史事。二千石尚书,主刺史二千石事。户曹尚书,主庶人上书事。主客尚书,主外国事。成帝置五人,有三公曹,主断狱事。"其后增置日多,分曹亦日广,而三公之权遂潜移于其手焉。中书者,魏武帝为魏王,置秘书令,典尚书奏事。文帝改为中书,置监、令,以孙资、刘放为之。明帝大渐,本欲用燕王宇等辅政,而资、放乘帝昏危,引用曹爽,参以司马懿,卒以亡魏,见《魏志·明帝纪》注引《汉晋春秋》。其权任可想。晋荀勖自中书监迁尚书令,或贺之。勖怒曰:"夺我凤(凤)皇池,诸公何贺焉?"可见是时中书较尚书为亲。侍中在汉为加官,初以名儒为之,其后贵戚子弟或滥其职。宋文帝与大臣不相中,信荆州王府旧僚,皆置之侍中。自此侍中又较中书为亲。至隋唐乃即以此三省长官为相职焉。尚书省以令为长官,仆射副之,领录皆重臣秉枢要者为之,不常置也。尚书及诸曹郎皆统于令、仆。尚书有兼曹,有不兼曹,尚书曹郎不相统也。隋始以令、仆总吏部、礼部、兵部、都官、度支、工部,六尚书分统列曹侍郎。炀帝增置左右丞,六曹各一侍郎,其余诸曹但曰郎,是为后世以六部分统诸司之本。分曹之数,历代不一。汉初设四曹,盖因秦之旧,秦尚书四人也。其后事务益繁,则分置益多。魏、晋以后,大抵分二三十曹,皆不相统。炀帝之以六尚书分统诸曹侍郎,盖取法于《周官》,实近沿卢辩之制也。唐太宗尝为尚书令,其后臣下避不敢当,故唐尚书省以仆射为长官。魏文帝改秘书为中书,置监、令及通事郎。晋改通事郎为中书侍郎,江左命舍人通事谓之通事舍人。元魏亦置监、令、侍郎、舍人,别为省,领于中书。隋改中书省曰内史省,废监,置令二舍人,不别为省。唐仍曰中书。门下省,汉有侍中、给事黄门侍郎、散骑常侍、给事中、通直散骑常侍、员外散骑常侍、散骑侍郎、通直散骑侍郎、员外散骑侍郎等。宋、齐以后,别为集书省,魏、齐同。又有谏议大夫。隋废集书诸官,皆隶门下。唐置散骑常侍、谏议大夫、补阙、拾遗,皆分左右,右隶中书,左隶门下。三省之职,中书主取旨,门下司封驳,尚书承而行之,然其后仍合议于政事堂。即三省长官亦不轻以授人,多以他官居之,而假以他名焉。《新唐书·百官志》曰:"其品位既崇,不欲轻以授人,故常以他官居宰相职,而假以他名。自太宗时,杜淹以吏部尚书参议朝政,魏征以秘书监参预朝政,其后或曰参议得失、参知政事之类,其名非一,皆宰相职也。贞观八年,仆射李靖以疾辞位,诏疾小瘳,三两日一至中书门下平章事,而平章事之名盖起于此。其后,李勣以太子詹事同中书门下三品,谓同侍中中书令也,而同三品之名盖起于此。然二名不专用,而他官居职者犹假他名如故。故自高宗以后,为宰相者必加同中书门下三品,虽品高者亦然;惟三公、三师、中书令则否。其后改易官名,而张文瓘以东台侍郎同东西台三品。同三品入衔,自文瓘始。永淳元年,以黄门侍郎郭待举、兵部侍郎岑长倩等同中书门下平章事。平章事入衔,自待举等始。自是以后,终唐之世不能改。"又曰:"初,三省长官议事于门下省之政事堂,其后,裴炎自侍中迁中书令,乃徙政事堂于中书省。开元中,张说为相,又改政事堂号中书门下,列五房于其后：一曰吏房，二曰枢机房，三曰兵房，四曰户房，五曰刑礼房，分曹以主众务焉。"

汉世宰相，于事无所不统。其佐之为治者，当属曹掾。丞相曹掾不可考。三公曹掾分职甚详，疑本因丞相之旧也。西曹主府史署用。东曹主二千石长吏迁除及军吏。户曹主民户、祠祀、农桑。奏曹主奏议事。辞曹主辞讼事。法曹主邮驿科程事。尉曹主卒徒转运事。贼曹主盗贼事。决曹主罪法事。兵曹主兵事。金曹主货币、盐、铁事。仓曹主仓谷事。黄阁主簿录省众事。自尚书列曹分综庶务，而宰相遂无实权。东汉以后，揽重权者必录尚书事。丞相则自魏以后不复置，其有之，则人臣篡夺之阶也。三公亦无实权，然开府分曹，旧规犹在。至隋唐而公、孤等官，乃无复官属，徒以处位望隆重之人而已。魏初置太傅，末年又置太保。晋初以景帝讳，置太宰以代太师，而太尉、司徒、司空亦并存，大司马、大将军又各自为官，于是八公并置，然非相职也。诸将军、左右光禄、光禄大夫，开府者位亦从公，皆置官属。江左相承，以太尉、司徒、司空为三公，惟梁太尉不为公。魏齐以太师、太傅、太保为三师，大司马、大将军为二大，太尉、司徒、司空为三公，亦皆有僚属。隋无二大，三师不与事，不置府僚，三公参国大事，有僚属，而位多旷。唐三师、三公皆无官属。

秦御史大夫本有两丞。一为中丞，外督部刺史，内领侍御史，受公卿奏事，举劾案章。汉因之。成帝更御史大夫为大司空，而中丞官职如故。哀帝建平二年，复为御史大夫。元寿二年，又为大司空，而中丞出外御史为台主。东汉、魏、晋皆沿其制。侍御史，两汉所掌凡有五曹。魏置八人。晋置九人，分掌十三曹。汉宣帝幸宣室，斋居而决事，使两侍御史侍侧。后因别置，谓之治书侍御史。魏又置治书执法，掌奏劾，而治书侍御史掌律令。晋惟置治书侍御史四人，后为二人。殿中侍御史者，魏兰台遣二御史居殿中，伺察非法，即其始也。晋置四人，江左二人，后复为四人。魏、齐御史台有中丞二，隋有大夫一。治书侍御史二，侍御史八，殿中侍御史十二，炀帝省四。

检校御史十。隋曰监察御史，炀帝增为十六。唐有大夫一人，中丞三人为之贰，所属分三院：曰台院，侍御史隶焉；曰殿院，殿中侍御史隶焉；曰察院，监察御史隶焉。

后汉将军比公者四，第一大将军，次骠骑将军，次车骑将军，次卫将军。大将军之职，大抵外戚居之。晋时诸号将军开府者，位皆从公。梁置二十五号将军，凡十品二十四班，叙于百官之外。晋、宋以领军、护军、左右卫、骁骑、游击将军为六军，又有左右前后四将军，屯骑、步兵、越骑、长水、射声五校尉，虎贲、冗从、羽林三将，积射、强弩二军，殿中将军，武骑之职，皆以分司丹禁，侍卫左右。梁天监六年，置左右骁骑、左右游击将军。改旧骁骑曰云骑，游击曰游骑。又置朱衣直阁将军，以经方牧者为之。隋炀帝置十二卫。左右翊卫、左右骁卫、左右武卫、左右屯卫、左右御卫、左右候卫。唐为十六卫。左右卫、左右骁卫、左右武卫、左右威卫、左右领军卫、左右金吾卫、左右监门卫、左右千牛卫。

众务既统于尚书，则九卿一类之官，理宜并省，乃觉统系分明。然历代皆不然。晋世将作大匠、太后三卿、卫尉、少府、太仆，以太后所居官名为号，在同名卿上。大长秋，皇后卿。与汉时九卿，并为列卿。梁以太常、宗正、大司农为春卿，大府、梁所置，掌金帛、关市。隋、唐掌左右藏、京市。少府、太仆为夏卿，卫尉、廷尉、大匠为秋卿，光禄、鸿胪、大舟汉有水衡都尉，又有都水长丞，属太常。东汉省都尉，置河堤谒者，魏因之。晋武省水衡，置都水使者一人，以河堤谒者为其官属。江左省河堤谒者，置谒者二人。梁改都水使者为大舟卿。为冬卿。北朝以大常、光禄、卫尉、宗正、太仆、大理、鸿胪、司农、少府为九寺，各有卿、少卿、丞。隋、唐因之。炀帝又以秘书，魏文既置中书令，改秘书为监，晋武尝并中书，惠帝复置。元魏曰省。唐仍曰监。殿内，炀帝分太仆门下二司所立。与尚书、门下、内史合称五省谒者，魏置仆射，掌大拜，授百官班次统谒者十人。司隶与御史并称三台，唐无谒者司隶，而有司天台。国子、国子学，晋所立。北齐曰寺，隋仍为学,炀帝改曰监。**少府**、**将作**、**都水**,魏、齐有都水,称台。隋废,入司农,炀帝改为监。**长秋**魏、齐有长秋寺、中侍中省,并用宦者。隋省长秋寺,改中侍中省为内侍省。炀帝改为长秋监,参用士人。唐仍为内侍省。**合称五监**。唐以国子、少府、将作、都水、军器为五监。

自后汉改刺史为州牧,而外官遂成三级制。晋武既定天下,罢州牧,省刺史兵,令专监察之事,如两汉。案论者多以晋武罢州郡兵为致乱之源,此误也。晋之致乱,别有其由。其省州牧,罢刺史兵,则正所以去灵帝以来尾大不掉之弊,而复两汉之良规也。刘昭述其诏曰:"上古及中代,或置州牧,或置刺史,置监御史,皆总纲纪,而不赋政,治民之事,任之诸侯郡守。昔汉末四海分崩,因以吴、蜀自擅,自是刺史内亲民事,外领兵马,此一时之宜尔。今赖宗庙之灵,士大夫之力,江表平定,天下合之为一,当韬戢干戈,与天下休息。诸州无事罢其兵,刺史分职,皆如汉氏故事,出颁诏条,入奏事京城。二千石专治民之重,监司清峻于上,此经久之体也。其便省州牧。"刘昭以为"虽有其言,不卒其事"。其后强藩自擅,有逾汉末,曷尝有已乱之效乎? 昭论见《后汉书·百官志》注。其后九州云扰,南北分离,而所谓使持节都督者盛焉。《晋书·职官志》曰:"前汉遣使始有持节。光武建武初,征伐四方,始权时置督军御史,事竟罢。建安中,魏武为相,始遣大将军督之。魏文帝黄初三年,始置都督诸州军事,或领刺史。又上军大将军曹真都督中外诸军事、假黄钺,则总统内外诸军矣。魏明帝太和四年秋,宣帝征蜀,加号大都督。高贵乡公正元二年,文帝都督中外诸军,寻加大都督。及晋受禅,都督诸军为上,监诸军次之,督诸军为下;使持节为上,持节次之,假节为下。使持节得杀二千石以下;持节杀无官位人,若军事,得与使持节同;假节惟军事得杀犯军令者。江左以来,都督中外尤重,唯王导等权重者乃居之。"是时境土日蹙,而好多置州郡,遂有所谓侨郡者,并有所谓双头郡者,讥之者所谓"十室之邑,亦立州名,三家之村,虚张郡号"者也。于是州之疆域与郡无异。汉十三州,梁但有南方之地,乃百有七州。至隋文帝罢郡以州统县,开皇三年。《通典》谓其"职同郡守"。炀帝改州为郡,复为两级制焉。

监察之职,唐中宗神龙二年始分天下为十道,道置巡察使二人。

睿宗景云二年,改为按察使,道一人。玄宗开元二十二年,改为采访处置使,理于所部之大郡。天宝九载诏但采举大纲,郡务并委郡守。肃宗至德后,改为观察使。分天下为四十余道,道大者十余州,小者二三州,此古刺史之任也。魏、晋以来之都督,后周改曰总管。隋文于并、益、荆、扬四州置大总管。其余总管府置于诸州,分上、中、下三等,加使持节。炀帝悉罢之。唐诸州复有总管,亦加号使持节。刺史加号持节后,改大总管府曰大都督府,总管府曰都督府,分上、中、下三等。后亦停罢。然又有所谓节度使者,参看《兵制》篇。其初仅置于边方,安史乱后,乃遍于内地。节度本仅主兵,然观察多由节度兼领,遂成一道长官,复变为三级制云。《新唐书》:李景伯为太子右庶子,与太子舍人卢俌议:"今天下诸州,分隶都督,专生杀刑赏。使任非其人,则权重萌生,非强干弱枝、经邦轨物之谊。愿罢都督,留御史,以时按察,秩卑任重,以制奸宄便。"由是停都督。《旧唐书·乌重胤传》:"元和十三年,为横海节度使。上言曰:臣以河朔能拒朝命者,其大略可见。盖刺史失其职,反使镇将领兵事。若刺史各得职分,又有镇兵,则节将虽有禄山、思明之奸,岂能据一州为叛哉?所以河朔六十年能拒朝命者,只以夺刺史、县令之职,自作威福故也。臣所管德、棣、景三州,已举公牒,各还刺史职事讫,应在州兵,并令刺史收管。从之。由是法制修立,各归名分。"嗣后虽幽、镇、魏三州以河北旧风,自相更袭,在沧州一道,独禀命受代,自重胤制置使然也。

唐初官制,至中叶以后又有变迁,而宋代因之。南朝官制,沿自魏、晋。魏、晋变自东京,后魏道武皇始元年,始仿中国置官。其后数有改革。孝文太和中,王肃来奔,为定官制,百司位号,皆准南朝。周、齐沿焉。周太祖命卢辩依《周官》改定官制,见《北史》辩本传。隋受周禅,仍去之,从前朝之制。唐又因隋。故自东京至唐,官制实相一贯。制度久则与事实不切,故至唐中叶以后,而变迁复起焉。宋置中书于禁中,号为政事堂。尚书、门下并列于外。宰相曰同平章事,无常员。有二人,则分日知印。次相曰参知政事。盖沿唐三省长官不以授人,而名虽分立,实仍合议于政事堂之旧也。其财权皆在三司,盐铁、度支、户部各有使、副判官。又置三司使、副判官以总之。三司号曰计省,三司使亦称计相。兵权皆在枢密,或置使副,或置知院、同知院,资浅者以直学士签书院事。则以唐中叶后户部不能尽管天下之财,财利分在度支、盐铁,而枢密自五代以来为主兵之官故也。环卫只为武散官,全国之兵悉隶三衙。殿前司及侍卫马步军司,皆有正、副都指挥使及正、副都虞侯。此为宋代特创之制,所以集兵权于中央也。

宋代之官,治事悉以差遣,其事亦始于唐。《宋史·职官志》曰:"唐天授中,始有试官之格,又有员外之置,寻为检校、试、摄、判、知之名。其初立法之意,未尝不善。盖欲以名器事功甄别能否,又使不肖者绝年劳序迁之觊觎。而世戚勋旧之家,宠之以禄,而不责以献为。其居位任事者,不限资格,使得自竭其所长,以为治效。且黜陟进退之际,权归于上,而有司若不得预。殊不知名实混淆,品秩贸乱之弊,亦起于是矣。"又谓:宋"台、省、寺、监,官无定员,无专职,悉皆出入分莅庶务。故三省、六曹、二十四司,类以他官主判,虽有正官,非别敕不治本司事,事之所寄,十无二三。其官人受授之别,则有官、有职、有差遣。官以寓禄秩,叙位著,职以待文学之选,而别为差遣以治内外之事。其次又有阶、有勋、有爵。故仕人以登台阁、升禁从为显宦,而不以官之迟速为荣滞;以差遣要剧为贵途,而不以阶勋爵邑有无为轻重。"盖在唐世,因官制与事实不合而变迁随之以生,宋则承唐迁流所届,而未尝加以厘订也。

宋代厘定官制,始于神宗时。熙宁末,命馆阁校《唐六典》。元丰三年,以摹本赐群臣,乃置局中书,命翰林学士张璪等详定。八月,下诏肇新官制。其所改多以《唐六典》为本,盖欲举唐中叶以后之变迁,还诸唐初之旧制也。然唐旧制实不能尽合事势,故元丰定制后,又时有变迁焉。元丰之制,以中书、门下、尚书三省为相职,侍中、中书令、尚书令以官高不除。又以尚书令之贰左、右仆射为宰相,左兼门下侍郎,以行侍中,右兼中书侍郎,以行中书令之职,左右丞贰之。政和改左、右仆射为太宰、少宰,仍兼两省侍郎。靖康复旧。建炎三年,吕颐浩请左、右仆射并加同中书门下平章事,门下、中书两侍郎并改参知政事,而废尚书左、右丞,于是三省之政合乎一。乾道八年,改左、右仆射为左、右丞相,复置左、右丞,则删去三省长官虚称,与宋初之制无异矣。

宋初,兵事归枢密院。元丰还其职于兵部,然仍留枢密为本兵之职,略如今之参谋部也。宋初,兵财两权皆非宰相所有,南渡后,宰相始有兼枢密使者。始于绍兴七年张浚。特用兵时然,兵罢则免。开禧时,韩侂胄为之,遂成永制。平章军国重事,或称同平章军国事。元祐初,文彦博、吕公著为之,五日或两日一朝,非朝日不赴都堂。后蔡京、王黼以太师总二省事,宋太师、太傅、太保为三师,太尉、司徒、司空为三公,为宰相、亲王使相加官,不与政事。政和二年,以太师、太傅、太保为三公,为真相;少师、少傅、少保为三孤,为次相,而罢太尉、司徒、司空。三日一赴都堂。开禧元年,韩侂胄以平章军国事为名,省"重"字,则所预者广,去"同"字,则所任者专也。边事起,乃命一日一朝,省印亦归其第,宰相不复知印矣。

宋初,六部之职,除户部在三司,兵部在枢密外,其吏部则在审官院,礼部在礼仪院,刑部在审刑院,工部在文思院,将作少监、军器监等,元丰悉还其职于本部,惟文思院、将作少监、军器监未废。文思院隶属工部。南渡后,将作少监、军器亦隶焉。

宋初有宣徽南北院,总领内诸司及三班内侍之籍,犹各国之有宫内省也。元丰以其职分隶省寺。宋九卿与隋、唐同,初以他官主判,元丰时各还其职。大宗正司置于景祐三年,元丰仍之。国子、少府、将作、军器、都水五监,亦各正其职。罢司天监,立太史局,隶秘书省。

学士之职,起于唐,而实原于古之秘书。秘书者,藏图籍之所,简文学之士掌之,亦或以备顾问,司撰述。唐初,有弘文馆,隶门下集贤殿书院，属中书，皆有学士，亦以典图籍、侍讲读、司撰述而已。文书诏令，皆中书舍人掌之。翰院者，待诏之所也。艺能技术之流杂居焉。太宗时，召名儒学士草制，未有名号。乾封后，召文士草诸文辞，常于北门候进止，时人谓之北门学士，非官称也。玄宗置翰林待诏，以张说等为之，掌四方表疏批答，应和文章，既而以中书务剧，文书壅滞，选文学之士，号为供奉，与集贤学士分掌制诰诏敕。开元二十六年，改翰林供奉为学士，别置学士院，无所属。此时已与翰林分离，然犹冒其名。专掌内命。即内制也，对中书制言之。其后选用益重，礼遇益隆，至号为内相焉。顺宗听王叔文欲除宦官，叔文迄居翰林中谋议，亦可见其权任矣。唐翰林学士无定员，自诸曹尚书下至校书郎，皆得与选，班次各以其官。宋改弘文馆为昭文馆，与史馆、集贤院并称三馆，皆寓崇文院。端拱元年，又就崇文院中堂建秘阁，藏三馆真本书籍及内出古画、墨迹，于是儒馆有四，例以上相为昭文馆大学士，监修国史，次为集贤殿大学士，若置三相，则昭文、集贤两学士与监修国史各除。秘阁以两制以上官判。三馆为储才之地，直馆、直院谓之馆职，以他官兼谓之贴职。其殿学士，则资望极峻。观文殿大学士以曾任宰相者为之。观文殿学士及资政殿大学士以曾任执政者为之。端明殿学士以待学士之久次者。南渡后，拜签枢者多领焉。又有龙图（太宗）、天章（真宗）、宝文（仁宗）、显谟（神宗）、徽猷（哲宗）、敷文（徽宗）、焕章（高宗）、华文（孝宗）、宝谟（光宗）、宝章（宁宗）、显文（理宗）诸阁，以藏历代御书御集，皆有学士、直学士、待制所谓职也。此所以厉文学、行义之士，高以备顾问，次以与论议、典校雠。得之为荣，选择尤精。元丰废崇文院为秘书监，建秘阁于中，三馆之直馆、直院皆罢，独以直秘阁为贴职。庶官之兼职名者皆罢，满岁补外，然后加恩兼职焉。翰林学士掌制诰诏令撰述之事。学士久次者称承旨。他官入院未除学士者，谓之直院。学士俱阙，他官暂行院中文书者，谓之权直。元丰官制，学士院承唐旧典不改。侍读学士、侍讲学士唐隶集贤殿，宋亦冒以翰林之名，秩卑资浅者，为崇政殿说书。元丰去之，专为经筵官焉。南渡后，言路多兼经筵。

三衙之制，元丰无所更改，以宋兵制与前代异故也。渡江草创三卫之制未备，其后稍稍招集三帅资浅者，则称主管某司公事。又尝置御营司，以王渊为统制。旧制，出师征讨，诸将不相统一，则拔一人为都统制以总之。绍兴十一年，三大将之罢，其兵仍屯驻诸州，冠以"御前"字，擢其偏裨为御前统领官，以统制御前军马入衔，秩高者则称御前诸军都统制，以屯驻州名冠军额之上云。

宋代使名最多，因兵事而设者，有制置、经略安抚、宣抚、镇抚、招讨、招抚等名。南渡后岳飞、韩世忠、张浚并为宣抚使，卒为秦桧所罢。惟四川地远不便遥制，仍设制置使以总之。因财政而设者，有发运使，掌漕淮、浙、江、湖六路之粟，兼制茶盐、泉宝。各路皆设转运使，以经画一路之财赋。南宋有军旅之事，或别置随军转运使。其诸路事体当合一者，则别置都转运使以总之。此外常平、茶盐、茶马、坑冶、市舶各设提举。又有总领财赋，起于张浚之守川、陕，以赵开为之。称总领四川财赋。其后大军在江上，版曹或太府、司农卿为调钱粮，皆以总领为名。三大将之兵既罢，设淮东西、湖广三总领，以朝臣为之，仍带专一报发御前军马文字。盖又使与闻军政矣。提点刑狱起太宗淳化二年，命诸路转运使各命常参官一人，专知纠察州军刑狱。真宗景德四年，始独立为一司焉。

宋承唐五代藩镇之弊，务集权于中央。艺祖召诸镇节度会于京师，赐第以留之，分命朝臣出守列郡，号权知军州事，军谓兵，州谓民也。叶适谓艺祖"始置通判，以监统刺史而分其柄，案宋通判大郡置二员，余置一员，州不及万户者不置，如武臣知州，则虽小郡亦特置焉。建隆四年，诏知府公事并须长吏、通判签议连书。方许行下。令文臣权知州事，使名若不正，任若不久者，以轻其权。监当知榷税，都监总兵戎，而太守块然，徒管空城，受词诉而已。诸镇皆束手请命，归老宿卫。昔日节度之害尽去,而四方万里之远,奉尊京城。文符朝下,期会夕报,伸缩缓急,皆在朝廷矣"。是宋初本有刺史,而别设知州以代其权,后则罢刺史而专用知州,以权设之名为经常之任矣。县令亦选京朝官知。大县四千户以上,选京官知。小县三千户以下,选朝官知。盖由五代注官甚轻县令,《宋朝事实》云:"凡曹掾、簿尉,有龌龊无能,以至昏老,不任驱策者,始注为县令。故天下之邑,率皆不治,甚者诛求刻剥,秽迹万状。"案《北史·元文遥传》:"北齐宇文多用厮滥,至于士流耻于(居)百里。"则轻视守令之选,殆乱世之常矣。故以此矫其弊也,可谓知所本矣。

真宗咸平三年,濮州盗夜入城,略知州王守信、监军王昭度。知黄州王禹偁上言,谓"太祖、太宗削平僭伪,当时议者,乃令江、淮诸郡毁城隍,收兵甲,撤武备。书生领州,大郡给二十人,小郡十五人,以充长从。号曰长吏,实同旅人;名为郡城,荡若平地"云云。宋初之削外权,可谓矫枉过直矣。然宋之削弱,则初不由此,而论者多以其废藩镇为召外侮之原,则不察情实之谈也。《宋史》刘平为鄜延路总管,上言:"五代之末,中国多事,惟制西戎为得之。中国未尝遣一骑一卒远屯塞上,但任土豪为众所服者,封以州邑,征赋所入,足以赡兵养士,由是无边鄙之虞。太祖定天下,惩唐末藩镇之盛,削其兵柄,收其赋入,自节度以下,第坐给俸禄。或方面有警,则总师出讨,事已则兵归宿卫,将还本镇。彼边方世袭,宜异于此,而误以朔方李彝兴、灵武冯继业一切亦徙内地,自此灵、夏仰中国戍守,千里馈粮,兵民并困矣。"《路史·封建后论》曰:"冯晖节度灵武,而杨重勋世有新秦,藩屏西北。晖卒,太祖乃徙其子冯翊,而以近镇付重勋,于是二方始费朝廷经略。折、李二姓自五代来世有其地,二寇畏之。太祖于是俾其世袭,每谓边寇内入,非世袭不克守。世袭则其子孙久远,家物势必爱啬,分外为防。设或叛涣,自可理讨,纵其反噬,原陕一帅御之足矣。况复朝廷恩信不爽,奚自有他,斯则圣人之深谋,有国之极算,固非流俗浅近者之所知也。厥后议臣以世袭不便,折氏则以河东之功,姑令仍世,而李氏遂移陕西,因兹遂失灵、夏,国之与郡,其事固相悬矣。议者以太祖之惩五季,而解诸将兵权,为封建之不可复。愚窃以为不然。夫太祖之不封建,特不隆封建之名,而封建之实固已默图而阴用之矣。李汉超以齐州防御监关南兵马凡十七年,敌人不敢窥边。郭进以洺州防御守西山巡检累二十年。贺惟忠守易,李谦溥刺隰,姚内斌知庆皆十余载。韩令坤镇常山,马仁瑀守瀛,王彦昇居原,赵赞处延,董遵诲屯环,武守琪戍晋,何继筠牧棣若,张美之守沧景,咸累其任,管榷之利,贾易之权,悉以畀之。又使得自诱募骁勇,以为爪牙,军中之政,俱以便宜从事,是以二十年间,无西北之虞。"云云。此两条《日知录》采之,意亦以宋废藩镇为致弱之由也。其实不然。宋之失在于平定中原之后,未能尽力经略西北耳。太宗之下北汉,正直契丹之强,不度事势,轻用疲兵,一战而北,其后再举不克,遂至赍志以殂。继位者无复雄才,徒欲藉天书慑敌,以固和议。见《宋史·真宗纪论》。西夏一方,初以为边隅小寇,无足轻重,鞭长莫及,遂尔置之,坐令元昊以枭雄崛起,尽服诸部,而其势遂不可制矣。然后来王韶以一人之力,竟复熙河,则西夏究未足称大敌也。使有如太祖之才以继太宗之后,训卒厉兵,以伺二方之隙,契丹未必遂无可乘,而况于西夏乎?焉用重边将之权,与敌相守,使之尾大不掉,徒为政令之梗,而其兵亦终入于暮气而不可用乎?《老子》曰:"抗兵相加,哀者胜矣。"哀者,骄之对也。兵屯驻久则必骄,骄则不足御外侮,而适足以滋内乱。河北抗命,契丹坐大,正其覆辙,岂可因循。若其反噬,御以一帅,又何言之易乎?

辽、金本族官制,见杜撰《中国民族史》附录《契丹部落》、《金初官制》二条。其模仿中国者,无足称述,今姑略之。

元代官制,大体模仿宋朝,而又有其特创之处,为明、清二代所沿袭,与近代政治关系颇大,今述其略。元代官制定自世祖,时以中书省、枢密院对掌文武二柄,而以御史台司监察,盖仿宋制也。尚书省屡设屡罢,至大四年并入中书省。省废而六部仍在,明、清两代皆沿其制。元六部中,户、工二部设官最多,以其好聚敛,务侈靡也。宣政院为元所特有,掌释教僧徒及吐蕃之境,吐蕃有事则设分院往镇,大征伐则会枢府议,其用人自为选,其选则僧俗并用,而军民通摄。盖以吐蕃信佛,特设此官以治之,因以举国之释教隶之也。此外蒙古翰林院、掌译写一切文字及颁降玺书,并用蒙古新字,仍各以其国之字为副。蒙古国子监、国子学属焉。艺文监、天历二年置。专以国语敷译儒书,兼治儒书之合校雠者。内八府宰相,掌诸王朝觐傧介之事,遇有诏令,则与蒙古翰林院官同译写而润色之。谓之宰相者,其贵似侍中,其近似门下,故特宠以是名。虽有是名,而无授受宣命,秩视二品。亦为元所特有。

元代官制关系最大者,厥惟行省。行省之制,由来已久,前代之尚书行台,即是物也,但皆非常设耳。金初行军设元帅府,其后设尚书行省,兵罢即废。元则于全国设行中书省十一,省有丞相一,平章二,右左丞各一,参知政事二。行御史台二,设官亦如内台,一在江南,一在陕西。以统宣慰司,而以宣慰司统路、府、州、县,遂于监司之上,又增一级焉。明虽废中书行省,改设布政、按察两司,然区域一仍其旧。清代督抚复成常设之官,民国以来之巡阅使、督军,即督抚之蜕化也。

中国行政最小之区域为县,自创制迄今,未尝有变。县以上曰郡,郡以上曰州,秦、汉之制如是。东晋以降,州郡大小相等,则合为一级,或以郡号,或以州名。至于府,惟建都之地称之。唐初惟京兆、河南二府。后以兴元为德宗行幸之地,升为府。宋时,大郡多升为府,几有无郡不府之势。其上更有监司之官,即汉刺史之任也。元以宣慰司领郡县,实与唐、宋监司相当。然腹地有以路领府,府领州,州领县者;府与州又有不隶路,直隶行省者。盖由各府州名虽同而大小间剧不同故也。元初省冗官,兼领县事。明初遂并附郭县入州,于是隶府之州与县无别,而不隶府之州地位仍与县同,遂有散州与直隶州之别，名之不正甚矣。

明初承元制，设中书省为相职。洪武十三年，宰相胡惟庸谋反伏诛，乃罢中书省，并敕嗣君毋得议置丞相，臣下有奏请设立者，处以极刑。二十八年事。析中书之政，归之六部，以尚书任天下事，侍郎贰之。于是吏、户、兵三部之权为重，以翰林、春坊详看诸司奏启，兼司平驳。殿阁学士特侍左右，备顾问而已。成祖即位，特简解缙、胡广、杨荣等直文渊阁，参预机务。阁臣与务自此始。然是时入内阁者，皆编、检、讲读之官，不置官属，不得专制诸司。诸司奏事，亦不得相关白。仁宗以杨士奇、杨荣东宫旧臣，升士奇为礼部侍郎兼华盖殿大学士，荣为太常卿兼谨身殿大学士，阁职渐崇。宣宗时，事无大小，悉下大学士杨士奇等参可否，虽吏部蹇义、户部夏原吉时召见，得与诸部事，然希阔，不敌士奇等亲。自是内阁权日重，一二吏、兵之长，与执持是非辄败。景泰后，诰敕房、制敕房俱设中书舍人，六部靡所不领，阁权盖重。至世宗中叶，夏言、严嵩遂赫然为真宰相矣。嘉靖后，朝会班次俱列六部之上。明学士系华盖殿、文华殿、武英殿、文渊阁、东阁，皆太祖置。谨身殿，仁宗置。世宗时，改华盖为中极，谨身为建极。殿阁学士授餐大内，常侍天子，殿阁之下，避宰相之名，故称内阁焉。洪武时，令编修、检讨、典籍同左春坊左司直郎、正字、赞读考驳诸司奏启，平允则署其衔曰："翰林院兼平驳诸司文章事某官某"，列名书之。成祖特简讲、读、编、检等官参预机务，谓之内阁。然解缙、胡广等既直文渊阁，犹相继署院事。至洪熙以后，杨士奇等加至师保，礼绝百僚，始不复署。嘉、隆以前，文移关白，犹称翰林院，以后则径称内阁矣。

清未入关时，置文馆以司文书。天聪十年，设内三院，曰内国史院，司记事。曰内秘书院，拟谕旨。曰内弘文院，译汉书。各设学士一人。顺治元年，又各增一人。二年，以翰林官分隶之。十五年，改内三院为内阁学士，俱加阁衔。殿之名四，曰中和，曰保和，曰文华，曰武英。阁之名二，曰文渊，曰东阁。然中和殿之名，实未尝用，后删之而增体仁阁。翰林院别为官。十八年,复为内三院,废翰林院。康熙九年,复为内阁,翰林院亦复。内阁学士初无定员,康熙间率四人,雍正时至六人,后又增协办一二人,乾隆十三年定大学士满、汉各二,协办各一,内阁学士则满六汉四焉。侍读学士满四、蒙汉各二。内阁为政治之枢机,军事则付议政王大臣议奏,盖其未入关时旧习。雍正用兵西北,始设军需房于隆宗门内,选内阁中书谨密者内直缮写,后称为军机处。自军机处立,而内阁之权分矣。军机大臣无定员,大率四人至六人。军机章京办理文书,满、汉各十六人。清代奏章在内部院经送内阁,曰部本;在外由通政司转达内阁,曰通本。凡本皆有正副。正本得旨后即交察院,副本由内阁票签,由满签票处交批本处进呈,既奉批则称红本。红本逐日由内阁收发,红本处交给事中,岁终仍交还内阁。内阁有稽察房选侍读任其事。凡奉旨交部院议奏之事,由票签处传送稽察房,依次登载,月终察其议覆与否而汇奏焉。又有稽察钦奉上谕事件处,以大学士、尚书、左都御史管理其事。部院事件每月检阅存案,年终汇奏一次,八旗之事,三月汇奏一次,故内阁实政治之总汇也。自有军机处,乃有所谓廷寄谕旨者,凡虑机事漏泄,不便发钞者,由军机大臣撰拟呈进,发出后即封入纸函,钤用办理军机处银印,交兵部加封驿递。凡谕旨非即时奉行者,军机处簿记,至时乃再奏请;若事涉机密,则亦密封存记,及时乃发焉。必事后查无违碍,乃以付内阁。故自军机处设,而内阁之于政治,始有不与闻者矣。

明代六部,皆以尚书一人为长官,侍郎贰之,下有郎中、员外郎、主事,分设清吏司,以理事务。清则尚书、侍郎,皆满、汉并置,而吏、户、兵三部,又皆有管理事务大臣,理藩院亦然。于是互相牵掣,一事不办。六部设于天聪四年,每部皆以贝勒管理。崇德三年七月,更定六部、理藩院、都察院衙门官制,都设满洲承政一员,其下设左右参政、理事、副理事、主事等官。顺治五年,改承政为尚书,六部皆置汉尚书,侍郎则满、汉各二,都察院亦置汉都御史,是为六部、都察院长官满、汉并置之始。先是各部皆命诸王贝勒管理,及是仍命亲王、郡王或内阁大学士管部,后以亲王、郡王权力过大,专用大学士。赵翼《檐曝杂记》云:"一部有满、汉两尚书、四侍郎,凡核议之事,宜允当矣。然往往势力较重者一人主之，则其余皆相随画诺，不复可否。若更有重臣兼部务，则一切皆惟所命，而重臣者实未尝检阅也，但听司员立谈数语，即画押而已。故司员中为尚书所倚者，其权反在侍郎上。为兼管部务之重臣所熟者，其权更在尚书上。甚有尚书、侍郎方商榷未定，而司员已持向重臣处画押来，皆相顾不敢发一语。"云云，其弊可谓甚矣。又明初本以六部为相职，后虽见压于内阁，而事权犹在。吏、兵二部权尤重。明代吏部真能用人，兵部真能选将，非如清代京官五品、外官道府以上，悉由枢桓，选将筹边，皆在军机，吏、兵二部仅掌签选也。郎中、员外郎多自进士出身，迁除较速，明郎中一转京卿，可放巡抚；主事一转御史，可放巡按。清则进士分部十余年，乃得补缺；又十余年，乃得外放知府也。仍得召见奏事，故年少气盛，犹可有为。清则初压于内阁，再压于军机，尚书非入直枢垣者，皆累日乃得召见，京官无大功绩，循资迁授，率六七十乃至尚书，管部又系兼差，志气昏耄，事冗鲜暇，一切听命吏胥而已。此清代之六部所以奄奄无生气，而为丛弊之薮也。六部为全国政事所萃，亲务者实曹郎也。故部郎关系极重。汉初三公曹掾，率皆自辟。上自九卿二千石，下至草泽奇士，皆得为之，故得人极多。其后政归台阁，则尚书郎亦极清要之选，诸曹郎与尚书同隶令、仆，左右丞尚书亦有兼曹者，曹郎不隶尚书也。隋以六部统二十四司，六曹皆置侍郎，而二十四司但置郎，始分贵贱。然唐时尚书三品，侍郎四品，郎中五品，相去一阶而已。自宋迄清，尚书递升至一品，侍郎二品，而郎中仍为五品，于是高下悬殊，而郎署无一人才矣。

理藩院虽以院名设官，亦同六部。清代设此以理蒙、藏之事，亦犹元设宣政院之意也。清初有所谓蒙古衙门者，崇德三年，改名理藩院，设承政及左右参政。顺治元年，改承政为尚书，参政为侍郎。十六年，以其并入礼部。十八年如故，有尚书一，左右侍郎各一，任用不分满、汉，额外侍郎一，以蒙古贝勒、贝子任之。其下亦设郎中、员外郎，分清吏司。御史一官，至明而权力极大。明初亦设御史台，后改为都察院，置都御史、副都御史、佥都御史，皆分左右，十三道监察御史百有十人。浙江、江西、河南、山东各十人，福建、广东、广西、四川、贵州各七人，陕西、湖广、山西各八人，云南十一人。在外巡按，北直隶二人，南直隶三人，宣大一人，辽东一人，甘肃一人，十三省各一人。清军，提督学校，两京各一，万历末南京增一。巡盐，两淮一人，两浙一人，长芦一人，河东一人。茶马，陕西。巡漕，巡关，宣德四年设立钞关御史，至正统十年始遣主事。儹运，印马，屯田。师行则监军纪功，各以其事专监察。而巡按代天子巡守，所按藩服大臣、府州县官诸考察，举劾尤专，大事奏裁，小事立断，其权尤重。清左都御史满、汉各一，左副都御史满、汉各二，右都御史、右副都御史以授在外督抚。光绪三十三年，改官制，改为都御史一，副都御史二。监察御史分十五道，凡五十六人。京畿、河南满、汉各二，江南各四，浙江、山西各二，山东各三，陕西、湖广、江西、福建各二，四川、广东、广西、云南、贵州各一。凡监察御史，亦分察在内各衙门。

给事中一官，历代本属门下。明废门下省，而独存给事中，分六科，以司封驳稽察。吏、户、礼、兵、刑、工皆都给事中一，左、右给事中各一，吏科给事中四，户科八，礼科六。都给事中掌本科印，谓之掌科。虽分六科，而重事，各科皆得奏闻，但事属某科，则列某科为首耳。旨必下科，其有不便，给事中驳正到部，谓之科参。六部之官，无敢抗科参而自行者，故其品卑而权特重。顾亭林谓"万历之时，九重渊默，泰昌以后，国论纷纭，维持禁止，往往赖抄参之力"焉。清雍正时，以隶都察院，分察在内各衙门。给事中遂失其独立。又自军机处设，惟例行本章乃归内阁，率皆无足置议，封还执奏，有其名无其事矣。此外，明官又有通政使司、使一，左右通政参议皆各一。清使副参议皆满、汉各一。明时内外章奏皆由通政司。清世宗始命机要者直达内阁。宗人府、令一，左、右宗正、宗人皆各一，以亲王领之，后以勋戚大臣摄府事，不备官，所属皆移之礼部。清令一，由亲王、郡王中特简，左、右宗正由亲王、郡王、贝勒、贝子、镇国公、辅国公中特简，左、右宗人由贝勒、贝子、镇国公、辅国公、镇国将军、辅国将军中特简，惟府丞一为汉人，用以校理汉文册籍，余皆用宗室。旗人宗室、觉罗议叙议处，无职者专归宗人府，有职者宗室由府会同吏、兵二部，觉罗由吏、兵二部会府办理。

宗室觉罗之讼，专归府理。与民讼者，宗室由府会户、刑部，觉罗由户、刑部会府。左、右翼宗学、八旗觉罗学皆属宗人府。**大理寺**、寺皆有卿、少卿。清皆满、汉并用，末年改官制，以为最高审判。**太常寺**、**光禄寺**、吴元年置宣徽院，洪武元年改为光禄寺。**太仆寺**、**鸿胪寺**、清太常、鸿胪二寺，皆有管理事务大臣，太仆故有之，雍正十三年革。**翰林院**、明有学士一，侍读、侍讲学士、侍读、侍讲各二。清掌院学士满、汉各一，由大学士、尚书中特简。侍读、侍讲学士满二汉三，侍读、侍讲满三汉四。修撰、编修、检讨、庶吉士，两朝皆无定员。翰林院至明代极清要，内阁后虽独立，其初实自此出。六部自成化时，周洪谟以后，礼部尚书、侍郎必由翰林，吏部两侍郎必有一由翰林。其由翰林者，尚书兼学士，侍郎兼侍读、侍讲学士。六部皆然。詹事府及坊、局官，视其品级，亦必带翰林院衔焉。**詹事府**、詹事一，少詹事二，丞二，通事舍人二，所属左右春坊，皆有大学士，庶子、谕德各一，中允、赞善、司直各二。清詹事、少詹事皆满、汉各一，左右春坊庶子、中允、赞善亦皆满、汉各一。魏、晋以来，太子官称春坊。唐置詹事府，以比尚书，左右春坊以比门下中书。明初废宰相，詹事府与翰林官同侍左右，备顾问，已见前。清不建储，但为翰林扬历之阶而已。光绪二十八年，改官制，并翰林院。**国子监**、祭酒、司业各一。清祭酒满、汉各一，司业满、蒙、汉各一。**钦天监**、正一，副二。清初皆汉人。康熙四年，定满、汉监正各一人，左右监副各二人。八年，废监正，用西洋人为监修。雍正三年，授为监正，以满人为副。**太医院**、使一，判二。清代皆汉人。**清代皆因之。**卫尉、司农、太府之官，至明皆废，宗正改为宗人。明以六部尚书、都御史、通政使、大理寺卿为九卿。清以宗人、顺天二府，大理、太常、光禄、太仆、鸿胪五寺，国子监、通政司为九卿。

　　明有中、东、西、南、北五城兵马指挥司，各指挥一，副指挥四，掌巡捕盗贼，疏理街道沟渠及囚犯、火禁之事。唐、宋时职在府尹。清巡视五城御史，皆满、汉各一，由给事中及十五道监察御史任之。二年交代。其下有兵马司正副指挥。巡城御史得专决杖以下罪，徒以上送部。又有步军统领，统八旗步军及巡捕五营，除户婚田土外，巡城御史所理之事，步军统领亦得理焉。大兴、宛平二县，几于仅理民事。光绪庚子,联军入京,城内之地,由各国分管,皆设安民公所,雇中国人为巡捕,以其宪兵督之。辛丑后,遂沿其制,而设工巡总局,以大臣一人管理其事,其下有工巡总监及副总监,分工程、巡捕二局。自此内城警察事务,归诸工巡总局,五城御史仅管外城矣。

明宦官有十二监、四司、八局,所谓二十四衙门也。此外监、司、库、局与诸门官尚多。太祖定制,内侍毋许识字。洪武十七年,铸铁牌,文曰:"内臣不得干预政事,犯者斩。"置宫门中。又敕诸司毋得与内宫监文移往来。然洪武时已不能尽守其法。成祖入京,藉宦官为内应,任之尤深。太祖洪武二十五年,命聂庆童往河州敕谕茶马,实为中官奉使之始。成祖时,中官四出。永乐元年,李兴等赍敕劳暹罗国王,此奉使外国之始也。三年,命郑和等率兵二万,行赏西洋古里、满剌诸国,此将兵之始也。八年,敕王安等监都督谭青等军,马靖巡视甘肃,此监军、巡视之始也。及洪熙元年,以郑和领下番官军守备南京,遂相沿不改。敕王安镇守甘肃,而各省皆设镇守矣。宣德四年,特设文书房,命大学士陈山专授小内使书,而太祖不许读书识字之制,由此而废。其后内阁之票拟,决于内监之批红,而明代宦竖之专权,遂为历代所无有矣。清代供奉总于内务府,所属有七司一处,上驷、武备二院及奉宸苑亦属焉。有总管大臣,无员限,以大学士、六部尚书、侍郎为之,多用旗籍或包衣,以下各官亦皆用包衣。宦官初有十三衙门,乾清宫执事官:司礼监、御用监、内官监、司设监、尚膳监、尚衣监、尚宝监、御马监、惜薪司、钟鼓司、直殿局、兵仗局。圣祖废之,立敬事房以管理太监,属内府。太监选取,由内务府会计司。犯罪慎刑司治之,笞杖专决,徒以上报刑部。

明初略定地方,皆置行省。洪武九年,改设承宣布政使司。督抚在明代非常设之官,至清代变为常设。明时布政司之参政、参议,分司各道。按察司之副使、佥事,分巡各道。本系两司属官,至清代亦若在府司之间,别成一级,于是地方行政督抚、司、道、府、县遂若成为五级矣。

明代巡按秩卑任重,与汉之刺史相似,而其一年一代,又非汉制所及。论者极称之。既有巡按,即不必再行遣使,然又时遣巡抚等,以其与巡按御史不相统属,乃定以都御史为巡抚。其兼军务者加提督,所辖多事重者曰总督。尚书、侍郎总督军务者,亦兼都御史。清代因之,凡总督皆带兵部尚书、右都御史提督军务兼理粮饷,凡巡抚皆带兵部侍郎、右副都御史亦有提督军务兼理粮饷之衔。山东西、河南、新疆四省不设总督,其巡抚皆兼提督,以巡抚本主抚民,必兼提督,乃有统军之权也。江西、安徽两巡抚有提督衔。贵州巡抚有节制兵马衔。以两江、云贵总督辖境皆远,云贵尤苗族等错处,恐总督不能兼顾故也。自督抚变为常设,藩臬遂为所压,不复能专折奏事,虽可会衔参劾督抚,亦多成具文,外重之势寖成矣。

清代督抚之设,略如下表,乃康、雍、乾以来逐渐所改定也。末造论者多以督抚同城为非,德宗变法,尝裁湖北、云南、广东三巡抚,孝钦后垂帘复之,后湖北、云南又裁。十八省外,台湾尝改为行省,以福建巡抚移驻焉。新疆于光绪十年改省,亦惟设巡抚。关东改省,事在末年,见下。其非综理地方而专治一事者,则有河道及漕运总督,后皆裁撤。明成化时,始设总河侍郎,后常以都御史总督河道。清初,设河道总督,驻济宁。康熙时,移驻清江浦。雍正时,改称总河,并设副总河,旋改总河为江南河道总督,副总河为河南、山东河道总督,增设直隶河道水利总督及副总河。乾隆时,裁之,并其职于直隶总督。咸丰时,黄河北徙,又裁江南河督,其后遂并河南、山东之河督而裁之。漕运总督亦驻清河,管山东、河南、江苏、安徽、江西、浙江、湖北、湖南八省漕政。清末改为江淮巡抚,欲分江苏、安徽之北别为一省,旋不果行。清代督抚所统既广,于事几无所不与,如直隶、两江总督兼南、北洋大臣,统率南、北洋水师,其一端也。光绪二十四年十一月上谕:"向来沿海沿江通商省分,交涉事务本繁,及内地各省,亦时有教案,应行核办。如直省将军、督抚,往往因事隶总理衙门,不免意存诿卸;总理衙门亦以事难悬断,未便径行,以致往还转折,不无延误。嗣后各省将军、督抚,均著兼总理各国事务大臣,仍随时与总理衙门大臣和衷商办。"及改总理衙门为外务部,二十七年六月。乃谕"各将军督抚毋庸兼衔,惟交涉一切关系繁重,皆地方大吏分内应办之事,该将军督抚仍当加意讲求"云。清代外交,初本倚重疆吏,至此时犹未能破此积习,亦可见积重之势矣。

省　名	总　督	巡　抚
直　隶	直隶总督	以总督兼
江　苏	两江总督	有
安　徽		有
江　西		有
湖　南	湖广总督	有
湖　北		有
云　南	云贵总督	有
贵　州		有
广　东	两广总督	有
广　西		有
陕　西	陕甘总督	有
甘　肃		以总督兼
浙　江	闽浙总督	有
福　建		有
四　川	四川总督	以总督兼

续 表

省　名	总　督	巡　抚
山　东		有
山　西		有
河　南		有

　　明时分守、分巡诸道，名目孔多。分守有督粮督册，分巡有督学、清军、驿传、兵备、水利、屯田、盐法等。盖一省事务本繁，故令两司丞属分地以司之也。两京不设布、按，则系衔于邻近之省。清初守、巡之别犹存，如康熙八年，改通、蓟为守，总管钱粮，霸、易道为巡，总管刑名。九年，定顺天府所属州县钱谷归守道，刑名属巡道是也。其后渐泯，而道遂若自为一级，不属于两司者焉。道多特有所司，如通商之处则置海关道，大多以守巡道兼。福州之船政厂令盐道兼管，不置运使之地，盐务即属其他之盐法道是也。

　　明时巡盐茶马等务，悉委御史，已见前。清代盐政设于长芦、河东、两淮，或特简，或由都察院奏差。福建、两广以总督兼理，两浙以巡抚兼理，甘肃、四川、云南、贵州均由巡抚管理。都转运盐使司，明设于两淮、两浙、长芦、河东、山东、福建，清设于长芦、山东、河东、两淮、两广，而两浙设运副。盐课提举司，明设于四川、云南（井盐）及蒙古（池盐）、辽东（煎盐），清惟设于云南。市舶提举司，明设于太仓、黄渡、泉州、明州、广州，茶马司设于洮、秦、河三州，清代皆不设其官。明于顺天、应天，清于顺天、奉天二府皆置尹。清顺天又有管理府事大臣。为六部汉尚书、侍郎兼差。此外，府有知府，州有知州，县有知县。州有直隶州、散州之别，直隶州视府，散州视县。清代同知通判有驻地者曰厅，亦有散厅与直隶厅之别。直隶州无附郭县，府则有之，惟承德、思恩及贵州诸府为独异。直隶州皆领县，厅则否，惟叙永为独异。关东当明末即为满洲所据，满洲兵民合一，故亦治民与治兵之官不分。除奉天以为陪都，置府尹，又本有锦州一府外，吉林、黑龙江皆仅有将军、副都统，旗汉事务皆其所理。奉天有户、礼、兵、刑、工五部，各有侍郎，大抵民刑之事，皆归户、刑二部，将军则专治军。其后汉人出关者日众，咸丰以降，乃于三省设理事同知以治之。清代同知、通判，皆冠以所司事务之名，如缉捕、军粮、管河、江防、海防等是也。其设于八旗驻防之地，以理旗民词讼者，曰理事同知。光绪二年，从奉天将军崇实言，将军加兵部尚书、右都御史衔，以行总督之事，府尹加副都御史衔，以行巡抚之事，知府以下官皆加理事衔，改省之机始肇。及日、俄战后，危机益迫，乃改三省官，皆如内地各设巡抚，而合三省设一总督焉。

新疆及蒙古、青海、西藏，清代皆以驻防之官治之。于青海、蒙古曰西宁办事大臣，驻甘肃之西宁。于内属察哈尔则以察哈尔都统、副都统、驻宣化。绥远城将军、驻绥远。归化城副都统驻归化。领之。内蒙古无驻防。其汉人移殖者，口北道所属三厅、归绥道所属十厅，皆有理事抚民同知、抚民通判。其承德之事，则热河都统。口北三厅之事，则察哈尔都统。归绥十厅之事，则绥远城将军，亦可与直督晋抚会奏焉。新疆于伊犁置将军，副都统二人，亦驻伊犁。统参赞、一驻伊犁，一驻塔城，一驻乌什。领队、分驻伊犁、塔城、库尔喀喇、乌苏乌什、吐鲁番。办事、分驻叶尔羌、和阗、喀什喀尔、库车、哈喇沙尔、吐鲁番、阿克苏、乌什、哈密。协办诸大臣，分驻乌什、叶尔羌、喀什噶尔、和阗。分驻各处。乌鲁木齐亦有都统、副都统。西藏有西藏办事大臣、帮办大臣，分驻前后藏。宣统三年，裁帮办大臣，设左右参赞。左参赞与驻藏大臣皆驻前藏。右参赞驻后藏。后新疆改为行省，蒙古、西藏亦有改省之议，迄未果行。

以上为清闭关时官制，与各国交通后，首设总理各国事务衙门，大臣无定员，所派者多系兼差，颇似军机处。次设海军衙门。海军衙门经费皆入颐和园，为孝钦所私费，故甲午战败，而海军衙门转裁。庚子以后，改总署为外务部。班在各部前，有管理事务大臣一，会办大臣一，尚书一，侍郎二，下有左右丞、左右参议，分四司。又设政务处、练兵处、财政处、学务处、税务处、商部、巡警部。光绪三十二年，既定立宪，乃改官制。时则有外务、吏、民政、巡警部改。度支、户部改，财政处、税务处并入。礼、太常、光禄、鸿胪三寺并入。学、学务处改，国子监并入。陆军、兵部改，太仆寺、练兵处并入。农工商、工部改，商部并入。邮传、理藩、理藩院改。法刑部改。十一部。除外务部外，皆设尚书一、侍郎二，不分满、汉。都察院改都御史、副都御史，大理寺改政院，设资政、审计二院。宣统二年，立责任内阁，设总协理大臣，裁军机处、政务处及吏、礼二部，并职内阁。而增设海军部及军谘府，改尚书为大臣，与总协理负联带责任。外官亦改，按察司为提法，学政为提学，与布政、东三省称民政。盐运、交涉，凡五司。裁分巡、分守，设劝业、巡警二道，而以督抚为长官焉。

民国肇建，临时政府组织大纲定行，改设五部，曰外交，曰内务，曰财政，曰军务，曰交通。后修改此条，设陆军、海军、外交、司法、财政、内务、教育、实业、交通九部，时采美制，不设总理。孙文既逊位，袁世凯就职北京，《临时政府组织大纲》改为《临时约法》，设总理，析实业为农林、工商二部。三年，袁世凯开约法会议，修改《临时约法》为《中华民国约法》，即所谓新《约法》。复废总理，设国务卿，并农林、工商二部为农商部。袁世凯死，黎元洪为总统，复设总理、外官。民军起义时，执一省之军权者曰都督，司民治者曰民政长，废司道府州，但存县。袁氏改都督曰将军，民政长曰巡按使，设道尹。护国军起，掌军者复称都督。黎元洪为总统，改都督将军皆曰督军，巡按使曰省长。凡督军皆专一省之兵，侵及民政，论者因有军民分治之议，不果行。其所辖跨数省，或兼辖数省者，则称巡阅使云。此民国以来，北京政府官制之大略也。

古代地方自治之制，久废坠于无形。清光绪末叶，既定行立宪，乃从事预备，城镇乡自治为第一年应行之事，于是，于光绪三十四年十二月颁布章程。府厅州县治为城，此外人口满五万曰镇，不满五万曰乡。宣统元年复订京师地方自治章程，民国以来各省有自订章程试办者，三年二月袁世凯通令停办，十二月公布重订地方自治试行条例，明年四月复公布其施行细则，然迄亦未行。

官品之别，盖原于古之命数。周代官有九命，《仪礼·丧服》注："命者加爵服之名。"盖所以别其位之高卑，定其礼之差等也。汉代食禄多寡，即所以辨官位之高下。后世九品之制，盖起自曹魏，而晋以后因之。《通典》载魏以后官，皆明列等第。岳珂《愧郯录》疑之，然《通典》亦必有所据。梁时九品之外，又有十八班。品以少为尊，班则以多为贵。后魏初制九品，各分正从，正从之中，复分上、中、下阶，后惟四品以下分上、下阶，周、隋革之。南朝陈氏仅有九品，不分正从。唐时四品至九品，亦各分上、下阶，盖周、隋暂废之制至此而复也。自宋以后，乃但以九品分正从，更无所谓阶。又前代官分清浊，梁制别有流外七班以处寒微，魏亦九品之外，小人之官复有七等。至宋以后，此等区别亦俱泯矣。

散官之名，肇见于隋，而其实则由来已久。汉之大夫、郎等，既无职守，亦无员数，但备侍从顾问，特进、奉朝请亦优游无所事，即后世所谓散官也。但未尝别立散官之名，与执事官相对耳。魏、晋以降，开府仪同、特进以及诸号大夫、诸号将军不任职者甚多，犹汉法也。隋置上柱国、柱国、上大将军、大将军、上开府仪同三司、开府仪同三司、上仪同三司、仪同三司、大都督、帅都督、都督，总十一等以酬勋劳，是为唐所谓勋官。又以特进及诸号大夫为散官，诸号将军为散号，是则唐所谓文武散官也。炀帝及唐皆有改革，然官名虽改，而勋散恒析为两途。而唐又有检校之法、太师、太傅、太保、太尉、司徒、司空、左右仆射、六部尚书等，宋初犹必加检校，然后得除开府；既开府，然后得除三司。功臣之号，始于德宗。故唐臣之有功者，或叙阶，或赐勋，或加检校，或赐名号，又申之以封爵，重之以实封，其酬奖之法，初无一定。宋则合为一途，郊祀则功臣酬勋若干级，进阶若干等，彻国若干户，举以与之。人但见其烦，而不知其用意之周矣。明代仍有文武勋官。清省。

官禄至近代而大薄，亦为官吏不能清廉之原因。古者禄以代耕，以农夫一人所入为单位，自士以至于君，禄或与之埒，或加若干倍。在位者之所得，在一国中居何等，较之平民相去奚若，皆显而易见。后世生计日益复杂，此等制度自不易行。然历代官禄多钱谷并给，或给以田，至明世始专以银为官俸，而其所给，乃由钞价转折而来。清代制禄，顾以此为本，而银价又日落，官吏恃俸给遂至不能自存矣。汉代官禄：大将军、三公奉月三百五十斛，中二千石奉月百八十斛，二千石奉月百二十斛，比二千石奉月百斛，千石奉月八十斛，六百石奉月七十斛，比六百石奉月五十斛，四百石奉月四十五斛，比四百石奉月四十斛，三百石奉月四十斛，比三百石奉月三十七斛，二百石奉月三十斛，比二百石奉月二十七斛，百石奉月十六斛。汉一斛当今六十斤，则中二千石月得今百余石。即百石亦近今十石，而赏赐又在其外。元帝时，贡禹上书："臣为谏议大夫，秩八百石，奉钱月九千二百，廪食太官。又拜为光禄大夫，秩二千石，俸钱月万二千。禄赐愈多，家日以益富。"案前汉官禄，亦钱谷并给，见于此。汉时谷价石仅数钱，黄金一斤值钱万，而当时赏赐金有至千斤者，亦可谓厚矣。二千石以上致仕者，又得以三分之一禄终其身。成帝绥和二年诏。案宣帝时，尝以张敞、萧望之言，益百石以下俸十五。是年又益三百石以下俸。后汉则千石以上减于西京，六百石以下增于旧秩。其能优游尽职，而无后顾之忧，宜也。汉禄之重如此，然荀悦已议其轻于古矣。见《申鉴·时事》。晋制，尚书令食俸日五斛，春秋赐绵绢，百官皆有职田，一品五十顷，递减五，至九品十顷。又得荫人为衣食客。隋制，正一品食禄九百石，每差以百，至从四品为二百五十石，自此差以五十，至从六品为九十石，自此差以十，至从八品五十石而最微。隋九品官不给禄。刺史、太守、县令则计户数为九等之差。州以四十为差，自六百二十石至三百石。郡以三十为差，自二百四十石至百石。县以十为差，自百四十石至六十石。内官初给廨钱，回易生利，后罢之，改给职田。外罢，给禄一斛，给地二十亩。唐制，略因隋旧。宋代给赐名目尤多，亦有职田，又有祠禄，以养罢剧告休之臣。要之，历代制禄厚薄虽有不同，其足以养其身，赡其家，使其润泽及于九族乡党而犹有余裕，则一也。自元代以钞制禄，明时钞法既废，而官禄顾折高价以给之，又罢其实物之给，而官吏始蹙然无以自给矣。《日知录·俸禄》条曰："前代官吏皆有职田，故其禄重。禄重则吏多勉而为廉，如陶潜之种秫，阮长之之芒种前一日去官，皆公田之证也。《元史》：世祖至元元年八月乙巳，诏定官吏员数，分品从官职，给俸禄，颁公田。《太祖实录》：洪武十年十月辛酉，制赐百官公田，以其租入充俸禄之数。是国初此制未废，不知何年收职田以归之上，而但折俸钞。原注：《实录》《会典》皆不载。其数复视前代为轻，始无以责吏之廉矣。"又曰："《大明会典·官员俸给条》云：每俸一石，该钞二十贯；每钞二百贯，折布一匹。后又定布一匹，折银三钱。是十石之米，折银仅三钱也。"自古官禄之薄，未有如此者。而清定官禄，顾以此为本，正一品岁俸银百八十两，至从九品仅三十两，给米斛数如银两之数，然米实不给，银又多折罚以尽。雍正后虽加养廉，犹不足自赡。于是京曹望得总裁、主考、学政等差，以收门生而取其贽敬，或抽丰于外官，收其冰敬炭敬。御使不肖者，参劾可以卖买。部曹之取费于印结，则明目张胆矣。上官取于属员，时曰办差；小官取诸地方，则曰陋规。清节既隳，贪风弥肆，人人蹙然若不可终日，官官以私利相护，委差缺则曰调剂，有亏累则责令后任弥补，若市鬻求勾然，无复以为怪者。今日中国之官吏以好贿闻于天下，明清制禄之薄，固有以使之也。或曰："财产私有之世，人孰不求利，既求利岂有限极，而不闻亭林之言乎？亭林曰：'天启以前，无人不利于河决者。侵尅金钱，则自总河以至于闸官，无所不利。支领工食，则自执事以至于游闲无食之人，无所不利。其不利者，独业主耳。而今年决口，明年退滩，填淤之中，常得倍蓰，而溺死者特百之一二而已。于是频年修治，频年冲决，以驯致今日之害，非一朝一夕之故矣。……不独此也，彼都人士，为人说一事，置一物，未有不索其酬者；百官有司受朝廷一职事一差遣，未有不计其获者。自府吏胥徒至于公卿大夫，真可谓同心同德者矣。苟非返普天率土之人心，使之先义而后利，终不可以致太平。愚以为今日之务，正人心急于抑洪水也。'《日知录·河渠》。此不啻为今日之官吏写照也。夫人心不正，则虽厚官吏之禄，亦安能使之不贪乎？若曰禄厚则人重其位，不敢为非也。吾见夫为非者未必诛，守正者未必赏也。既上下交征利，则此必相护，为非者安得觉。且禄厚则其位极不易得，必以贿得之，以贿则必取偿于既得之后，吾见其贪求乃愈甚耳。今之居官富厚者，孰不足以赡其身家及于数世，其孰肯遂止。况于侈靡之事所以炫惑诱引之者，又日出而不穷乎？厚禄岂有益哉！"是固然，然则待至财产公有，人人不忧冻馁，不私货利，而后任官乎？处财产私有之世，欲人自不嗜利，终不可得，势不能已于监察，然亦必禄足以赡其身，而后监察有所施。不然，虽管、葛复生，无益也。人之度量，相越固远，众虽嗜利，固必有一二人不嗜利者，今日所冀，则此不嗜利之人获处于监察之位，使众嗜利之徒有所惮而不敢肆耳。重禄者所以使监察有所施，非谓恃此而遂已也。赵广汉请令长安游徼狱吏秩百石，其后百石吏皆差自重，不敢枉法妄系留人，杨绾承元载汰侈，欲变以节俭，而先益百官之俸，可谓知所务矣。

第十六章 选 举

选举之制，古者盖重世官。《王制》曰："司徒修六礼以节民性，明七教以兴民德，齐八政以防淫，一道德以同俗，养耆老以致孝，恤孤独以逮不足，上贤以崇德，简不肖以绌恶。命乡，简不帅教者以告，耆老皆朝于庠。元日，习射尚功，习乡尚齿，大司徒帅国之俊士与执事焉。不变，命国之右乡简不帅教者移之左，命国之左乡简不帅教者移之右，如初礼。不变，移之郊，如初礼。不变，移之遂，如初礼。不变，屏之远方，终身不齿。命乡，论秀士，升之司徒，曰选士。司徒论选士之秀者，而升之学，曰俊士。升于司徒者，不征于乡。升于学者，不征于司徒，曰造士。乐正崇四术，立四教，顺先王《诗》、《书》、《礼》、《乐》以造士。春秋教以《礼》、《乐》，冬夏教以《诗》、《书》。王大子、王子、群后之大子、卿大夫元士之適子、国之俊选，皆造焉。凡入学以齿。将出学，小胥、大胥、小乐正简不帅教者以告于大乐正，大乐正以告于王。王命三公九卿、大夫、元士皆入学。不变，王亲视学。不变，王三日不举，屏之远方，终身不齿。大乐正论造士之秀者以告于王，而升诸司马，曰进士。司马辨论官材，论进士之贤者以告于王，而定其论。论定，然后官之。任官，然后爵之。位定，然后禄之。"如此说，则教育选举合冶一炉，乡人与王大子等得以同入大学。所争者，乡人须"节级升之"，"王子与公卿之子，本位既尊,不须积渐,学业既成,即为造士"而已。《王制》疏。其在王畿之外者,又有贡士、聘士之法。《白虎通》曰:"诸侯三年一贡士者,治道三年有成也。诸侯所以贡士于天子者,进贤劝善者也。天子聘求之者,贵义也。治国之道,本在得贤。得贤则治,失贤则乱。故《月令》:季春之月,开府库,出币帛,周天下,勉诸侯,聘名士,礼贤者。有贡者复有聘者何?以为诸侯贡士,庸才者贡其身,盛德者贡其名,及其幽隐,诸侯所遗失,天子之所昭,故聘之也。"《白虎通》佚文,据陈立疏证本。可谓廓然大公矣。然俞氏正燮曰:"周时,乡大夫三年比于乡,考其德行道艺,而兴贤者出使长之,用为伍长也。兴能者入使治之,用为乡吏也。其用之止此。《王制》推而广之,升之司马曰进士焉止矣。诸侯贡士于王,以为士焉止矣。太古至春秋,君所任者,与共开国之人及其子孙也。虑其不能贤,不足共治,则选国子教之。上士、中士、下士、府吏、胥徒,取诸乡兴贤能。大夫以上皆世族,不在选举也。故孔子仕委吏乘田,其弟子俱作大夫家臣。周单公用鬻,巩公用远人,皆被杀。齐能用管敬仲、甯戚,秦能用由余、百里奚,楚能用观丁父、彭仲爽,善矣。战国因之,招延游谈之士夫。古人身经百战而得世官,而以游谈之士加之,不服也。立贤无方,则古者继世之君,又不敢得罪于巨室也。"《癸巳类稿·乡兴贤能论》。盖《王制》之说,征诸古籍,未见实行。《周官》所云,则任之止于士,虽未尝不可升为大夫,然究系破格之举。平民之与贵族,仕进自不同途也。《管子·大匡》、《小匡》两篇所言,亦平民选举之法,可与《周官》参看。

俞氏谓"古人身经百战而得世官",不肯轻弃,此据后世事推度,古代情形实异于此。古人抟结,非以其族,则以其宗。为人臣者举其宗族与同患难休戚,固非羁旅之人所得比也。孟子谓齐宣王曰:"所谓故国者,非谓有乔木之谓也,有世臣之谓也。王无亲臣矣,昔者所进,今日不知其亡也。"亲臣者,恩礼相结,意气相孚,若三良之于秦穆,豫让之于智伯是也,犹不足比于世臣,世臣之为国柱石可见矣。若周、召二公之于周，令尹子文之于楚，盖其选也。孟子道殷之不易亡，谓其故家犹有存者，盖诚有以夹辅之，岂特如杨愔之事齐文宣，主昏于上，政清于下而已哉。所以然者，古诸侯之国与卿大夫之家，虽有大小之异，其为举族之所托命则同。既为君臣，则其家国之存亡恒相共，其休戚自相关也。若夫游士则不然，朝秦暮楚，以一身托于人，不合则纳履而去耳。故有不惜为倾危之行，卖人之国以自利者矣。故秦散三千金，而天下之士斗。《史记·田敬仲世家》曰："后胜相齐，多受秦间金，多使宾客入秦。秦又多予金。客皆为反间，劝王去从朝秦，不修攻战之备，不助五国攻秦。秦以故得灭五国。五国已亡，秦兵卒入临淄，民莫敢格者。王建遂降，迁于共。……齐人歌之曰：松邪柏耶？住建共者客耶？疾建用客之不详也。"苏秦曰："使我有雒阳负郭田二顷，吾岂能佩六国相印乎！"游士之所求，大之富贵利达，小之衣食而已，宜其以人之家国为孤注也。

然世官终不能不废，游士终不能不用者，何也？则以世禄之家，习于骄奢淫佚，不能任事，而能任事者，转在游士也。术家所为焦唇苦口，明督责之义，贵法术之士者以此。法、术有别。法所以治民，术所以治治民之人。见《韩非子·定法篇》。秦之商鞅、楚之吴起，皆为贵族所深仇，而其君卒深信而不疑者，亦以此也。古代草野之士，莫能任事，而后世则不然者，何也？曰一以政术之精深，一以等级之平夷，一亦以在官之学散在民间。《王制》曰："凡执技以事上者，不贰事，不移官。"此制为后世所沿，而普通官吏则不能。然其在古昔，王公大人与执技以事上者，流品之贵贱虽有不同，其学有专长，非凡人所可摄代，则一也。至在官之学散在民间，而情势一变矣。孔讥世卿，《公羊》隐公三年。墨明尚贤，亦时势使然也。

古代黜陟之权，盖在大宰，而选士之权，则在司马。《周官》：大宰，"以八柄诏王驭群臣。一曰爵，以驭其贵。二曰禄，以驭其富。

三曰予,以驭其幸。四曰置,以驭其行。五曰生,以驭其福。六曰夺,以驭其贫。七曰废,以驭其罪。八曰诛,以驭其过"。内史,"掌王之八枋之法,以诏王治"。盖大宰之贰也。司士,"掌群臣之版,以治其政令,岁登下其损益之数,辨其年岁与其贵贱,周知邦国都家县鄙之数,卿大夫士庶子之数"。司士属司马,与《王制》司马辨论官材合,可想见古代登庸,悉以武力也。

战国之世,游士遍天下。至汉初,公卿皆起于屠贩,先王公卿之胄,才则用,不才则弃,古代用人重阶级之习始渐破除。汉世入仕,其途孔多,今约举之。一曰任子。《汉书·哀帝纪》元年"除任子令",注:"应劭曰:任子令者,《汉仪注》吏二千石以上视事满三年,得任同产若子一人为郎。"成帝时,侯霸以族父任为大子舍人。平帝时,龚胜、邴汉乞骸骨,诏上,子若孙若同产子一人,皆除为郎,则并及兄弟之子矣。哀帝虽有此令,然东汉仍有任子之法。故《后汉书·杨秉传》谓宦官任人及子弟为官,布满天下也。一曰吏道。汉时儒吏未隔,士之起家于吏者甚多,郡国上计之吏,尤为入仕要途。《后汉书·和帝纪》永元十四年,"始复郡国上计补郎官",注:"上计,今计吏也。《前书音义》曰:旧制使郡丞奉岁计。武帝元朔中,令郡国举孝廉各一人,与计偕,拜为郎中,中废,今复之。"《杨秉传》云:"时郡国计吏,多留拜为郎。秉上言:三署见郎,七百余人。帑藏空虚,浮食者众。而不良守相,欲因国为池,浇濯垢秽。宜绝横拜,以塞觊觎之端。自此终桓帝世,计吏无复留拜者。"计吏之盛,可以想见。《论衡》谓世俗共短儒生,儒生之徒亦自相少,则汉世选用吏,且视儒为优也。一曰辟举。公府及二千石长吏皆得自辟所属。《后汉书·百官志》引或说曰:"汉初掾史辟,皆上言之,故有秩比命士。其所不言,则为百石属。其后皆自辟除,故通为百石云。"辟除之广,亦可见矣。而其关系最大者,实惟郡国选举之制。

《汉书·董仲舒传》：仲舒对策曰："长吏多出于郎中、中郎，吏二千石子弟选郎吏，又以富訾，未必贤也。……臣愚以为使诸列侯、郡守、二千石各择其吏民之贤者，岁贡各二人以给宿卫，且以观大臣之能；所贡贤者有赏，所贡不肖者有罚。夫如是，诸侯、吏二千石皆尽心于求贤，天下之士可得而官使也。"此古诸侯贡士之法，《汉书》谓州郡举茂材孝廉，实自仲舒发之。案高帝十一年诏曰："盖闻王者莫高于周文，伯者莫高于齐桓，皆待贤人而成名。今天下贤者智能岂特古之人乎？患在人主不交故也，士奚由进！今吾以天之灵，贤士大夫定有天下，以为一家，欲其长久，世世奉宗庙亡绝也。贤人已与我共平之矣，而不与吾共安利之，可乎？贤士大夫有肯从我游者，吾能尊显之。布告天下，使明知朕意。御史大夫昌下相国，相国酂侯下诸侯王，御史中执法下郡守，其有意称明德者，必身劝，为之驾，遣诣相国府，署行、义、年。有而弗言，觉，免。年老癃病，勿遣。"文、景之世，亦屡诏公卿郡国举士，则其事实不始于武帝，然前此皆有特诏则举，无则旷绝，至武帝以后乃为典常矣。此《汉书》所以归功于仲舒也。《后汉书·百官志》注：应劭《汉官仪》曰："世祖诏：方今选举，贤佞朱紫错用。丞相故事，四科取士。一曰德行高妙，志节清白；二曰学通行修，经中博士；三曰明达法令，足以决疑，能案章覆问，文中御史；四曰刚毅多略，遭事不惑，明足以决，才任三辅。令：皆有孝悌廉公之行。自今以后，审四科辟召，及刺史、二千石察茂才尤异孝廉之吏，务尽实核，选择英俊、贤行、廉洁、平端于县邑，务授试以职。有非其人，临计过署，不便习官事，书疏不端正，不如诏书，有司奏罪名，并正举者。《汉官目录》曰：建武十二年八月乙未诏书，三公举茂才各一人，廉吏各二人，光禄岁举茂才四行各一人，察廉吏三人；中二千石岁察廉吏各一人，廷尉、大司农各二人；将兵将军岁察廉吏各二人；监察御史、司隶、州牧岁举茂才各一人。"《后汉书·百官志》云："孝廉,郡口二十万举一人。"《后汉书·丁鸿传》:"时大郡口五六十万举孝廉二人,小郡口二十万并有蛮夷者,亦举二人。帝以为不均,下公卿会议。鸿与司空刘方上言:凡口率之科,宜有阶品,蛮夷错杂,不得为数。自今郡国率二十万口岁举孝廉一人,四十万二人,六十万三人,八十万四人,百万五人,百二十万六人。不满二十万二岁一人,不满十万三岁一人。帝从之。"《三国·魏志》黄初二年,初令郡国口满十万者,岁察孝廉一人,其有秀异,无拘户口。此皆岁举之常选,后世科目实原于是。其天子特诏,标其科名令公卿郡国荐举者,则唐世制科之先河也。此与博士及博士弟子皆为登用人才之途,二者并自仲舒发之,仲舒之功亦伟矣哉!

然选举之弊,汉时即已甚深,高帝有"有而弗言,觉,免"之诏。武帝元朔元年诏,谓"深诏执事,兴廉举孝……今或至阖郡而不荐一人……其与中二千石、礼官、博士议不举者罪",则郡国选举,汉初应者尚鲜。然世祖既有"贤佞朱紫错用"之言,章帝建初元年诏谓:"刺史、守相不明政事,茂才、孝廉岁以百数,既非能显,而当授之政事,甚无谓也。"和帝永元五年三月诏谓:"郡国举吏,不加简择,故先帝明敕在所,令试之以职,乃得充选。又德行尤异,不须经职者,别署状上。而宣布以来,出入九年,二千石曾不承奉,恣心从好,司隶、刺史讫无纠察。"则希荣于进者始多矣。而考试之事,遂因之而起。马贵与谓"自孝文策晁错之后,贤良方正,皆承亲策,上亲览而第其优劣。至孝昭年幼未即政,故无亲策之事,乃诏有司问以民所疾苦,然所问者盐铁、均输、榷酤,皆当时大事。令建议之臣,与之反复诘难,讲究罢行之宜"。又谓"汉武帝之于董仲舒也,意有未尽,则再策之,三策之。晋武帝之于挚虞、阮种亦然"。当时所谓策问者,实与考试异其事。《后汉书·左雄传》:雄上言:"郡国孝廉,古之贡士。出则宰民,宣协风教。若其面墙,则无所施用。孔子曰四十不惑。《礼》

称强仕。请自今孝廉年不满四十,不得察举,皆先诣公府,诸生试家法,文吏课笺奏。"此实限年加试,以防冒滥之始。而史称"滥举获罪,选政为肃",可以觇风气之变迁矣。

又章帝建初元年诏曰:"每寻前世举人贡士,或起甽亩,不系阀阅。"五年诏:"其以岩穴为先,勿取浮华。"和帝永元六年诏,又令"诏岩穴,披幽隐"。则选举之右门第,重虚誉,亦自东汉开之。《樊儵传》:儵上言:"郡国举孝廉,率取年少能报恩者。耆宿大贤,多见废弃。"《种暠传》:"河南尹田歆外甥王谌,名知人。歆谓之曰:今当举六孝廉,多得贵戚书命,不宜相违。欲自用一名士以报国家,尔助我求之。"此后世门生座主相朋比之始也。《献帝纪》:初平四年九月甲午,试儒生四十余人。上第赐位郎中,次太子舍人,下第者罢之。诏曰:"孔子叹学之不讲,不讲则所识日忘。今耆儒年逾六十,去离本土,营求粮资,不得专业。结童入学,白首空归,长委农野,永绝荣望,朕甚愍焉。其依科罢者,听为太子舍人。"此后世以赐第授官为施恩之具之始也。史之所载如此。其见于私家著述者,若王符之《潜夫论》、《务本》、《论荣》、《贤难》、《考绩》、《本政》、《潜叹》、《实贡》、《交际》。荀悦之《申鉴》、《时事》。徐幹之《中论》、《考伪》、《谴交》。葛洪之《抱朴子》,《审举》、《交际》、《名实》、《汉过》。道当时选举之弊,尤属穷形尽相,其不能不变为隋、唐后之科目,固有由矣。

赀选之弊,亦起汉世。《汉书·景帝纪》:后二年五月诏曰:"人不患其不知,患其为诈也;不患其不勇,患其为暴也;不患其不富,患其亡厌也。其唯廉士,寡欲易足。今赀算十以上乃得宦,廉士算不必众。有市籍不得宦,无赀又不得宦,朕甚愍之。赀算四得宦,亡令廉士久失职,贪夫长利。"服虔曰:"赀万钱,算百二十七也。"应劭曰:"古者疾吏之贪,衣食足知荣辱,限赀十算乃得为吏。十算,十万也。"此尚出于求吏廉之意。别有所谓卖爵者,《汉书·食货志》:晁错说文帝，"使天下人入粟于边，以受爵免罪"。文帝从之，"令民入粟边，六百石爵上造，稍增至四千石为五大夫，万二千石为大庶长，各以多少级数为差。错复奏言：……边食足以支五岁，可令入粟郡县矣；足支一岁以上，可时赦，勿收农民租。……上复从其言，乃下诏赐民十二年租税之半。明年，遂除民田之租税。后十三岁，孝景二年，令民半出田租，三十而税一也。其后，上郡以西旱，复修卖爵令，而裁其贾以招民；及徒复作，得输粟于县官以除罪"。盖文帝时仅卖爵，至景帝乃并令民得赎罪，而文帝之卖爵，则郡县粟足交一岁以上而遂止，故景帝时言复修也。此卖爵非卖官，至武帝则异于是。《志》述其事曰："募民能入奴婢得以终身复，为郎增秩，师古曰："庶人入奴婢则复终身，先为郎者就增其秩也。一曰入奴婢少者复终身，多者得为郎，旧为郎更增秩也。"及入羊为郎。"又曰："有司请令民得买爵及赎禁锢免臧罪，请置赏官，名曰武功爵。级十七万，凡直三十余万金。诸买武功爵官首者试补吏，先除；千夫如五大夫；其有罪又减二等；爵得至乐卿，以显军功。军功多用超等，大者封侯、卿大夫，小者郎。吏道杂而多端，则官职耗废。"臣瓒曰："《茂陵中书》有武功爵，一级曰造士，二级曰闲舆卫，三级曰良士，四级曰元戎士，五级曰官首，六级曰秉铎，七级曰千夫，八级曰乐卿，九级曰执戎，十级曰政戾庶长，十一级曰军卫。此武帝所制，以宠军功。"案"级十七万"四字疑有讹误。又案汉爵本二十级，沿自秦。一级曰公士，二上造，三簪袅，四不更，五大夫，六官大夫，七公大夫，八公乘，九五大夫，十左庶长，十一右庶长，十二左更，十三中更，十四右更，十五少上造，十六大上造，十七驷车庶长，十八大庶长，十九关内侯，二十彻侯，避武帝讳，曰通侯，或曰列侯。又曰："法既益严，吏多废免。兵革数动，民多买复及五大夫、千夫，征发之士益鲜。于是除千夫、五大夫为吏，不欲者出马；故吏皆适令伐棘上林，作昆明池。""始令吏得入谷补官，郎至六百石。"师古曰："吏更迁补高官，郎又就增其秩，得至六百石也。""所忠言：世家子弟富人或斗鸡走狗马，弋猎博戏，乱齐民。乃征诸犯令，相引数千人，名曰株送徒。入财者得补郎,郎选衰矣。"此则后世之卖官矣。《贡禹传》:禹言:"孝文皇帝时,贵廉絜,贱贪污。贾人赘婿及吏坐赃者皆禁锢不得为吏。赏善罚恶,不阿亲戚。罪白者伏其诛,疑者以与民。亡赎罪之法。故令行禁止,海内大化。……武帝使犯法者赎罪,入谷者补吏,是以天下奢侈,官乱民贫,盗贼并起,亡命者众。郡国恐伏其诛,则择便巧史书、习于计簿、能欺上府者,以为右职;奸轨不胜,则取勇猛能操切百姓者,以苛暴威服下者,使居大位。故亡义而有财者显于世,欺谩而善书者尊于朝,悖逆而勇猛者贵于官。故俗皆曰:何以孝弟为?财多而光荣。何以礼义为?史书而仕宦。何以谨慎为?勇猛而临官。故黥劓而髡钳者犹复攘臂为政于世,行虽犬彘,家富势足,目指气使,是为贤耳。故谓居官而置富者为雄桀,处奸而得利者为壮士,兄劝其弟,父勉其子,俗之坏败,乃至于是!察其所以然者,皆以犯法得赎罪,求士不得真贤,相守崇财利,诛不行之所致也。"亦可以见其弊矣。然卖官鬻爵之事,终两汉时有之。《后汉书·百官志》注:"《古今注》曰:成帝鸿嘉三年,令吏民得买爵,级千钱。"《后汉书·安帝纪》:永初三年四月,"三公以国用不足,奏令吏人入钱谷,得为关内侯、虎贲羽林郎、五大夫、官府吏、缇绮、营士各有差"是也。《灵帝纪》:光和元年,"初开西邸卖官,自关内侯、虎贲、羽林,入钱各有差。私令左右卖公卿,公千万,卿五百万"。注:"《山阳公载记》曰:时卖官,二千石二千万,四百石四百万,其以德次应选者半之,或三分之一,于西园立库以贮之。"中平四年,"卖关内侯,假金印紫绶,传世,入钱五百万"。此则后世之卖官鬻缺非著之法令者矣。

郡国选举之变,则为九品中正。《通考》曰:"魏文帝时,三方鼎立,士流播迁,四民错杂,详覆无所。延康元年,尚书陈群以为天朝选用,不尽人才,乃立九品官人之法。州郡县俱置大小中正,各取本处人在诸府公卿及台省郎吏有德充才盛者,为之区别。所管人物,定为九等。其有言行修著则升进之,道义亏缺则降下之。是以吏部不能审定核天下人才士庶,故委中正铨第等级,凭之授受,谓免乖失及法弊也。唯能知其阀阅,非复辨其贤愚。所以刘毅云:下品无高门,上品无寒士。南朝至于梁、陈,北朝至于周、隋,选举之法虽互相损益,而九品及中正至开皇中方罢。"案九品中正之法,盖因后汉俗尚清议,重乡评,所以可行。然《通考》云:"陈寿遭父丧,有疾,使婢丸药,客见之,乡里以为贬,坐是沈滞累年。谢灵运爱幸会稽郡吏杜德灵,及居父忧,赠以五言诗十余首,坐废不豫荣伍。尚书仆射殷景仁爱其才,乃白文帝,言臣小儿时便见此文,而论者云是惠连,其实非也。文帝曰:若此,便应通之。元嘉七年,乃始为彭城王义康参军。阎缵父卒,继母不慈,缵恭事弥谨,而母疾之愈甚。乃诬缵盗父时金宝,讼于有司。遂被清议十余年。缵孝谨不怠,母后意解,更移中正,乃得复品。以此三事观之,其法甚严,然亦太拘。"石虎诏谓"魏立九品之制,三年一清定之",而时人沈滞者往往至于十余年,则三年清定,亦徒有其名耳。夫以一人之识力,鉴别群伦,其事本不可恃,况乎此一人者,又未必能亲接一地方之人,而一一核其才行,则即使大公无私,亦不免崇尚虚声,而遗悃愊无华之士,更谓不然,亦谨知其行履之无亏,而未知其才能之可用也。即知其才之可用,亦未尝历试之而觇其效,无从明注其所长也。此犹以公正无私言,若其不然,则任爱憎,快恩仇,慑势畏祸之弊必作,其必至于"惟计官资以定品格",盖势所必然矣。等第进退之当否,中正既不负其责,而其背公徇私,又无赏罚以为之防,所恃者俗重乡评而畏清议,操衡鉴进退之柄者,亦不敢过枉是非耳。然风俗非一成不变之物,恃是立制,而欲行之永久,宜其不胜其弊也。

　　郡国选举及中正官人之法,既已极敝,则其势不得不令人投牒自举，而加之以考试。而隋、唐以后科举之法兴焉。科举之法，始于隋而盛于唐。唐制取士之科，多因隋旧，然其大要有三，由学馆者曰生徒，由州县者曰乡贡，皆升于有司而进退之。今据《唐书·选举志》略述其制如下：

秀才　试方略策五道，以文理通粗，为上上、上中、上下、中上，凡四等，为及第。永徽二年停。

明经　其制有五经，有三经，有二经，有学究一经，有三礼，有三传，有史科。先帖文，然后口试，经问大义十条，答时务策三道，亦为四等。贞元二年，诏明经习律以代《尔雅》。元和二年，明经停口试，复试墨义十条。五经取通五，明经通六。三传，长庆时立《左氏传》问大义五十条，《公羊传》、《穀梁传》三十条，策皆三道，义通七以上、策通二以上为第，白身视五经，有出身及前资官视学究一经。史科亦长庆时立，每史问大义百条、策三道，义通七、策通二以上为第。能通一史者，白身视五经、三传，有出身及前资官视学究一经；三史皆通者奖擢。案史科似即下所谓一史、三史，不知《选举志》之文本有复重，抑后人误改也。

俊士。

进士　试时务策五道，帖一大经。经策全通为甲第，策通四、帖通四以上为乙第。先是，进士试诗、赋及时务策五道，明经策三道。建中二年，中书舍人赵赞权知贡举，乃以箴、论、表、赞代诗、赋，而皆试策三道。太和八年，礼部复罢进士议论，而试诗赋。宝应二年，礼部侍郎杨绾言："进士科起于隋大业中，是时犹试策。高宗朝，刘思立加进士杂文，明经填帖。"《唐书·选举志》："永隆二年，考功员外郎刘思立建言，明经多钞义条，进士唯诵旧策，皆亡实才，而有司以人数充第。乃诏自今明经试帖十得六以上，进士试杂文二篇，通文律者然后试策。"《志》又云："上元二年，加试贡士《老子》策，明经二条，进士三条。""及注《老子道德经》成，诏天下家藏其书，贡举人减《尚书》、《论语》策，而加试《老子》。"

明法　试律七条,令三条。全通为甲第,通八为乙第。

明字　先口试,通,乃墨试。《说文》、《字林》二十条,通十八为第。

明算　凡算学,录大义本条为问答,明数造术,详明术理,然后为通。试《九章》三条、《海岛》、《孙子》、《五曹》、《张丘建》、《夏侯阳》、《周髀》、《五经算》各一条,十通六,《记遗》、《三等数》帖读十得九,为第。试《缀术》、《缉古》录大义为问答,明数造术,详明术理,无注者合数造术,不失义理,然后为通。《缀术》七条,《缉古》三条,十通六,《记遗》、《三等数》帖读十得九,为第。落经者,虽通六,不第。

一史。

三史。

开元礼　通大义百条、策三道者,超资与官;义通七十、策通二者,及第。散、试官能通者,依正员。贞元二年诏习《开元礼》者举同一经例。

道举　开元二十九年,始置崇玄学,习《老子》、《庄子》、《文子》、《列子》,亦曰道举。其生,京、都各百人,诸州无常员。官秩、荫第同国子,举送、课试如明经。天宝十二载,停《老子》,加《周易》。

童子　十岁以下,能通一经及《孝经》、《论语》,每卷诵文十通者予官,通七者予出身。

《唐志》曰:"此岁举之常选也。其天子自诏者曰制举,所以待非常之才焉。"唐制科目及登科人姓名,见《文献通考》。

乡贡皆怀牒自列于州、县。试已,长吏以乡饮酒礼,会属僚,设宾主,陈俎豆,备管弦,牲用少牢,歌《鹿鸣》之诗,因与耆艾叙长少焉。既至省,皆疏名列到,结款通保及所居,始由户部集阅,而于考功员外郎试之。开元二十四年,考功员外郎李昂为举人诋诃,帝以员外郎望轻,遂移贡举于礼部,以侍郎主之。礼部侍郎亲故移试考功,谓之别头。贞元十六年,中书舍人高郢奏罢,议者是之。元和十三年,权知礼部侍郎庾承宣奏复。大和三年,高锴为考功员外郎,取士有不当,监察御史姚中立又奏停。六年,侍郎贾𫗧又奏复之。初,开元中,礼部考试毕,送中书门下详覆,其后中废。元和十三年,侍郎钱徽所举送,覆试多不中选,由是贬官,而举人杂文复送中书门下。长庆三年,侍郎王起言:"故事,礼部已放榜,而中书门下始详覆。今请先详覆,而后放榜。"大和八年,宰相王涯以为礼部取士,乃先以榜示中书,非至公之道。自今一委有司,以所试杂文、乡贯、三代名讳送中书门下。其武举则起于武后长安二年,亦以乡饮酒礼送兵部焉。

唐世科目,本以秀才为最高,后废不举,常行者惟明经、进士两科。《唐志》云:"进士科当唐之晚节,尤为浮薄,世所共患也。"然明经试帖经墨义,只责记诵,尤为世所轻。《通考》曰:"凡举司课试之法帖经者,以所习经掩其两端,中间开帷一行,裁纸为帖。凡帖三字,随时增损,可否不一,或得四,或得五,或得六为通。后举人积多,故其法益难,务欲落之,至有帖孤章绝句疑似参互者以惑之,甚者或上抵其注,下余一二字,使寻之。难知谓之倒拔。既甚难矣,而举人则有驱县孤绝索幽隐为诗赋而诵习之,不过十数篇,则难者悉详矣。其于本文大义,或多墙面焉。"又曰:"愚尝见东阳丽泽吕氏家塾有刊本吕许公夷简应本州乡举试卷,因知墨义之式,盖十余条。有云:作者七人矣,请以七人之名对,则对云七人某某也,谨对。有云:见有礼于其君者,如孝子之养父母也,请以下文对,则对云:下文曰:见无礼于其君者,如鹰鹯之逐鸟雀也,谨对。有云请以注疏对者,则对曰:注疏曰云云,谨对。有不能记者,则只对云未审。盖既禁其挟书,则思索不获者,不容臆说故也。其上则具考官批凿。如所对善,则批一通字,所对误及未审者,则批一不字。大概如儿童挑诵之状。故自唐以来贱其科。所以不通者,殿举之罚特重,而一举不第者,不可再应。盖以其区区记诵,犹不能通悉,则无所取材故也。"

选官之法,至东汉而一变,至隋而又一变。汉制,郡国之官,非傅相,其他既自署置,又调僚属及部人之贤者,举为秀才、廉吏,而贡于王庭，多拜为郎，居三署。五官左右中郎将无常员，或至千人，属光禄勋。故卿校牧守居闲待诏，或郡国贡送，公车征起，悉在焉。光禄勋复于三署中铨第郎中，岁举秀才、廉吏出为他官，以补阙员。东汉之制，选举于郡国属功曹，于公府属东西曹，于天台属吏曹尚书，亦曰选部。灵帝时，吕强上言："旧典选举，委任三府。三府有选，参议掾属，咨其行状，度其器能，受试任用，责以成功。若无可察，然后付之尚书。尚书举劾，请下廷尉，覆按虚实，行其诛罚。今但任尚书，或复敕用。如是，三公得免选举之负，尚书亦复不坐，责赏无归，岂肯空自苦劳乎？"盖选权寖集于尚书矣。自是以后，尚书尝掌铨衡之任。晋初，山涛、王戎皆负知人之鉴。宋营阳王时，以蔡廓为吏部尚书。廓谓傅亮曰："选事若悉以见付，不论；不然，不能拜也。"亮以语录尚书徐羡之。徐羡之曰："黄门郎以下悉以委蔡，吾徒不复措怀，自此以上，故宜共参同异。"廓曰："我不能为徐干木署纸尾。"遂不拜。其权重如此。自后魏崔亮创停年格，而尚书衡鉴之任始轻。自隋文尽废辟举，大小之官，悉由吏部，而尚书之务始繁猥矣。

《魏书·崔亮传》："迁吏部尚书。时羽林新害张彝之后，灵太后令武官得依资入选。官员既少，应选者多。前尚书李韶循常擢人，百姓大为嗟怨。亮乃奏为格制，不问士之贤愚，专以停解日月为断。虽复官须此人，停日后者，终于不得。庸才下品，年月久者，灼然先用。沈滞者皆称其能。亮外甥司空谘议刘景安书规亮。……亮答书曰：今勋人甚多，又羽林入选，武夫崛起，不解书计，惟可彍弩前驱，指踪捕噬而已。忽令垂组乘轩，求其烹鲜之效，未曾操刀，而使专割。又武人至多，官员至少。设令十人共一官，犹无官可授，况一人望一官，何由可不怨哉？吾近面执，不宜使武人入选，请赐其爵，厚其禄。既不见从，是以权立此格，限以停年耳。昔子产铸刑书以救弊，叔向讥之以正法，何异汝以古礼难权宜哉。仲尼言：德我者亦《春秋》，罪我者亦《春秋》。吾之此指，其由是也。但令当来君子知吾意焉。后甄琛、元修义、城阳王徽相继为吏部尚书，利其便己，踵而行之。自是贤愚同贯，泾渭无别。魏之失才，从亮始也。"然观其答书之指，实亦不得已而为之。《北齐书·文襄帝纪》："摄吏部尚书。魏自崔亮以后，选人常以年劳为制，文襄乃厘改前式，铨擢惟在得人。又沙汰尚书郎，妙选人地以充之。至于才名之士，咸被荐擢。"则其制既废矣，而后世复行此法者，则唐之裴光庭实为之。《通典》云："唐自高宗麟德以后，承平既久，人康俗阜，求进者众，选人渐多。总章二年，裴行俭为司列少常伯，始设长名、姓历、榜引、铨注之法。又定州县官资高下升降，以为故事。其后莫能革焉。至玄宗开元十八年，行俭子光庭为侍中兼吏部尚书，先是选司注官，惟视其人之能否。或不次超迁，或老于下位。有出身二十余年不得禄者。又州县亦无等级，或大入小，或初近后远，皆无定制。光庭始奏用循资格。凡官罢满，以若干选而集，各有差等。官高者选少，卑者选多，无问能否，选满则注。限年蹑级，不得逾越。非负谴者，皆有升无降。庸愚沈滞者皆喜，谓之圣书。虽小有常规，而抡才之方失矣。其有异才高行，听擢不次，然有其制而无其事，有司但守文奉式，循资例而已。"案资格用人，为昔人所深非，然官之为利禄计久矣，破弃定法，一任鉴衡，势必弊余于利，似尚不如慎其选举，严其考核，而当其用之之际，则一循资格之为愈也。

《日知录》"掾属"条曰："《古文苑》注：王延寿《桐柏庙碑》人名，谓掾属皆郡人，可考汉世用人之法。今考之汉碑皆然，不独此庙。盖其时惟守、相命于朝廷，而自曹、掾以下，无非本郡之人，故能知一方之人情，而为之兴利除害。其辟用之者，即出于守相。而不似后代之官，一命以上皆由于吏部。故广汉太守陈宠入为大司农，和帝问：在郡何以为理？宠顿首谢曰：臣任功曹王涣，以简贤选能；主簿镡显，拾遗补阙。臣奉宣诏书而已。帝乃大悦。至于汝南太守宗资任功曹范滂，南阳太守成瑨委功曹岑晊，并谣达京师，名标史传。而鲍宣为豫州牧，郭钦奏其举错烦苛，代二千石署吏。是知署吏乃二千石之职，州牧代之，尚为烦苛。今以天子而代之，宜乎事烦而日不给。"云云。案《隋书》云："旧周、齐州、郡、县职，自州都、郡、县正以下，皆州、郡将、县令至而调用，理时事。至是开皇三年。不知时事，直谓之乡官。别置品官，皆吏部除授。每岁考殿最。刺史、县令三年一迁，佐官四年一迁。佐官以曹为名者，并改为司。十二年，诸州司以从事为名者，改为参军。开皇十五年，遂罢州、县乡官。"当时吏部尚书牛弘问于刘炫曰："魏、齐之时，令史从容而已，今则不遑宁处，其事何由？"炫曰："往者州唯置纲纪，郡置守、丞，县惟令而已，其所具僚，则长官自辟，受诏赴任，每州不过数十。今则不然，大小之官，悉由吏部，纤介之迹，皆属考功，所以繁也。"案以吏部选天下之官，诚难于得人，州县佐官不用本处人，亦诚难得地方情弊。然僚属悉由自辟，后世亦实有难行者，似亦不如由吏部循定法选用，而严其选取之途，密其考核之法之为得也，但当立定限，勿使任职之地距其本贯遥远耳。

唐制，凡选有文、武，文选吏部主之，武选兵部主之，皆为三铨，尚书、侍郎分主之。每岁五月，颁格于州县，选人应格，则本属或故任取选解，列其罢免、善恶之状，以十月会于省，过其时者不叙。其以时至者，乃考其功过。同流者，五五为联，京官五人保之，一人识之。刑家之子、工贾异类及假名承伪、隐冒升降者有罚。文书乖错，隐幸者驳放之；非隐幸则不。凡择人之法有四：一曰身，二曰言，三曰书，四曰判。得者为留，不得者为放。五品以上不试，上其名中书门下；六品以下始集而试，观其书、判。已试而铨，察其身、言；已铨而注，询其便利而拟；已注而唱，不厌者得反通其辞，三唱而不厌，听冬集。厌者为甲，上于仆射，乃上门下省，给事中读之，黄门侍郎省之，侍中审之，然后以闻。主者受旨而奉行焉，谓之"奏受"。视品及流外，则判补。皆给以符，谓之"告身"。凡官已受成，皆廷谢。凡试判登科，谓之"入等"，甚拙者谓之"蓝缕"。选未满而试文三篇，谓之"宏词"；试判三条，谓之"拔萃"。中者即授官。

其取人之路，方其盛时，著于令者，纳课品子、诸馆及州县学、太史历生、天文生、太医药童、针咒诸生、太卜卜筮、千牛备身、备身左右、进马、斋郎、诸卫三卫监门直长、诸屯主副、诸折冲府录事府史、校尉、执仗、执乘、亲事、帐内、集贤院御书手、史馆典书楷书、尚药童、诸台省寺监军卫坊府之胥史，皆入官之门户，而诸司主录已成官及州县佐史未叙者，不在焉。至于铨选，其制不一。凡流外、兵部、礼部举人，郎官得自主之，谓之"小选"。太宗时，以岁旱谷贵，东人选者集于洛州，谓之"东选"。高宗上元二年，以岭南五管、黔中都督府得即任土人，而官或非其才，乃遣郎官、御史为选补使，谓之"南选"。其后江南、淮南、福建大抵因岁水旱，皆遣选补使即选其人。而废置不常，选法又不著。

科举之法，至王安石而一变。案科举之善，在能破朋党之私。前此九品中正之制无论矣，即汉世郡国选举得之者，亦多能奔走标榜之人，观王符等之论可知。惟科目听其投牒，而试之以一日之短长，当其初行时，尚无糊名易书之法，主司固得采取誉望，士子亦得托人荐达，或竟自以文字投谒。究之京城距士子之乡土远，试者与所试者关系不深，而辇毂之下，众目昭彰，拔取苟或不公，又可加以覆试，亦不敢显然舞弊。前此选举，皆权在举之之人，士有应举之才，而举不之及，夫固无如之何。既可投牒自列，即不得不就而试之，应试者虽不必其皆见取，然终必于其中取出若干人。是不能应试者，有司虽欲循私举之而不得。苟能应试，终必有若干人可以获举也。此实选举之官徇私舞弊之限制，而亦人人有服官之权之所以兑现于实也。论者多以投牒自列为无耻，姑无论古之君子欲行其道者无不求仕，即谓其应举仅为富贵利达计，较之奔走标榜其贤远矣。故科举实良法也。然其弊亦有不容讳者，一则学非所用，诗赋之浮华无实，帖经墨义之孤陋寡闻是已；一则试之以一日之短长，可以侥幸而获，不知其果有学问与否也。欲祛第一弊，当变其所试之物；欲祛第二弊，则非以学校易科举不可，此宋时之改革所由起也。

宋代贡举，初沿唐法，有进士、九经、五经、三礼、三传、《开元礼》、开宝中，改为通礼，熙宁罢，元祐六年复。学究、明法等，皆秋取解，冬集礼部，春考试。合格及第者，列名放榜于尚书省。诸州判官试进士，录事参军试诸科，不通经义，则别选官考校，而判官监之。开宝五年，礼部奏合格进士、诸科凡二十八人，上亲召对讲武殿，而未及引试也。明年，翰林学士李昉知贡举，取宋准以下十一人，而进士武济川、三传刘睿材质最陋，对问失次，上黜之。济川，昉乡人也。会有诉昉用情取舍，帝乃籍终场下第人姓名，得三百六十人，皆召见，择其一百九十五人，并准以下，御殿给纸笔，别试诗赋。命殿中侍御史李莹等为考官，得进士二十六人，五经四人，《开元礼》七人，三礼三十八人，三传二十六人，三史三人，学究十八人，明法五人，皆赐及第。昉等皆坐责。殿试遂为常制。帝尝语近臣曰："昔者，科名多为势家所取，朕亲临试，尽革其弊矣。"八年，亲试进士王式等，定王嗣宗第一，王式第四。自是御试与省试名次，始有高下之别。旧制，礼部已奏名至御试黜落者甚多。嘉祐二年以后，始尽赐出身，则杂犯亦免黜落矣。又有所谓特奏名者，盖始于开宝三年，诏礼部阅贡士及十五举尝终场者，得百有六人，赐本科出身。其后则凡贡于乡而屡绌于礼部，或廷试所不录者，积前后举数，参以其年而差等之，遇亲策士则别籍其名以奏，径许附试，谓之特奏名焉。元祐初，知贡举苏轼、孔文仲言："此曹垂老无他望,布在州县,惟务黩货。"乃诏定特奏名考取数,进士入四等以上、诸科入三等以上,通在试者计之,毋得取过全额之半,著为令。案此皆以多取为施恩之具也,失抡才之意矣。

宋代改革举法始于范仲淹。庆历时,仲淹为参知政事,数言兴学校,本行实。乃诏州县立学,士须在学三百日,方听预秋试,旧尝充试者百日而止。三场,先策,次论,次诗赋,通考为去取,而罢帖经、墨义,士通经术愿对大义者,赐十道。仲淹去,执政意皆异。是冬,诏罢入学日限。时言初令不便者甚众,以为"诗赋声病易考,而策论汗漫难知,祖宗以来,莫之有改,且得人尝多矣"。乃诏一切如故。

迨王安石变法,乃罢诸科,而存进士,进士亦罢诗赋,且不用帖经、墨义,士各占治《易》、《诗》、《书》、《周礼》、《礼记》一经与《论语》、《孟子》。每试四场,初大经,次兼经,大义凡十道,后改《论语》、《孟子》义各三道。次论一首,次策一道。礼部试增二道。取诸科解名十之三,增进士额,京东西、陕西、河北、河东五路创试进士及府、监、他路之舍诸科而为进士者,得所增之额以试。皆别为一号考取。又立新科明法,试律令、刑统、大义、断案,以待诸科之不能改业进士者。未几,选人、任子,亦试律令始出官。又诏进士自第三人以下皆试法。或言："高科不试,则人不以为荣。"乃诏悉试焉。武举,始试义、策于秘阁,武艺试于殿前司,及殿试,则试骑射及策于廷。后诏武举与文举进士,同时锁试于贡院,以防进士之被黜改习者,遂罢秘阁试。元丰元年,立《大小使臣试弓马艺业出官法》,所试步射、马射、马上武艺、《孙》、《吴》义、时务边防策、律令义、计算钱谷文书等。崇宁间,诸州置武学。立《考选升贡法》,仿儒学制,后罢。南渡后亦有武举、武学。

自神宗后,宋科举之法凡数变。元祐四年,立经义、诗赋两科,罢试律义。诗赋进士,于《易》、《诗》、《书》、《周礼》、《礼记》、《春秋左传》内听习一经。初试本经义二道,《语》、《孟》义各一道,次试赋及律诗各一首,次论一道,末试子、史、时务策二道。专经进士,习两经,以《诗》、《礼记》、《周礼》、《左氏春秋》为大经,《书》、《易》、《公羊》、《穀梁》、《仪礼》为中经,《左氏春秋》得兼《公羊》、《穀梁》、《书》,《周礼》得兼《仪礼》或《易》,《礼记》、《诗》并兼《书》,愿习二大经者听,不得偏占两中经。初试本经义三道,《论语》义一道,次试本经义三道,《孟子》义一道,次论策,如诗赋科。并以四场通定高下,而取解额中分之,各占其半。专经者以经义定取舍,兼诗赋者以诗赋为去留,其名次高下,则以策论参之。后通定去留,经义毋过三分之一。自是士多习诗赋,而专经者十无二三,此一变也。绍圣时,进士罢诗赋,专习经义,廷试仍对策,此又一变也。徽宗崇宁三年,诏天下取士,悉由学校升贡,其州郡发解及试礼部法并罢。自此,岁试上舍,悉差知举,如礼部试。在学积岁月,累试乃得应格,贫老者以为病。于是五年及大观四年,各复行科举一次。宣和三年,其法遂罢。高宗建炎二年,定诗赋、经义取士,第一场诗赋各一首,习经义者本经义三道,《语》、《孟》义各一道;第二场论一道,第三场策三道。殿试策如之。自绍圣后,举人不习诗赋,至是始复,于是声律日盛。高宗尝曰:"为士不读史,遂用诗赋。今则不读经,不出数年,经学废矣。"绍兴十三年,用国子司业高闶议,以本经、《语》、《孟》义各一道为首场,诗赋各一首次之,子史论一道、时务策一道又次之。二十七年,复行其制,第一场大小经义各减一道。三十一年,礼部侍郎金安节请复诗赋、经义两科,永为成宪。从之。案科举所试之物,不切于用,此易变也。所最难者,则悬利禄以诱人,来者皆志在利禄,其所能者必仅足应试而止。久之,应试之文遂别成为一种文字,无学问者亦能为之。试之既仅凭文字,断无以知其果有学问与否。而为利禄来者,皆志在速化,迫令入学肄业,或限以在校若干日始得应试之法,又必不能行。于是辨别其有无学问之法穷矣,乃有欲分期试之者。朱子贡举议欲分《易》、《书》、《诗》为一科,《周礼》、《仪礼》、二《戴记》为一科,《春秋》三传为一科,史则以《左氏》、《国语》、《史记》、两《汉》为一科,《三国志》、《晋书》、南北《史》为一科,新旧《唐书》、《五代史》为一科,时务则律历、地理为一科,诸子分附焉。以次分年试之,即欲以救此弊也。然如是则其岁月淹久,更甚于在学肄业矣。夫岂好速化之士所能从邪?

因读书惟求应举故,乃至牵及党争,此又变科举之法者所不及料矣。宋代科举行新法,则禁程、朱之说;行旧法,则绝王氏之学,自北都已然。南渡初,赵鼎主程,秦桧主王,余习未泯。秦桧死后,尝诏毋拘一家之说,务求至当之论。道学之禁稍解矣。刘德秀奏请毁除语录。叶翥知贡举,请令太学及州军学,各以月试合格前三名程文,上御史台考察。其有旧习不改,则坐学官及提学司之罪。其推波助澜如此。自是语涉道学者,皆被摈。理宗最尊程、朱,元延祐贡举亦用程、朱之书,异论乃息,然明、清两代科举之士之固陋,则又专诵程、朱之书为之也。要之,以应举故而读书,读书仅为应举计,则万变而万不当而已。

制科,宋初有"贤良方正能直言极谏"、"经学优深可为师法"、"详闲吏理达于教化"三科,景德增"博通坟典达于教化"、"才识兼茂明于体用"、"武足安边、洞明韬略运筹决胜、军谋宏远材任边寄"等科。仁宗时分"识洞韬略运筹帷幄"、"军谋宏远材任边寄"为两科,而无"经学优深可为师法"一科,凡六科,以待京、朝官被举及起应选者。又置"书判拔萃科",以待选人之应书者,"高蹈丘园"、"沈沦草泽"、"茂材异等"三科以待布衣之被举者。其法先上艺业于有司,有司较之,然后试秘阁,中格,然后天子亲策之。馆职,则太宗以来,凡特旨召试者,或于中书学士舍人院或特遣官专试,所试诗、赋、论、颂、策、制诰三篇或一篇,中格者授以馆职。神宗时,吕惠卿言进士试策与制科无异,罢之。试馆职则更以策论,元祐元年复之,绍圣初复罢。三省言:"今进士纯用经术。如诏诰、章表、箴铭、赋颂、赦敕、檄书、露布、诫谕,其文皆朝廷官守日用不可阙,且无以兼收文学博异之士。"遂改置弘词科,岁许进士及第者诣礼部请试,见守官则受代乃请,率以春试上舍生附试,不自立院。取毋过五人,中程则上之三省覆试之,分上、中二等,推恩有差;词艺超异者,奏取旨命官。大观四年改为词学兼茂科,岁附贡士院试,取毋过三人。政和增为五人,中格则授职。宣和罢试上舍,随进士试于礼部。南渡绍兴元年,初复馆职试,凡预召者,学士院试时务策一道,天子亲览焉。然是时"校书"多不试,"正字"或试或否。二年,诏举贤良方正能直言极谏科,一遵旧制。应诏者先具所著策、论五十篇缴送,两省侍从参考之,分为三等,上中等召赴秘阁,试论六首,于九经、十七史、七书、《国语》、《荀》、《扬》、《管子》、《文中子》内出题,学士两省官考校,御史监之,四通以上为合格。乾道七年,增至五通。仍分五等,入四等以上者,天子亲策之。第三等为上,恩数视廷试第一人,第四等为中,视廷试第三人,皆赐制科出身;第五等为下,视廷试第四人,赐进士出身;不入等者与簿尉差遣。已上并谓白身者。若有官人,则进一官与升擢。绍兴三年,又立博学鸿词科焉。

宋制,凡入仕,有贡举、奏荫、摄署、流外、从军五等。吏部铨惟注拟州县官,旧幕职官皆使府辟召,宋由吏曹拟授。两京诸司六品以下官皆无选,中书特授。五代时后周每藩郡有阙,或遣朝官权知。太祖始削外权,牧伯之阙,止令文臣权莅。其后内外皆非本官之职,但以差遣为资历。京朝官则审官院主之。_{前代常参官,宋谓之朝官,未常参官谓之京官。}使臣则三班院主之。少卿、监以上中书主之。刺史、副率以上内职,枢密院主之。其后,典选之职分为四:文选曰审官东院,曰流内铨,武选曰审官西院,曰三班院。元丰定制而后,铨注之法,悉归选部,以审官东院为尚书左选,流内铨为侍郎左选,审官西院为尚书右选,三班院为侍郎右选。《陔余丛考》"宋制武选归吏部"条:"《文昌杂录》记御史台言:文德殿视朝仪,兵部侍郎与吏部侍郎东西相向对立,盖因唐制武选在兵部也。今吏部左选掌文官,右选掌武官,请自今以后视朝以吏部左右侍郎分立殿廷。诏可。此可见宋制武官亦归吏部铨选。按《宋史·苏颂传》:唐制,吏部主文选,兵部主武选。神宗谓三代、两汉本无文武之别,议者不知所处。颂言:唐制吏部有三铨之法,分品秩而掌选事。今欲文武一归吏部,则宜分左右曹掌之,每选更以品秩分治。于是吏部始有四选法。"

辽贡举始于圣宗统和六年。叶隆礼《契丹国志》云:"限以三岁,有乡、府、省三试。乡中曰乡荐,府中曰府解,省中曰及第。程文分两科:一曰诗赋,一曰经义,魁各分焉。每三岁辄一试。殿试临期取旨。又将第一人特增一官,授奉直大夫翰林应奉文字。第二、第三人授征事郎,余并授从事郎。圣宗时,止以词赋法律取士,词赋为正科,法律为杂科。"《续通考》云:"辽科目始见于统和,而《室昉传》称会同初登进士第,则进士之来远矣。"又云:"传言赵徽中重熙五年甲科,王观中重熙七年乙科,则辽时科第亦有甲、乙之分。"又"辽进士皆汉人,契丹人无举进士之条。传载重熙中耶律富鲁举进士第,帝怒其父庶箴擅令子就科目,有违国制,鞭之二百。然《天祚纪》载:耶律大石举天庆五年进士,而纪于五年又不云放进士,盖史之阙漏多矣。"

金设科皆因辽宋,有词赋、经义、策试、律科、经童之制。海陵天德三年,罢策试科。世宗大定十一年,创设女直进士科。章宗明昌初,又设制举弘词科。故金取士之目有七。其试词赋、经义、策论中选者,谓之进士。律科、经童中选者,谓之举人。凡诸进士、举人,由乡至府,由府至省,乃殿廷,凡四试皆中选,则官之。廷试五被黜,则赐之第，谓之恩例。又有特命及第者，谓之特恩。凡词赋进士，试赋、诗、策论各一道。经义进士，试所治经义、策论各一道。策论进士者，选女直人之科也。先是大定四年，世宗命颁行女直大小字所译经书，每谋克选二人习之。寻兴女直字学校，猛安谋克内多择良家子为生，诸路至三千人。九年，选异等者百人，荐于京师，廪给之，命温迪罕缔达教以古书，作诗、策。十一年，议行策选之制。十三年，定每场策一道，以五百字以上成，免乡试、府试，止赴会试、御试。且诏京师设女直国子学，诸路设女直府学，拟以新进士充教授，以教士民子弟之愿学者。行之久，学者众，则同汉进士例，三年一试。二十年，以女直学大振，诏今后以策、诗试三场，策用女直大字，诗用小字，程试之期皆依汉进士例。二十八年，以女直进士惟试以策，行之既久，人能预备，命于经内出题，加试以论。章宗承安二年，敕策论进士限丁习学。遂定制，内外官员、诸局分承应人、武卫军、猛安谋克女直及诸色人，户止一丁者不许应试，两丁者许一人，四丁二人，六丁以上止许三人。三次终场，不在验丁之限。三年，定制，以女直人年四十五以下，试进士举，于府试十日前，委佐贰官善射者试射。律科进士，又称诸科，其法以律令内出题，府试十五题，每五人取一人。其制始见于海陵正隆元年。世宗大定二十二年定制，会试每场十五题，三场共通三十六条以上，文理优、拟断当、用字切者，为中选。临时约取之，无定数。二十九年，章宗即位，以有司言，令今后于《论》、《孟》内试小义一道，府会试别作一日引试，命经义试官出题，与本科通考定之。制举有贤良方正、能直言极谏、博学宏材、达于从政等科，试无常期，上意欲行，即告天下。试法先投所业策论三十道于学士院，视其词理优者，群经子史内出题，试论三道，如可，则庭试策一道。宏词科试诏、诰、章、表。于每举赐第后进士及在官六品以下无公私罪者，在外官荐之。二科皆章宗所设也。经童之制，士庶子年十三以下，能诵大经二、小经三，又诵《论语》诸子及五千字以上，府试十五题通十三以上，会试每场十五题，三场共通四十一以上，为中选。始于熙宗，天德间废。章宗立，复之。武举，皇统时设之，有上、中、下三等。其制定于章宗泰和元年。三年，又定武举出职迁授格。文武选皆吏部统之。自从九品至从七品职事官，部拟。正七品以上，呈尚书省以听制授。文散官谓之文资官。武散官谓之右职，又谓之右选。文资则进士为优，右职则军功为优，皆循资，有升降定式而不可越。自进士、举人、劳效、荫袭、恩例之外，入仕之途尚多。凡外任循资官谓之常调，选为朝官谓之随朝。吏部选者谓之部选，尚书省选者谓之省选，部选分四季拟授，省选理资考升迁。

元太宗始取中原，中书令耶律楚材请用儒术选士。九年八月，下诏令断事官术忽䚟与山西东路课税所刘中，历诸路考试。以论及经义、词赋分为三科，作三日程，专治一科，能兼者听。中选者复其赋役，令与各处长官同署公事。得东平杨英等若干人，皆一时名士，而当世或以为非便，事复中止。世祖时，议立程式而未果行。仁宗延祐二年，始开科。顺帝至元元年，罢之。六年复，仍稍变程式焉。

蒙古、色目人作一榜，汉人、南人作一榜。蒙古、色目人试汉人、南人科目，中选者加一等注授。乡会试并同。御试，汉人、南人策一道，限千字以上；蒙古、色目人时务策一道，限五百字以上。

元代选政最为紊乱。《元史·选举志》："当时仕进有多歧，铨衡无定制，其出身于学校者，有国子监学，有蒙古字学、回回国学，有医学，有阴阳学。其策名于荐举者，有遗逸，有茂异，有求言，有进书，有童子。其出于宿卫、勋臣之家者，待以不次。其用于宣徽、中政之属者，重为内官。荫叙有循常之格，而超擢有选用之科。由直省、侍仪等入官者，亦名清望。以仓庾、赋税任事者，例视冗职。捕盗者以功叙，入粟者以资进，至工匠皆入班资，而舆隶亦跻流品。诸王、公主,宠以投下,俾之保任。远夷、外徼,授以长官,俾之世袭。凡若此类,殆所谓吏道杂而多端者欤。矧夫儒有岁贡之名,吏有补用之法。曰掾史、令史,曰书写、铨写,曰书吏、典吏,所设之名,未易枚举。曰省、台、院、部,曰路、府、州、县,所入之途,难以指计。虽名卿大夫,亦往往由是跻要官,受显爵;而刀笔下吏,遂致窃权势,舞文法矣。故其铨选之备,考核之精,曰随朝、外任,曰省选、部选,曰文官、武官,曰考数,曰资格,一毫不可越。而或援例,或借资,或优升,或回降,其纵情破律,以公济私,非至明不能察焉。是皆文繁吏弊之所致也。"可以见其略矣。

	第 一 场	第 二 场	第 三 场
蒙 古、色目人	经问五条。《大学》、《论语》、《孟子》《中庸》,主朱氏章句集注。至元六年,减二条,而增本经义。	策一道,时务限五百字以上。	不试。
汉 人、南人	明经经疑二问。《大学》、《论语》、《孟子》《中庸》,主朱氏章句集注,复以己意结之,限三百字以上。经义一道,各治一经,《诗》主朱氏,《尚书》蔡氏,《易》程氏、朱氏,以上三经,皆兼用古注疏。《春秋》三传及胡氏《传》、《礼记》古注疏,限五百字以上。至元改经疑之一为本经疑。	古赋诏诰章表内科一道。诏诰用古体,章表四六,参用古体。至元改古赋外于诏诰、章表内科一道。	策一道,经史时务,限一千字以上。

明试士之法,专取四子书及《易》、《书》、《诗》、《春秋》、《礼记》五经命题,盖太祖与刘基所定。其文略仿宋经义,然代古人语气为之,体用排偶,谓之八股,通谓之制义。三年大比,以诸生试之直省,曰乡试。中式者为举人。次年,以举人试之京师,曰会试。中式者,天

子亲策于廷,曰廷试,亦曰殿试。分一、二、三甲。一甲止三人,曰状元、榜眼、探花,赐进士及第。二甲若干人,赐进士出身。三甲若干人,赐同进士出身。状元、榜眼、探花之名,制所定也。而士大夫又通以乡试第一为解元,会试第一为会元,二、三甲第一为传胪云。子、午、卯、酉年乡试,辰、戌、丑、未年会试。乡试以八月,会试以二月,皆初九日为第一场,又三日为第二场,又三日为第三场。初设科举时,初场试经义二道,《四书》义一道;二场,论一道;三场,策一道。中式后十日,复以骑、射、书、算、律五事试之。后颁科举定式,初场试《四书》义三道,经义四道。《四书》主朱子《集注》,《易》主程《传》、朱子《本义》,《书》主蔡氏《传》及古注疏,《诗》主朱子《集传》,《春秋》主《左氏》、《公羊》、《穀梁》三传及胡安国、张洽《传》,《礼记》主古注疏。永乐间,颁《四书五经大全》,废注疏不用。其后,《春秋》亦不用张洽《传》,《礼记》止用陈澔《集说》焉。二场试论一道,判五道,诏、诰、表、内科一道。三场试经史时务策五道。廷试,以三月朔。乡试,直隶于京府,各省于布政司。会试,于礼部。主考,乡、会试俱二人。同考,乡试四人,会试八人。举子,则国子生及府、州、县学生员之学成者,儒士之未仕者,官之未入流者,皆由有司申举性资敦厚、文行可称者应之。其学校训导专教生徒,及罢闲官吏、倡优之家、与居父母丧者,俱不许入试。考试者用墨,谓之墨卷。誊录用朱,谓之朱卷。廷试用翰林及朝臣文学之优者,为读卷官。共阅对策,拟定名次,候临轩。或如所拟,或有所更定,传制唱第。状元授修撰,榜眼、探花授编修,二、三甲考选庶吉士者,皆为翰林官。其他或授给事、御史、主事、中书、行人、评事、太常、国子博士,或授府推官、知州、知县等官。举人、贡生不第,入监而选者,或授小京职,或授府佐及州县正官。此明一代取士之大略也。清制略同,惟乡会试皆首场四书义三道,诗一首,次五经义五道,三场策五道,会试改于三月,殿试于四月二十六日而已。案唐时所放进士不过二三十人，又未便释褐，尚须试吏部，或为人论荐，或藩方辟举，乃得入仕，仕亦不过丞尉。《通典》：举人条例：四经出身授紧县尉，判入第三等授望县尉，五经出身授望县尉，判入第三等授畿县尉，进士兴四经同资。宋太宗太平兴国二年，赐进士诸科出身者五百余人，第一、第二等进士及九经，授将作监丞、大理评事，通判诸州，余皆优等注拟，则当时以为异数矣。然乡举在宋为漕试，谓之发解，不过阶以应会试，必累举不第乃得推恩特奏，未尝以为仕阶也。明始亦为入仕之途，举贡生监既特异于杂流进士，尤特异于举贡，遂至与他途殊绝，然转以启朋比之风，不亦哀乎！《日知录》"进士得人"条曰："明初，荐辟之法既废，而科举之中尤重进士。神宗以来，遂有定例。州县印官，以上中为进士缺，中下为举人缺，最下乃为贡生缺。举贡历官，虽至方面，非广西、云、贵不以处之，以此为铨曹一定之格。间有一二举贡受知于上，拔为卿贰，大僚则必尽力攻之，使至于得罪谴逐，且杀之而后已。于是不由进士出身之人，遂不得不投门户以自庇。资格与朋党，二者牢不可破，而国事大坏矣。至于翰林之官，又以清华自处而鄙夷外曹。崇祯中，天子忽用推知，考授编检，而众口交哗，有适从何来遽集于此之诮。呜呼！科第不与资格期，而资格之局成。资格不与朋党期，而朋党之形立。防微虑始，有国者其为变通之计乎！"又《日知录》"科目"条集释："赵氏曰：有明一代，最重进士。凡京朝官清要之职，举人皆不得与。即同一外选也，繁要之缺必待甲科，而乙科仅得遥远简小之缺。其升调之法，亦各不同。甲科为县令者，抚按之卓荐，部院之行取，必首及焉，不数年即得御史部曹等职。而乙科沈沦外僚，但就常调而已。积习相沿，牢不可破。嘉靖中，给事陆粲虽疏请变通，隆庆中，阁臣高拱亦请科贡与进士并重，然终莫能挽。甚至万历三年，特诏抚按官有司，贤否一体荐劾，不得偏重甲科，而积重难返如故也。《明史》丘橓疏云：今荐则先进士，而举监非有凭藉者不与焉。劾则先举监，而进士纵有訾议者罕及焉。于是同一官也，不敢接席而坐，比肩而立。贾三近疏言：抚按诸臣，遇州县长吏，率重甲科而轻乡举。同一宽也，在进士则为抚字，在举人则为姑息。同一严也，在进士则为精明，在举人则为苛戾。是以为举人者，非头童齿豁不就选。此可以见当时风气矣。"

明科举始于洪武三年。诏曰:"前元待士甚优,而权豪势要,每纳奔竞之人,夤缘阿附,辄窃仕禄。其怀材抱道者,耻与并进,甘隐山林而不出。风俗之弊,一至于此。自今年八月始,特设科举。使中外文臣皆由科举而进,非科举者毋得与官。"时以天下初定,令各行省连试三年,且以官多缺员,举人俱免会试,赴京听选。既而谓所取多后生少年,能以所学措诸行事者寡,乃但令有司察举贤才,而罢科举。十五年,复设。十七年,始定科举之式,命礼部颁行各省,后遂以为永制,而荐举渐轻,久且废不用矣。

洪武十八年廷试,擢一甲进士丁显等为翰林院修撰,二甲马京等为编修,吴文为检讨。进士之入翰林自此始。时又使进士观政于诸司,其在翰林、承敕监等衙门者,曰庶吉士。进士之为庶吉士自此始,其在六部、都察院、通政司、大理寺等衙门者,仍称观政进士。观政进士之名,亦自此始也。不专属翰林也。永乐二年,既授一甲三人官,复命于二甲择文学优等五十人,及善书者十人,俱为翰林院庶吉士。庶吉士遂专属翰林矣。复命学士解缙等选才资英敏者,就学文渊阁。弘治四年,大学士徐溥言:"自永乐二年以来,或间科一选,或连科屡选,或数科不选,或合三科同选,初无定限。或内阁自选,或礼部选送,或会礼部同选,或限年岁,或拘地方,或采誉望,或就廷试卷中查取,或别出题考试,亦无定制。自古帝王储才馆阁以教养之。本朝所以储养之者,自及第进士之外,止有庶吉士一途,而或选或否。且有才者未必皆选,所选者未必皆才,若更拘地方、年岁,则是已成之才又多弃而不用也。请自今以后,立为定制,一次开科,一次选用。令新进士录平日所作论、策、诗、赋、序、记等文字,限十五篇以上,呈之礼部,送翰林考订。少年有新作五篇,亦许投试翰林院。择其词藻文理可取者,按号行取。礼部以糊名试卷,偕阁臣出题考试于东阁,试卷与所投之文相称,即收预选。每科所选不过二十人,每选所留不过三五辈,将来成就必有足赖者。"孝宗从其请,命内阁同吏、礼二部考选以为常。自嘉靖癸未至万历庚辰,中间有九科不选。崇祯甲戌、丁丑,复不选,余悉遵例。其与选者,谓之馆选。以翰、詹官高资深者一人课之,谓之教习。三年学成,优者留翰林为编修、检讨,次者出为给事、御史,谓之散馆。与常调官待选者,体格殊异。成祖初年,内阁七人,非翰林者居其半。翰林纂修,亦诸色参用。自天顺二年,李贤奏定纂修专选进士。由是,非进士不入翰林,非翰林不入内阁,南北礼部尚书、侍郎及吏部右侍郎,非翰林不任。而庶吉士始进之时,已群目为储相。通计明一代宰辅一百七十余人,由翰林者十九。盖科举视前代为盛,翰林之盛则前代所绝无也。清进士殿试中式者,状元授修撰,榜眼、探花授编修,二甲以下考选庶吉士。庶吉士无员,考取者给馆舍贮书,简满、汉学士各一人教习,是曰庶常馆。三年期满,试以诗赋,谓之散馆。留馆者二甲授编修,三甲授检讨,余以主事、知县用。或再肄业三年,与次科庶吉士同应试。

明太祖极重荐举,甲辰三月敕中书省:"自今有能上书陈言、敷宣治道、武略出众者,参军及都督府具以名闻。或不能文章而识见可取,许诣阙面陈其事。郡县官年五十以上者,虽练达政事,而精力既衰,宜令有司选民间俊秀年二十五以上、资性明敏、有学识才干者,辟赴中书,与年老者参用之。十年以后,老者休致,而少者已熟于事。如此则人才不乏,而官使得人。其下有司,宣布此意。"于是州县岁举贤才及武勇谋略、通晓天文之士,间及兼通书律者。既而严选举之禁,有滥举者逮治之。吴元年,遣起居注吴林、魏观等,以币帛求遗贤于四方。洪武元年,征天下贤才至京,授以守令。其年冬,又遣文原吉、詹同等分行天下,访求贤才。三年,谕廷臣曰:"六部总领天下之务,非学问博洽、才德兼美之士,不足以居之。虑有隐居山林或屈在下僚者,其令有司悉心推访。"六年复下诏:"山林之士德行文艺可称者,有司采举,备礼遣送至京。"是年,遂罢科举,别令有司察举贤才,以德行为本,而文艺次之。其目,曰聪明正直,曰贤良方正,曰孝弟力田,曰儒士,曰孝廉,曰秀才,曰人才,曰耆民。皆礼送京师,不次擢用。而各省贡生亦由太学以进。于是罢科举者十年,至十七年始复,而荐举之法并行不废。时中外大小臣工皆得推举,下至仓、库、司、局诸杂流,亦令举文学才干之士。其被荐而至者,又令转荐。由布衣而至大僚者,不可胜数。尝谕礼部:"经明行修练达时务之士,征至京师。年六十以上七十以下者,置翰林以备顾问。四十以上六十以下者,于六部及布、按两司用之。"盖是时仕进无他途,故往往多骤贵者。而吏部奏荐举当除官者,多至三千七百余人,其少者亦至一千九百余人。又俾富户耆民皆得进见,奏对称旨,辄与美官。洎科举复设,两途并用,亦未尝畸重轻。建文、永乐间,荐举起家犹有内授翰林、外授藩司者。自后科举日重,荐举日轻,能文之士率由场屋进以为荣,有司虽数奉求贤之诏,第应故事而已。清康熙十八年、乾隆元年,皆开博学鸿词科,各取十五人。乾隆二年,又续取五人。皆授翰林院官。乾隆十六年,命举经学人才。光绪二十五年,下诏开经济特科。至二十九年,乃试之。此则前朝制科之遗,与明之荐举非同物也。

　　明代任官,文归吏部,武归兵部。吏部凡四司,而文选掌铨选,考功掌考察,其职尤要。选人自进士、举人、贡生外,有官生、恩生、功生、监生、儒士,又有吏员、承差、知印、书算、篆书、译字、通事诸杂流。进士为一途,举贡等为一途,吏员等为一途,所谓三途并用也。《日知录》"通经为吏"条曰:"《大明会典》:洪武二十六年,定凡举人出身,第一甲第一名,从六品。第二名、第三名,正七品,赐进士及第。第二甲,从七品,赐进士出身。第三甲,正八品,赐同进士出身。而一品衙门提控,正七品出身。二品衙门都吏,从七品出身。一品二品衙门掾史、典吏,二品衙门令史,正八品出身。其与进士不甚相远也。后乃立格以限其所至,而吏员之与科第,高下天渊矣。故国初之制，谓之三途并用，荐举一途也，进士、监生一途也，吏员一途也。或以科与贡为二途，非也。"原注："从考试而得者，总谓之一途。"京官六部主事、中书、行人、评事、博士，外官知州、推官、知县，由进士选。外官推官、知县及学官，由举人、贡生选。京官各府、六部首领官，通政司、太常、光禄寺、詹事府属官，由官荫生选。州、县佐贰，都、布、按三司首领官，由监生选。外府、外卫、盐运司首领官，中外杂职、入流、未入流官，由吏员、承差等选。此其大凡也。初授者曰听选，升任者曰升迁。凡升迁，必满考。若员缺应补不待满者，曰推升。内阁大学士、吏部尚书，由廷推或奉特旨。侍郎以下及祭酒，吏部会同三品以上推。太常卿以下，部推。通、参以下，吏部于弘政门会选。詹事由内阁，各衙门由各掌印。在外官，惟督、抚廷推，九卿共之，吏部主之。布、按员缺，三品以上官会举。监、司则序迁。其防边兵备等，率由选择、保举，付以敕书，边府及佐贰亦付敕。蓟、辽之昌平、蓟州等，山西之大同、河曲、代州等，陕西之固原、静宁等六十有一处，俱为边缺，尤慎选除。有功者越次擢，误封疆者罪无赦。内地监司率序迁，其后亦多超迁不拘次，有一岁中四五迁，由佥事至参政者。监、司多额外添设，守巡之外往往别立数衔，不能画一也。在外府、州、县正佐，在内大小九卿之属员，皆常选官，选授迁除，一切由吏部。其初用拈阄法，至万历间变为掣签。洪武间，定南北更调之制，南人官北，北人官南。其后官制渐定，自学官外，不得官本省，亦不限南北也。给事中、御史谓之科道。科五十员，道百二十员。明初至天顺、成化间，进士、举贡、监生皆得选补。其迁擢者，推官、知县而外，或由学官。其后监生及新科进士皆不得与。或庶吉士改授，或取内外科目出身三年考满者考选，内则两京五部主事、中、行、评、博，国子监博士、助教等，外则推官、知县。自推、知入者，谓之行取。其有特荐，则俸虽未满，亦得与焉。考选视科道缺若干，多寡无定额。其授职，吏部、都察院协同注拟，给事皆实补，御史必试职一年始实授,惟庶吉士否。保举者,所以佐铨法之不及,而分吏部之权。至若坐事斥免,因急才而荐擢者,谓之起废。家居被召,因需缺而预补者,谓之添注。此又铨法所未详,而中叶以后间尝一行者也。

考满、考察,二者相辅而行。考满,论一身所历之俸,其目有三,曰称职,曰平常,曰不称职,为上、中、下三等。考察,通天下内外官计之,其目有八,曰贪,曰酷,曰浮躁,曰不及,曰老,曰病,曰罢,曰不谨。考满之法,三年给由,曰初考,六年曰再考,九年曰通考。依《职掌》事例考核升降。诸部寺所属,初止署职,必考满始实授。外官率递考以待核。杂考或一二年,或三年、九年。郡县之繁简或不相当,则互换其官,谓之调繁、调简。考察之法,京官六年,以己、亥之岁,四品以上自陈以取上裁,五品以下分别致仕、降调、闲住为民者有差,具册奏请,谓之京察。自弘治时定外官三年一朝觐,以辰、戌、丑、未岁,察典随之,谓之外察。州县以月计上之府,府上下其考,以岁计上之布政司。至三岁,抚、按通核其属事状,造册具报,丽以八法。而处分察例有四,与京官同。明初行之,相沿不废,谓之大计。计处者不复叙用,永为定制。京察之岁,大臣自陈。去留既定,而居官有遗行者,给事中、御史纠劾,谓之拾遗。拾遗所攻击,无获免者。弘、正、嘉、隆间,士大夫以挂察典为终身之玷。至万历时,阁臣间留一二以挠察典,而水火之争,莫甚于辛亥、丁巳。党局既成,互相报复,至国亡乃已。

兵部凡四司,而武选掌除授,职方掌军政,其职尤要。凡武职,内则五府、留守司,外则各都司、各卫所及三宣、六慰。流官八等:都督及同知、佥事,都指挥使、同知、佥事,正、副留守。世官九等:指挥使及同知、佥事,卫、所镇抚,正、副千户,百户,试百户。直省都指挥使二十一,留守司二,卫九十一,守御、屯田、群牧千户所二百十有一。此外则苗蛮土司,皆听部选。自永乐初,增立三大营,各设管操官,各哨有分管、坐营官、坐司官。景泰中,设团营十,已复增二,各有坐营官,俱特命亲信大臣提督之,非兵部所铨择也。其途有四,曰世职,曰武举,曰行伍,曰纳级。官之大者,必会推。其军政,则犹文之考察也。

清选官归吏、兵二部,与明同。科目、贡监、荫生,谓之正途;荐举、捐纳、吏员,谓之异途。进士之考庶吉士未入选者,内以通政司知事、翰林院典簿、詹事府主簿、国子监丞博士、光禄寺署丞,外以知县教授用。举人,近省会试三科,远省一科,福建、湖南、广东、广西、四川、云南、贵州。选授知县教职及直隶州州同,亦得挑取国子监学正、学录及膳录教习。是为大挑。优拔贡生朝考后,授小京官、知县教职。恩副岁贡以州同、州判、教职注选。捐监则主簿吏目。荫生,视所荫品,内以部院员外郎、主事、都察院通政司经历、詹事府主簿、大理寺寺正、寺副、评事,光禄寺署正、署丞,太常光禄寺典簿、鸿胪寺主簿、各部寺司库、中书科中书,外以同知、通判、知州、知县选用。难荫以知州、知县,布按首领州县佐杂、县丞、主簿、吏目选用。荐举有贤良方正、山林隐逸,由督抚确访具题,或铨同通州县,或赏给顶戴,大抵于皇帝即位时行之。督抚幕宾,许特疏保荐。司道以下由督抚保题,请旨考试,分别任用。吏员之名不一,在内阁、翰林院、宗人府等衙门者,曰供事;在部院者曰经承;在督抚、学政、监政各仓各监督衙门者,曰书吏,在司、道、府、厅、州、县衙门者,曰典吏;在州县佐杂之下者,曰攒典。此外尚有他名。皆以五年为役满,得考职。考职分四等,一等以府经历,二等以主簿,三等以从九品杂职,四等以未入流杂职用。吏员多世业,罕应选者。义和团事件后,六部文卷多毁,书吏亦逃,御史陈璧奏请例案惟留要者,令司员掌文书稿案。从之。并谕:"各省院司书吏多与部吏勾通,各府、州、县衙门书吏,又往往勾通省吏,舞文弄法,朋比为奸。著命督抚通饬各属,将例行案卷,一并清厘,妥定章程,遵照部章,删繁就简。嗣后无论大小衙门,事必躬亲,书吏专供缮写，不准假以事权。其各衙门额设书吏，各分别裁汰。"虽有此令，不能行也。捐纳起于顺治六年。户部议开监生吏典等援纳，并给僧道度牒，准杖徒折赎，借以筹饷。康熙时，三藩兵起，再开。十六年，侍郎宋德宜奏："开捐三载，所入二百余万，以知县为最多，计五百余人。流弊甚大，请停之。"噶尔丹战事起，又开，且加捐免保举之例。乾隆元年，停之，仅留户部捐监一条。嘉、道后，因军务、河工、振务等，屡屡奏开。至海防、郑工而后，则内官自郎中，外官自道府而下，皆可报捐矣。光绪二十七年八月，诏停实官捐，然仕途之滥冗，已不可救药矣。

选授之法，特简、特授，皆出上意，无定格。其由吏部或军机处列举候补人姓名以闻者，曰开列；选正副二人引见，由旨任其一，曰拣授。资格相当者，皆引见以待旨，曰推授。皆由吏部行之。他衙门属官，亦由该衙门咨吏部行之。由吏部铨选，曰内选；由督抚题调，曰外补。外官本部选，而改由督抚就候补人员中任用者，曰留缺。此外概归部选。部选由吏部会同河南道监察御史，以掣签行之。签由候选者亲掣，不能亲到，则由吏部堂官代掣。除闰月及京察大计之月外，每月皆选，故又称月选。待部铨者，曰候选。由吏部指定省份，或以捐纳指定待该省长官任用者，曰候补。候补分即用、候补两种。然候补仍为大名，可该即用也。大抵尚侍缺出，以他部尚侍转补。侍讲、侍读及侍讲、侍读两学士以次推升。监察御史，满、蒙由郎中、员外、内阁侍读任用，不考。汉由编修、检讨、郎中、员外郎、主事、内阁侍读、中书科中书、大理寺评事、太常寺博士考选。由各堂官保送吏部，吏部请旨考试记名，遇缺简用。非正途出身及见任京官三品以上、各省督抚之子弟，皆不得与考。总督由左都御史、侍郎、巡抚升。巡抚由学士、左副都御史、府尹、布政司升。布政使由按察使，按察使由运使及各道升。运使由知府升。皆列名请旨。道以郎中、知府升。知府以同知、员外郎，直隶州以主事、散州知县升。道府不胜任者,降简郡及府佐。知县不胜任者,改教职。此其大略也。道府缺,有请旨,有拣,有题,有调,有留,余由部选。州县最要缺,要缺大抵外补,中缺、简缺由部选。清官缺有满、汉、包衣、汉军、蒙古之分。满缺中有专以宗室任之者,然宗室除督、抚、布、按由特旨任用外,不得外任。嘉庆四年上谕,见《东华录》。包衣除专缺外,亦得任满缺。汉军司官以上,可补汉缺,京堂以上,又得补满缺。宗室觉罗铨政,操之宗人府。内务府包衣,由总管内务大臣选拔引见,旨授,亦有不必得旨者。皆不由吏部也。武缺亦有满、汉、汉军、蒙古之分,大抵八旗皆满人,绿营以汉人为主。八旗武职,自副都统以上,绿营武职,自总兵以上,皆由兵部开列请旨,以下由部选,或督、抚、提、镇任用。武官有世职、武科、荫生、军功、行伍、捐纳六途,而以军功行伍为尚。明、清皆有武科。明成化十四年,始定乡、会试,悉视文科例。弘治六年,定六年一行。十七年,改为三年一行。其殿试则始崇祯四年。清武进士,一甲一名授一等侍卫,二名、三名授二等侍卫,二甲授三等侍卫,三甲授蓝翎侍卫外用。一等侍卫,旗人以副将,汉军以参将,二等旗人参将,汉军游击,三等皆以都司,汉人一、二等以参将、游击,三等以游击、都司用。武举由兵部拣选,得授千总。武科停于清光绪二十七年,武职捐纳停于同治四年,见《东华录》。

考察内官曰京察,外官曰大计,皆三年一行。武职曰军政,五年一行。京察分四格、六法。四格曰守,曰才,曰政,曰年。六法曰不谨,曰罢软无为,曰浮躁,曰才力不及,曰年老,曰有疾。初有贪、酷为八法,后贪、酷归特参。按四格分三等。大计分卓异、供职。军政四格,八旗曰操守、才能、骑射、年力,绿营曰才技、年力、驭兵、给饷。六法与文官同。京察,三品京堂由部开列事实,具奏请旨,四五品请特简王、大臣验看,余听察于其长。大计由直省督、抚核其属官,注考达部。军政,将军、都统、副都统由部具疏请旨,三品以下听察于其长,在京八旗武职,特简大臣考察,绿旗听察于其长,由本管注考达部。

訾近代之选政者曰:"科目则学其所学,而实不可云学,非科目更无所为学"是已。然此为历代之通弊,非明、清所独有也。掣签之法,创于明之孙丕扬,亦为论者所深讥。然丕扬之所为,亦犹之崔亮之停年格耳。夫固出于不得已,举而废之,未必利余于弊,且恐不胜其弊也。《陔余丛考》"吏部掣签"条曰:"按于慎行《笔麈》,谓孙公患中人请托,故创为此法。一时官中相传以为至公,下逮闾巷,亦翕然称颂,而不知非体也。古人见除吏条格,却而不视,奈何自处于一吏之职,人才长短,资格高下,皆所不计乎?顾宁人亦主其说。然吏弊日滋,自不得不为此法。所以二百年来,卒不能改,亦时势然也。"惟南北更调之制,至明代而始严,清人因之,变本加厉,使居官者不悉民情,且因路遥到官,先有债累,实为巨缪。《汉书》:严助,会稽吴人。既贵,上问助居乡里时,助对曰:"家贫,为友婿富人所辱。"上问所欲,对"愿为会稽太守"。于是拜为会稽太守。又朱买臣,会稽郡吴人,后出为会稽守。韩安国,梁成安人,为梁内史。《后汉书》:景丹,栎阳人,光武以其功封为栎阳侯,谓"富贵不归故乡,如衣绣夜行,故以封卿"。是汉时尚无回避之例。杜佑《通典》,谓汉时丞尉及诸曹掾,多以本郡人为之,三辅则兼用他郡人,而必特奏。可见汉时掾属官吏,更无不用本郡者。《蔡邕传》:朝议以州县相党,人情比周,乃制昏姻之家,及两州人士,不得互相监临。于又有三互法,禁忌转密。邕乃上疏,极言其弊。然则回避本籍,以及亲族相回避之例,盖起于后汉之季也。然魏、晋以来,亦有不拘此者。宋授官本籍之例,大概有三:一以便就养;一以优老臣;一以宠勋臣。亦或不尽关此。南宋之末,以军事重,守乡郡者更多。《高宗纪》:绍兴二年,诏监司避本贯,则回避本籍,惟在监司。金、元亦间有不避本籍者。明惟洪武时不拘。清则督抚大吏外,常调官惟有亲老改补近省之例而已。又历代铨选,有不必尽赴京师者,如唐东都、黔中、闽中、岭南、江南各自为选是也。宋神宗诏川、陕、福建、广南四转运使各立格就注。南渡后,四川仍沿此制,近代亦无此例。以上略据《陔余丛考》及《日知录》。案清代官,惟教职止避本府,余官须避原籍,寄籍并须避邻省五百里以内,又京官祖孙父子不得同在一署,外任则五服之族、母妻之父兄弟、女婿适甥、儿女姻亲、师生,皆不得相统属,皆以卑避尊,此其所谓回避之法也。诚非廓然大公,然背公党私,久成锢习,不肖者固巧法徇私而不易治,贤者亦苦公私难以两全而无以自处，其法亦不可尽废。要以相去不至太远，致民情风俗不易悉，又难以赴任为限耳。又明初官之赴任，及其去官归里，或身没妻子归里，舟车皆由官给，亦有特劳以资者，今后似亦宜酌给。驭吏者必使俯仰无忧，乃可责之以廉也。又明代吏部用人，尚有大权，虽有弊而亦有利。《廿二史札记》"明吏部权重"条谓明六部堂官、巡抚、布政等，皆吏部所选用。严嵩当国时，始有吏、兵二部选郎，各持簿任嵩填发之事。万历中，孙丕扬长吏部，不得已用掣签法，以谢诸请属者，亦以吏部注授官职，可以上下其手也。虽有会推之例，亦吏部主之。熊开元疏曰："督抚官缺，明日廷推，今日传单，其人姓名不列。至期，吏部出诸袖中，诸臣唯唯而已。"清则循例选授外，几无余事，官职稍高，即非所得预。用人之权，内夺于军机、内阁，外专于总督、巡抚，尚侍所行，真成一吏之事矣。此亦清代政治不克振起之一因也。

康有为《官制议》曰："官职之与爵位，同用而不可缺者也。官职以治事也，事惟其才，则能者任之，其义在用也。爵位以酬勋旧年德也，所以尊显之，其义在报。春秋列国大夫无数，而任职者无几人。若夫白屋之俊才，异邦之羁旅，试以职事，亦不必遽授高爵。战国立关内侯十九等之虚爵。汉世因之，亦官爵并用之义也。六朝之世，官爵合而为一。然当时尚无资格年劳之限。其用人也，气疏以达。然是时实崇贵族，有华腴寒素之别，故上品无寒门，下品无贵族，盖即以门族之人望为爵位，此无可称焉。汉武帝妙用人才，则诸曹侍中诸吏给事之差出矣。光武不委用三公重臣，则尚书权重矣。魏、晋又用中书小臣为重任，而远尚书矣。岂非官自用才，不必贵显，位自尊重，不必执政，实自然不得已之理邪？唐太宗时，不用尚书令仆及中书令，而以庶僚同三品平章政事，亦重差事官也。自崔亮、裴光庭后，资格年劳之法日积，所以限人士之登庸，备选部之铨简者，其道日隘，其格日深，人才之登用甚难。故唐时遂创检校行守试之法。宋太祖因而妙用之，令官与爵异，官可不次拔用，爵则论功次迁。其职事官者差也，其官也、职也、勋也、阶也、爵也，皆爵位也。盖自光武罢诸将兵柄,而授以特进、奉朝请之位,又以隆礼高位待公卿,而以事权万务归台阁。范蔚宗谓其高秩厚礼,允答元勋,峻文深宪,责成吏职,故勋旧得保全,而职事克举。盖自孝廉为尚书郎,则已手握王爵,口含天宪,出为刺史守令,更迭互用,位略平等,而守相望深,即为公卿,其制良美矣。宋艺祖酷效之,而更妙其用。于是得是官者只以酬年劳而寄禄,不必任其事。任其事者但在举其职,不必至是官。故自京朝六部诸司百执省台寺监之长,外至漕司州郡,尽为差事,上至故相,下至八品朝官,皆得为之,惟才是与,不论爵位。至于迁转,则各按其原资,积年劳,累功效,而后渐至大位。事权轻重视其差,恩荣轻重视其位。两不相蒙,各有所得。才贤争效其职,大臣不怨遗佚,权贵不至尸位。善哉!复古之制,未有如宋祖者也。王安石不知法意,徒务正其空名,元丰官制行,于是宋祖之美意不见矣。然以大夫郎之散阶代官,仍留判、行、守、试、权差遣之法;大夫郎馆职,则待年劳而后转;判、行、守、试、权差遣,仍不拘品位以任事,宋祖之良法仍存焉。其法以大夫郎为寄禄本阶,其差高于本阶一品者为行,下一品者为守,下二品为试,再高者则为判,再下者则为权发遣,而于不拘品位之中,仍有选人之位限。若某官但两制以上,或馆职以上,或朝官以上,或京官以上是也。其寄禄之阶官,凡二十四等,四年一转,有出身或馆职者超转,至朝议大夫以上七年一转,如司马光曾为宰相者也。《通鉴》署衔曰太中大夫,正四品阶也。端明殿学士从二品馆阁之职,以故相枢密副使改为之也。侍读则三品官也。神霄宫使乃差遣,上柱国则勋一品,温国公则爵一品,是其阶职官爵品数皆不同,各自升转,各受恩侍,而以判行守试视权发遣为之,则无不可也。元以蒙古入中国,其时权要议制之臣,粗疏而不知法意,尽罢宋制,有官无爵,虽有勋阶,皆随官位而授之,不以为寄禄、判、行、守、试之地位也。于是唐、宋以来官爵并行之良法美意,扫地尽矣。明太祖起自草茅,不知古事,亦不知古意,不知官爵并行之法,但其用人不次,生杀不次,故以布衣一日而任卿相,又一日而杀之。其操纵类于汉武,此为英雄偶用之事,而非可垂后行远者也。然明世大学士位仅五品,皆以翰林官充之。英宗时,俞镃、萧纲尚得以贡生生员入阁,乃至崇祯时尚有以修撰为大学士,而知县可为御史也。巡抚皆以四五品卿衔为之。御史可出而巡按,两转可为巡抚。主事中行评博可为御史,再三转皆为京卿。四五品京卿皆得选大学士。故明世虽无官爵并行之法,而酷类汉制,气疏以达,故磊落英勇之才,得以妙年盛气举其职而行其志,然不如宋制之深稳妥帖矣。然明世外省事权最大者,则有总督、巡抚,兵权最大者,莫如提督、将军,国务政权,则入内阁预机务,是三者皆差事而非职官也。然则官爵之分,差事官之美,历朝所莫能外矣。惟国朝之制,乃累百代之弊,尽去其精美,而取其粗恶也。其达官有权者只有尚、侍、督、抚四十余人,其能以言上达者只有御史京卿数十人,举国所寄命在此矣。而宋之六部诸司长官可以八品官判其事者,今则一切职事能达于上者,必以一二品之大学士、尚、侍、督、抚为之,虽三品卿如大理、太常、太仆、光禄,古为极雄峻之位者,国朝尚不得与闻政事焉。如今之议开铁路、矿务、商务、垦务、学务诸司,及查办事件,皆必以大学士、尚、侍为之,宁以数大臣而共办一职,又以一大臣而兼领数职。而所谓大学士、尚、侍、督、抚者,其品秩皆在第一第二,与人间隔绝,高高不可攀者也。盖自魏、晋、六朝至唐宰相,皆不过三品,尚、侍诸卿亦皆三四品,而外之刺史别驾,亦皆三四品,故多自刺史别驾而入为宰相者,况百司乎?夫刺史别驾者,今之知府同知耳。其去藩臬,尚如登天之无阶,况督抚乎?况宰相六卿乎?如京官迁转,尤为可笑。如工右之至吏左,同为侍郎,而几须十转乃至。盖右侍郎之转,仅至左侍郎,工部之升,仅为刑部。若工尚之升,必从总宪,总宪之任,必自吏左,若自京卿至侍郎,则自鸿少卿迁光少卿,光少卿迁通参,通参迁阁读学士,然后迁鸿卿,进而常少仆少,又进而理少通副,又进而光卿仆卿，又进而府尹常卿，又进而理卿通使，又转为宗丞，进为副宪，然后得为侍郎。盖必十余转乃能至焉。若自五品员外郎而为四品卿，亦须九转乃至。一升郎中，再升御史，三升巡城掌印御史，四升给事，五升掌印都给事，六升鸿少，七升光少，八升通参，九升乃至阁读学士。其自主事中书而至御史，必历十数年乃能补缺。主事则一再升郎员，乃能考取御史。中书则再升侍读，乃能考取御史。即编修亦非十余年不能开坊，不能入清秘堂而保选知府焉。苟官未至尚、侍、督、抚，虽藩臬之尊，不得上达，内阁学士三品卿之贵，不闻政事，曾不得比宋世之八品朝官也。而欲至尚、侍、督、抚之位，非经数十转不得至焉。经此数十转也，即使弱冠通籍，顺风直上，绝无左降，未尝病卧，亦必年已耄耋矣，精神衰耗矣，血气销缩矣，阅历疲倦矣，非耳聋目暗，则足跛病忘矣。除已衰在得以谋子孙而娱暮老之外，无余志矣。夫安有立竞争优胜劣败之世，任天下大事于冢中枯骨，而望其有成者乎？"《官制议》卷十三《改差为官改官为位》。康氏之言如此，于清代用人之弊，可谓穷形尽相矣。

　　考试为中国固有之良法，然历代任官，由于考试者，实仅科举一途而已，犹未尽其用也。及孙文乃大昌，其义列为五权宪法之一焉。案自国民政府成立以前，各省已有举行考试者，以县长佐治员，教育、警察、卫生各行政人员，会计人员，司法员吏_{管狱员、承审员、承发吏}等为多。使领馆职员，外交部亦曾举行考试，然非定法也。十八年一月一日，国民政府乃公布考试法，分考试为普通、高等、特别三种。普通考试在各省区举行，高等考试在首都或考试院指定之区域举行，每年或间年一举。初试国文、党义，次分科试其所学。其事由典试委员会任之，以主考官为委员长。_{普通考试，主考官由国民政府简派，高等考试特派。}监察院派员监试。应试及格者，由考试院发给证书予以登记。举行考试之前，先之以检定考试，在各省举行。二十年三月公布特种考试法，以试候选及任命人员及应领证书之专门职业或技术人员而定其资格。定以是年四月至六月为检定考试之期，七月十五日举行高等考试，其普通考试分区巡回举行。分全国为九区，区设典试委员会，以次分赴各省。江苏、浙江、安徽、湖南、湖北、江西六省为第一区，河北、山东、河南、山西、察哈尔、绥远六省为第二区，辽宁、吉林、黑龙江、热河四省为第三区，陕西、甘肃、青海、宁夏四省为第四区，四川、西康、云南、贵州四省为第五区，广东、广西、福建三省为第六区，新疆为第七区，蒙古为第八区，西藏为第九区。第一次甘肃、宁夏、青海三省，四川、西康两省皆合并举行，新疆暂行委托考试，蒙古西藏则暂缓。定于是年九月十五日举行，高等考试既毕，大水为灾，交通艰阻，展期至次年一月至六月间，因国难又未果，展至七月至十二月间，至十二月乃有山西省举行。明年河北、绥远、河南继之。二十三年首都及浙江乃又行之焉。军兴以来，需材孔亟，而平时典试等法，至此或难尽行。二十八年十月二十八日，乃公布非常时期特种考试暂行条例，规定特种考试由考试院视需要随时举行，分类分科及应考资格亦由院规定。其试法得分初试再试，而二者又各得分为若干试，亦有院定之。得不设典试委员会，由院派员办理。与普通考试相当者，得委托任用机关行之。高等考试及普通考试，亦颇得援用其法。考试院又拟订战地任用人才考试办法，先分地调查，次分类筹备，乃指定后方地点，派员巡回举行。又制定全国人才登记规程，有应高等、普通考试资格者，或由调查，或因申请，予以登记其学历经验，优者或介绍工作，或举行奖学考试，以资鼓励。其特种公务员邮电、路航、关盐等。及专门职业技术人员考试之法，亦在拟订之中。前此数尝举行，惟未有定法。高等考试是年十月一日分在重庆、成都、昆明、桂林、皋兰、城固、永康七处举行，先是中央政治会议议决，此后高等考试分初试及再试，初试合格者一律入中央政治学校训练，期满后举行再试，及格乃依法任用。及是依以举行初试及格者，皆送中央政治学校训练，训练之期定为一年，期满由院再试，及格则发给证书，依法任用。不及格者得再试一次，训练期内，膳食、服装、讲义均由学校供给，并月给津贴30元焉。其普通考试，战后广西、云南、陕西，皆尝举行。二十九年十二月十六日公布县参议员及乡镇民代表候选人考试暂行条例，分试验、检讨二项，试验科目由考试院定之，检讨除审查资格外，得举行测验或口试，其办法亦由考试院订定。

高等考试之分科，有外交官、领事官、教育、卫生、财务、行政人员，有会计统计人员，有司法官、监狱官、律师，有西医师、药师，其条例皆十九年公布，有警察行政人员、工业、农业、农林技术人员，其条例皆二十年公布，后又有建设人员普通考试，科目有普通行政人员，教育卫生行政人员，监狱官、书记官，其条例皆十九年公布，警察、农林行政人员，工业、农业技术人员，其条例皆二十年公布。后又有审计人员。二十八年高等考试分（一）普通行政，（二）财务行政，（三）经济行政，（四）土地行政，（五）教育行政，（六）司法官，（七）外交官、领事官，（八）统计人员，（九）会计、审计人员九项，后又加合作行政人员一项。特种考试，有监所看守，有图书管理员，有助产士，有牙医，有商品检验技术人员，有邮务人员，有中小学教师，检定。有引水人，其条例皆二十年公布，战后财务、交通、电信、路政、邮务、会计、工程、地方行政、农业推广、土地呈报、教育视察、气象测候，皆尝举行考试。盖有所求，则试之无定限，已公布之条例，或亦不能改废也。

十九年十一月二十九日国民政府公布考试复核条例，京内外各官署，在考试院举行考试以前，遵照中央法令所举行之考试，均依该条例加以复核，如考试章程是否根据中央法令，或经中央核准考试方法，是否依照考试章程考试科目，是否与所任职务相当，成绩是否及格是也。二十年一月乃呈请，嗣后各省请举行考试者，一律停止。各项考试概归考选委员会呈院核夺施行焉。惟仍有由各机关自办而呈院核准备案者，建设委员会于普通工程及事务人员，即尝行之。

铨叙部设登记、甄核、育才三司及铨叙审查委员会，以审查公务员资格成绩，任免升降转调俸给年金奖恤抚恤本属内政及司法行政部。及规划公务员补习教育及公益之事。十九年四月公布现任公务员甄别审查条例，印就表格及证明书发交中央各院部会及各省市政府，请转发所属各机关，限期填送。是年六月开始审查，分资格、成绩两项，资格分革命功勋、学历、经历、考试及格四项，成绩由长官加具考语，分甲乙丙丁四等。报部之期本定是年十二月，后展期五次，至二十二年六月乃截止，然未填送者，实尚十之六七也。审查既竣，乃行登记，举审查合格者而籍录之，是曰初次登记。其后升降调免及其他事项如死亡等。一一籍录，谓之动态登记焉。二十八年十二月八日公布非常时期公务员考绩条例，分工作、操行、学识为三项，工作占 50 分，操行、学识乃各占 25 分，总计满 60 分为及格留任。惟工作不及 30 分，操行、学识不及 15 分者，仍以不及格论。不及格者降级或免职，在 80 分以上者晋级。二十九年十二月二十日公布各机关人事管理暂行条例，规定各机关就原有经费及人员中，设置人事处司科股或指定专任人员办理送请铨叙，进退迁调，考核奖惩，其他人事登记，训练补习，抚恤公益等事项焉。

法不难于立而难于行。二十二年四月，考试院秘书处致考选委员会公函，内附周邦道等条陈云：两年来第一届高考及格，依法任用，呈荐试署实授者，只 34 人，内已遭罢免者 10 人，现在任用者，不过 24 人，皆有备员之名，而无得官之实。公务员任用法虽已施行，能否推行尽致，尚不可知。且依该法施行条例，有轮班选补 3 名叙一之法则,如教育部分发,尚未任用者有6人,即令今后历任长官均能守法不渝,亦须候至第十六个缺,第六人始能进叙,实非一二年所能,其他机关情形,亦多类是云云。考试及格者,任用之难可以想见。二十七年二月四日译报载《字林西报》云,中国目前引用私人非常普遍,文官考试实已不存。六月二十八日《文汇报》转载《新华日报》"保卫武汉与第三期抗战问题意见"一文,其第五节,解决一切问题之中心枢纽云:一是党派门户成见未能全泯,二是个人亲故私情时常发生作用。抗战之时如此,平时可知。今之所谓公务员任用法者,核其实,已难尽如人意,而其行之之难,犹如是。昔人所谓去河北贼易,去中朝朋党难,其理亦不外是也。

第十七章　兵　制

古言兵制者亦有今古文之异。《白虎通·三军篇》："三军者何法？法天地人也。以为五人为伍，五伍为两，四两为卒，五卒为旅，五旅为师，师二千五百人。师为一军，六师一万五千人也。《传》曰：一人必死，十人不能当。百人必死，千人不能当。千人必死，万人不能当。万人必死，横行天下。虽有万人，犹谦让，自以为不足，故复加五千人，因法月数。月者群阴之长也，十二足以穷尽阴阳，备物成功。万五千人亦足以征伐不义，致太平也。《穀梁传》曰：'天子有六军，诸侯上国三军，次国二军，下国一军。'"此文庸有讹误，然卢校改非是。万五千人与月数不合。《说文》及《一切经音义》引《字林》，皆以四千人为一军，则三军适法十二月，知《白虎通》窜乱多矣。今《穀梁》襄十一年："古者天子六师，诸侯一军。"《公羊》隐五年《解诂》："二千五百人为师。礼，天子六师，方伯二师，诸侯一师。"《诗》："周王于迈，六师及之。"《孟子》："三不朝则六师移之。"此今文家说也，其详不可得闻矣。古文家说见于《周官·大司徒》职云：令五家为比，五比为闾，五闾为族，五族为党，五党为州，五州为乡。《小司徒》职云："乃会万民之卒伍而用之。五人为伍，五伍为两，四两为卒，五卒为旅，五旅为师，五师为军。"《夏官》序官云："凡制军，万有二千五百人为军。王六军，大国三军，次国二军，小国一军，军将皆命卿。二千有五百人为师，师帅皆中大夫。五百人为旅，旅帅皆下大夫。百人为卒，卒长皆上士。二十有五人为两,两司马皆中士。五人为伍,伍皆有长。"此其成军之法也。其出车之法,则《公羊》宣十五年《解诂》云:"十井共出兵车一乘。"又昭元年《解诂》云:"十井为一乘,公侯封方百里,凡千乘;伯四百九十乘,子男二百五十乘。"襄十二年云:"礼,税民公田不过十一,军赋十井不过一乘。"《礼记·坊记》:"故制国不过千乘。"注曰:"古者方十里,其中六十四井,出兵车一乘,此兵赋之法也。成国之赋千乘。"《论语·学而》:"道千乘之国。"《集解》:"包曰:道,治也。千乘之国者,百里之国也。古者井田,方里为井,井十为乘。百里之国,适千乘也。"此今文说也。古文家所用为《司马法》。《司马法》有二说。其一:"六尺为步,步百为亩,亩百为夫,夫三为屋,屋三为井,井十为通,通为匹马,三十家士一人,徒二人。通十为成,成百井,三百家革车一乘,士十人,徒二十人。十成为终,终千井,三千家革车十乘,士百人,徒二百人。十终为同,同方百里,万井,三万家革车百乘,士千人,徒二千人。"郑注《周礼·小司徒》所引也。其又一说,则郑注《论语》"道千乘之国"引之。见《小司徒》疏,而《汉书·刑法志》亦取其说。《汉志》曰:"四井为邑,四邑为丘。丘,十六井也,有戎马一匹,牛三头。四丘为甸。甸,六十四井也,有戎马四匹,兵革(车)一乘,牛十二头,甲士三人,卒七十二人,干戈备具,是谓乘马之法。一同百里,提封万井,除山川沈斥,城池邑居,园囿术路,三千六百井,定出赋六千四百井,戎马四百匹,兵车百乘,此卿大夫采地之大者也,是谓百乘之家。一封三百一十六里,提封十万井,定出赋六万四千井,戎马四千匹,兵车千乘,此诸侯之大者也,是谓千乘之国。天子畿方千里,提封百万井,定出赋六十四万井,戎马四万匹,兵车万乘,故称万乘之主。"《小司徒》疏及成元年《左氏》正义以前法为畿内法,后一法为邦国法。前一法与《鲁颂》"公车千乘,公徒三万"合。后一法则天子畿内有甲士三万,卒七十二万。故《史记》谓牧野之战,纣卒七十万人。孙子亦云："怠于道路，不得操事者七十万家。"

《春秋繁露·爵国篇》云："方里八家，一家百亩，以食五口。上农夫耕百亩，食九口，次八人，次七人，次六人，次五人，多寡相补，率百亩而三口，方里而二十四口。方里者十，得二百四十口。方十里为方里者百，得二千四百口。方百里为方里者千，得二万四千口。方千里为方里者万，得二十四万口。"法三分而除其一，"得良田方十里者六十六，十与方里当作与十方里。六十六。定率得十六万口，三分之，则各五万三千三百三十三口，为大口军三，此公侯也。天子地方千里，为方百里者百，亦三分除其一，定得田方百里者六十六，与方十里者六十六，定率得千六百万口，九分之，各得百七十七万七千七百七十七口，为京口军九。三京口军，以奉王家"。"故伯七十里，七七四十九，三分除其一，定得田方十里者二十八，与方十里者六十六，定率得十万九千二百一十二口，为次国口军三"。"故子男方五十里，五五二十五，与方十里者六十六，定率得四万口，为小国口军三"。"与方十里者六十六"句原误，今改正。"定率得四万口"句亦误。此又自为一说。如此说，方十里，得二千四百口，三分去一，更以三除之，为五百三十三口，故云"有田一成，有众一旅"也。

论古代兵制者皆为兵农合一之说所误。江氏永《群经补义》论此事最核，可检阅。盖服兵役者惟乡人，野鄙之农不与。故《周礼》亦只云"军出于乡也"。朱氏大韶《实事求是斋经义·司马法非周制说》论此事亦详。《繁露》、《司马法》以一部分人所服之兵役均摊于全国人，则说不可通矣。《繁露》盖孔子所改之制，非事实。《司马法》则战国时书。战国时服兵役者已不限于乡人。作者但睹当时之制而不知古，故亦以古兵数均摊之全国人邪，抑亦欲少澹干戈之祸也。

古服兵役限于乡人者，以其初为战胜之族，而野人则被征服之族也。讲阶级篇时已言之矣。然当时之野人亦非不能为兵，特仅用以保卫乡里不出征耳。至战国时，乃皆使之征戍，故兵数骤增。苏秦说六国，谓燕、赵、齐、韩皆带甲十万，楚带甲数百万，魏武士二十万，苍头二十万，奋击二十万，厮徒二十万。观当时坑降斩级动以万计，则秦之言非虚也。鞍之战，齐侯见保者曰："勉之，齐师败矣。"而战国时论者谓"韩魏战而胜秦，则兵半折，四境不守"。此保卫乡里之民尽充征戍之士之明征也。此可见战事之日烈矣。

《日知录》曰："春秋之世，戎翟之杂居于中夏者，大抵皆在山谷之间，兵车之所不至。齐桓、晋文仅攘而却之，不能深入其地者，用车故也。中行穆子之败翟于大卤，得之毁车崇卒，而智伯欲伐仇犹，遗之大钟，以开其道，其不利于车可知矣。势不得不变而为骑，骑射所以便山谷也。是以公子成之徒谏胡服而不谏骑射，意骑射之法必有先武灵而用之者矣。"案此亦可见争战之日烈也。苏秦谓燕骑六千匹，赵万匹，魏五千匹，楚万匹。

战国时，实为举国之民皆服兵役之世。降逮秦汉，犹沿其余烈焉。《汉书·刑法志》云："天下既定，踵秦而置材官于郡国，京师有南北军之屯。至武帝平百粤，内增七校，晋灼曰：'《百官表》中垒、屯骑、步兵、越骑、长水、胡骑、射声、虎贲，凡八校尉，胡骑不常置，故此言七也。'外有楼船，皆岁时讲肄，修武备云。至元帝时，以贡禹议，始罢角抵，而未正治兵振旅之事也。"此孟坚总述西汉兵制之大略也。案《后汉书·光武纪》建武七年注引《汉官仪》："高祖命天下郡国选能引关蹶张、材力武猛者，以为轻车、骑士、材官、楼船。常以立秋后讲肄课试，各有员数。平地用车骑，山阻用材官，水泉用楼船。"此汉时兵之种类也。《汉书·高帝纪》二年注引《汉仪注》："民年二十三为正，一岁为卫士，一岁为材官骑士，习射御骑驰战陈。""年五十六衰老，乃得免为庶民，就田里。"《昭帝纪》元凤四年注："如淳曰：更有三品，有卒更，有践更，有过更。古者正卒无常人，皆当迭为之，一月一更，是为卒更也。贫者欲得雇更钱者,次直者出钱雇之,月二千,是谓践更也。天下人皆直戍边三日,亦名为更,律所谓繇戍也。虽丞相子亦在戍边之调。不可人人自行三日戍,又行者当自戍三日,不可往便还,因便住一岁一更。诸不行者,出钱三百入官,官以给戍者,是为过更也。律说,卒践更者,居也,居更县中五月乃更也。后从尉律,卒践更一月,休十一月也。《食货志》曰:'月为更卒,已复为正,一岁屯戍,一岁力役,三十倍于古。'此汉初因秦法而行之也。后遂改易,有谪乃戍边一岁耳。"此当时人民所服兵役之义务也。汉南北军皆调自人民。详见《文献通考》。自武帝初年以前用兵亦多调自郡国,实战国以来之成规也。其非出自人民者,《百官公卿表》:"越骑校尉掌越骑。"如淳曰:"越人内附,以为骑也。"《表》:"长水校尉掌长水、宣曲胡骑。"师古曰:"长水,胡名也。宣曲,观名,胡骑之屯于宣曲者。"《表》:"胡骑校尉掌池阳胡骑。"师古曰:"胡骑之屯池阳者也。"又光禄勋所属"期门掌执兵送从,武帝建元三年初置,比郎,无员,多至千人,有仆射,秩比千石。平帝元始元年更名虎贲郎,置中郎将,秩比二千石。羽林掌送从,次期门,武帝太初元年初置,名曰建章营骑,后更名羽林骑。又取从军死事之子孙养羽林,官教以五兵,号曰羽林孤儿。羽林有令丞。宣帝令中郎将、骑都尉监羽林,秩比二千石"。《东方朔传》:"微行,常用饮酎已。八九月中,与侍中常侍武骑及待诏陇西北地良家子能骑射者期诸殿门,故有期门之号。"此则非复出于普通人民,故论者以校尉为募兵之始。羽林、期门拟唐之常从。然此等兵在汉固无关重要也。

民兵之制所以渐废者,实缘秦汉以后疆域式郭,征戍日远。古代风气强悍,人民于战斗,初非所惮。所惮者则路遥而征戍之期长,废生业而又有跋涉之苦耳。故自秦世已有谪发,至汉而用之益广。夫用谪发则不甚用平民为兵,不甚用平民为兵,则人民右武乐战之习日以衰矣。此民兵渐废之由也。

秦代谪发之制见于《汉书·晁错传》。错论《守边备塞书》曰："臣闻秦时北攻胡貉，筑塞河上，南攻扬粤，置戍卒焉。其起兵而攻胡、粤者，非以卫边地而救民死也，贪戾而欲广大也，故功未立而天下乱。且夫起兵而不知其势，战则为人禽，屯则卒积死。夫胡貉之地，积阴之处也，木皮三寸，冰厚六尺，食肉而饮酪，其人密理，鸟兽毳毛，其性能寒。扬粤之地，少阴多阳，其人疏理，鸟兽希毛，其性能暑。秦之戍卒不能其水土，戍者死于边，输者偾于道。秦民见行，如往弃市，因以谪发之，名曰'谪戍'。先发吏有谪及赘婿、贾人，后以尝有市籍者，又后以大父母、父母尝有市籍者，后入闾，取其左。发之不顺，行者深怨，有背畔之心。凡民守战至死而不降北者，以计为之也。故战胜守固则有拜爵之赏，攻城屠邑则得其财卤以富家室。故能使其众蒙矢石，赴汤火，视死如生。今秦之发卒也，有万死之害，而亡铢两之报，死事之后不得一算之复，天下明知祸烈及己也。陈胜行戍，至于大泽，为天下先倡，天下从之如流水者，秦以威劫而行之之敝也。""陛下幸忧边境，遣将吏发卒以治塞，甚大惠也。然令远方之卒守塞，一岁而更，不知胡人之能，不如选常居者，家室田作，且以备之。以便为之高城深堑，具蔺石，布渠答，复为一城其内，城间百五十步。要害之处，通川之道，调立城邑，毋下千家，为中周虎落。先为室屋，具田器，乃募罪人及免徒复作令居之；不足，募以丁奴婢赎罪及输奴婢欲以拜爵者；不足，乃募民之欲往者。皆赐高爵，复其家，予冬夏衣，廪食，能自给而止。郡县之民得买其爵，以自增至卿。其亡夫若妻者，县官买予之。人情非有匹敌，不能久安其处。塞下之民，禄利不厚，不可使久居危难之地。胡人入驱而能止其所驱者，以其半予之，县官为赎其民。如是，则邑里相救助，赴胡不避死。非以德上也，欲全亲戚而利其财也。此与东方之戍卒不习地势而心畏胡者,功相万也。"此可见谪戍之弊,及募民实边之益。使当时沿边之地能举如错议行之,则民不劳而边患抒,实策之最善者也。然当时不能如是,而武帝以后,征戍既远,征调尤繁,人民难数扰动,故谪发之用尤甚也。

汉世谪发,见于《汉书》纪传者甚多,今就本纪,略举若干事,以见其概。

《高帝纪》十一年,"赦天下死罪以下,皆令从军"。

《武帝纪》元鼎五年,"夏四月,南越王相吕嘉反"。秋,"遣伏波将军路博德出桂阳,下湟水;楼船将军杨仆出豫章,下浈水;归义越侯严为戈船将军,出零陵,下离水;甲为下濑将军,下苍梧。皆将罪人,江淮以南楼船十万人。越驰义侯遗别将巴蜀罪人,发夜郎兵,下牂柯江,咸会番禺"。

元封二年,"朝鲜王攻杀辽东都尉,乃募天下死罪击朝鲜"。秋,"遣楼船将军杨仆、左将军荀彘将应募罪人击朝鲜"。

六年,"益州、昆明反,赦京师亡命,令从军,遣拔胡将军郭昌将以击之"。

太初元年,"遣贰师将军李广利发天下谪民西征大宛"。师古曰:"庶人之有罪谪者也。"《李广利传》:"太初元年,以广利为贰师将军,发属国六千骑及郡县恶少年数万人以往。"

天汉四年,"发天下七科谪及勇敢士"。张晏曰:"吏有罪一,亡命二,赘婿三,贾人四,故有市籍五,父母有市籍六,大父母有市籍七,凡七科也。"

《昭帝纪》始元元年,"遣水衡都尉吕破胡募吏民及发犍为、蜀郡奔命击益州,大破之"。应劭曰:"旧时郡国皆有材官骑士以赴急难,今夷反,常兵不足以讨之,故权选取精勇。闻命奔走,故谓之奔命。"李斐曰:"平居发者二十以上至五十为甲卒,今者五十以上六十以下为奔命。奔命，言急也。"师古曰："应说是也。"

《昭帝纪》元凤元年，"武都氐人反，遣执金吾马适建、龙雒（额）侯韩增、大鸿胪广明将三辅、太常徒，皆免刑击之"。苏林曰："是时太常主诸陵县治民也。"

五年，"六月，发三辅及郡国恶少年吏有告劾亡者，屯辽东"。如淳曰："告者，为人所告也。劾者，为人所劾也。"师古曰："恶少年谓无赖子弟也。告劾亡者，谓被告劾而逃亡。"

《宣帝纪》本始二年秋，"大发兴调关东轻车锐卒，选郡国吏三百石伉健习骑射者，皆从军"。

神爵元年，"西羌反，发三辅、中都官徒弛刑，及应募佽飞射士、羽林孤儿，胡、越骑，三河、颍川、沛郡、淮阳、汝南材官，金城、陇西、天水、安定、北地、上郡骑士、羌骑，诣金城"。李奇曰："弛，废也。谓若今徒解钳钛赭衣，置任输作也。"师古曰："中都官，京师诸官府也。《汉仪注》长安中诸官狱三十六所。"佽飞射士，臣瓒曰："本秦左弋官也，武帝改曰佽飞官，有一令九丞，左上林苑中结缯缴以弋凫雁，岁万头，以供祀宗庙。"

此皆汉世所用之兵出于民兵以外者也。用此等兵日多，则民兵之用日少，而人民右武好斗之习日以衰矣。当是时，贾人、赘婿、刑徒、谪吏惟所用之，无不如志。以卫青之柔懦，霍去病之骄恣，犹能绝汉以立大功，岂有他哉！其众强也，举国皆兵之流风余烈亦可见矣。李陵提步卒五千，深践戎马之地，足历王庭，垂饵虎口，横挑强胡，诇之往史，莫之能再，汉之负陵则深矣。而陇西士大夫犹以李氏为愧，路博德羞为陵后，而不闻有羞与卫、霍、贰师伍者。距封建之世近，民尊君亲上之心亦非后世所逮也。使汉武能以法任人，善用其众，国威之遐畅岂值如两汉之已事哉！

后汉光武承大乱之后，欲与民休息，乃尽去兵备。《后书·光武纪》建武六年，"是岁，初罢郡国都尉官。"刘攽曰："案郡有都尉，国有中尉。此时罢郡都尉官耳，不当有国字。"案此或并罢中尉，言不具耳。七年三月丁酉，"诏曰：今国有众军，并多精勇，宜且罢轻车、骑士、材官、楼船士及军假吏，令还复民伍"。九年，"是岁，省关都尉"。十三年，"大飨将士，班劳策勋。功臣增邑更封"。"罢左右将军官"。《续书·百官志》："建武六年，省诸郡都尉，并职太守，无都试之役。省关都尉，惟边郡往往置都尉及属国都尉，稍有分县，治民比郡。安帝以羌犯法，三辅有陵园之守，乃复置右扶风都尉、京兆虎牙都尉。"《文献通考》云："光武罢都尉，然终建武之世，已不能守前法，罢尉省校，辄复临时补置。""明帝以后，又岁募郡国中都官死罪系囚出戍；听从妻子日占边县以为常。凡从者皆给弓弩衣粮。于是北胡有变则置度辽营，南蛮或叛则置象林兵，羌寇三辅则置长安、雍二尉，鲜卑寇居庸则置渔阳营。其后盗作，缘海稍稍增兵，而魏郡、赵国、常山、中山六百一十六坞，河内、通谷冲要三十三坞，扶风、汉阳、陇道三百坞，置屯多矣。"《后书·灵帝纪》中平五年，"八月，初置西园八校尉"。注："乐资《山阳公载记》曰：小黄门蹇硕为上军校尉，虎贲中郎将袁绍为中军校尉，屯骑校尉鲍鸿为下军校尉，议郎曹操为典军校尉，赵融为助军左校尉，冯芳为助军右校尉，谏议大夫夏牟为左校尉，淳于琼为右校尉，凡八校尉，皆统于蹇硕。"盖兵民至此分矣。

兵民分而州郡之兵起焉。自永初羌乱而凉州之兵独强，自灵帝用刘焉议改刺史为州牧而方面之权始重，卒有董卓、吕布、李傕、郭汜之干纪而王室如赘旒，东方州郡借讨卓为名纷纷起兵，而海宇遂至于割裂。割裂之世，外兵不能不重，而司马氏遂以军人篡位。平吴以后，始罢州牧之任。顾复假诸王以兵权，大国三军，五千人。次国二军，三千人。小国一军，千五百人。于是有八王之乱，五胡云扰，群盗如蝟毛。夹辅王室，保卫地方，胥不得不资方镇，而州郡之权复重矣。

渡江以后，荆、江二州，为甲兵所聚，本小末大，而内外猜忌之形势以成。王敦、桓温再图篡，而大难卒发于桓玄。下流之兵，自殷浩以前累用之而无效。至北府兵出而扬州之兵力始强。刘裕用之以剪除异己，倾覆晋室。裕既代晋，以荆州为上流重镇，遗命必以亲子弟居焉。少帝之弑，叛徒命谢晦急据之，文帝借檀道济之力以平晦，又杀道济。自是出刺大郡者多用同姓及亲臣。然自宋迄陈，历代骨肉之相屠，君臣之相忌则仍一，东晋以来之局也。此时恃以折冲御侮者，皆方镇之兵，用民兵之事绝鲜。然外不能奏勘定之烈，而内日在猜防劫制之中。州郡之兵之明效大验，可见于此矣。南朝用民兵最著者，为宋元嘉二十七年之役。史称江南白丁，轻进易退，卒以致败。盖民不习兵既久，急而用之，则诚所谓以不教民战也。

五胡乱华，所用皆其种人，或他种族人，用汉人者绝鲜。魏太武遗臧质书曰："我今所遣斗兵尽非我国人。城东北是丁零与胡，南是氐羌。设使丁零死，正可减常山、赵郡贼，胡死减并州贼，羌死减关中贼。"高欢语鲜卑则曰："汉民是汝奴，夫为汝耕，妇为汝织，输汝粟帛，令汝温饱，汝何为陵之！"语华人则曰："鲜卑是汝作客，得汝一斛粟、一匹绢，为汝击贼，令汝安宁，汝何为疾之！"其明征也。石虎之伐燕也，司冀、青、徐、幽、并、雍之民，五丁取三，四丁取二。苻坚之攻晋也，民每十丁遣一兵。其良家子有材勇者皆拜羽林郎，则以兵数太多，不得已而役及汉人耳。自冉闵大肆诛戮，而胡羯云亡，苻坚丧师，北方酋豪并起角立，而既入中原之氐、羌、鲜卑，亦以俱敝。惟拓跋氏在塞外，气足力完，尽收率北方之种族而用之，兵锋遂所向披靡。然魏恃兵力以立国，终亦不戢自焚。自东西魏、周、齐之互竞，而随六镇之乱，以侵入中原之北族亦衰，乃不得不用汉人，乃不得不令兵屯种以自养，而府兵之制起焉。

六镇之乱，论者皆归咎于边任太轻，镇将不得其人，"专事聚敛","政以贿立",又待其人太薄,以致愤郁思乱。其实正由必使之为兵,乃有此弊耳。盖惟必欲强六镇之兵,乃不得不留"高门子弟"于其地。既留之于六镇,则其选用,自不得与从幸洛阳者同。乃有"同族留京师者得上品,通官在镇者即为清途所隔"之弊。其人自不得不逃逸;听其逃逸,则六镇之兵势必不能维持。乃不得不"峻边兵之格",令"镇人不得浮游在外",而"少年不得从师,长者不得游宦,独为匪人"之不平作矣。向使南迁以后,革除六镇旧制,别谋防边之法,何至于是。魏兰根谓:"宜改镇立州,分置郡县。凡是府户,悉免为民。"乃真治本之策也。或谓但能优待六镇将士,则既得强兵,又不虞其倒戈,岂不更善!然兵力岂有终不腐坏之理!清代非始终以兵制治东三省,而待旗人且甚优者邪!

府兵之制,昉自后周太祖。太祖辅西魏时,用苏绰言,仿《周典》制六军,藉六等之民,择魁健材力之士以为之首,尽蠲租调,而刺史以农隙教之,合为百府。每府一郎将主之,分属二十四军,开府各领一军。大将军凡十二人,每一将军,统二开府。一柱国主二大将,将复加持节都督以统焉。凡柱国六员,众不满五万人。隋十二卫,各分左右,皆置将军,以分统诸府之兵。有郎将、副将、坊主、团主,以相统治。其外又有骠骑、车骑二府,皆有将军。后更骠骑曰鹰扬郎将,车骑曰副郎将,别置折冲、果毅。

唐武德初,始置军府,以骠骑、车骑两将军府领之。析关中为十二道,皆置府。三年,更以各道为军,军置将、副各一人,以督耕战,以车骑府统之。六年,以天下既定,遂废十二军,改骠骑曰统军,车骑曰别将。居岁余,十二军复,而军置将军一人,军有坊,置主一人,以检察户口,劝课农桑。太宗贞观十年,更号统军为折冲都尉,别将为果毅都尉,诸府总曰折冲府。凡天下十道,置府六百三十四,皆有名号,而关内二百六十一,皆以隶诸卫。凡府三等:兵千二百人为上,千人为中,八百人为下。府置折冲都尉一人,左右果毅都尉各一人,长史、兵曹、别将各一人,校尉六人。士以三百人为团,团有校尉;五十人为队,队有正;十人为火,火有长。民年二十为兵,六十而免。自高宗、武后之时,天下久不用兵,府兵之法寖坏,番役更代多不以时,卫士稍稍亡匿。玄宗时,益耗散,宿卫不能给。宰相张说乃请一切募士宿卫。号曰"彍骑",分隶十二卫,卫万人。天宝以后,又稍变废。其后折冲诸府徒有兵额,官吏宿卫皆市人。禄山反,皆不能受甲矣。

所谓方镇者,节度使之兵也。其原皆起于边将之屯防者。唐初,兵之戍边者,大曰军,小曰守捉,曰城,曰镇,而总之者曰道。其军、城、镇、守捉皆有使,而道有大将一人,曰大总管,已而更曰大都督。太宗时,行军征讨曰大总管,在其本道曰大都督。永徽后,都督带使持节者谓之节度使,然犹未以名官。景云二年,以贺拔延嗣为凉州都督、河西节度使。自此而后,接乎开元,朔方、陇右、河东、河西诸镇,皆置节度使。禄山反后,武夫战卒以功起行陈,列为侯王者,皆除节度使。由是方镇相望于内地。

南衙,诸卫兵;北衙者,禁兵也。高祖以义兵起于太原,已定天下,悉罢遣之,其愿留宿卫者三万人。以渭北白渠旁民弃腴田分给之,号"元从禁军"。后老不任事,以其子弟代。贞观初,太宗择善射者百人,为二番于北门长上,曰"百骑",以从田猎。又置北衙七营,选材力骁壮,月以一营番上。十二年,始置左右屯营于玄武门,领以诸卫将军,号"飞骑"。复择马射为百骑,为游幸翊卫。高宗龙朔二年,始取府兵越骑、步射置左右羽林军,大朝会执仗以卫阶陛,行幸则夹驰道为内仗。武后改百骑曰"千骑"。中宗又改曰"万骑"。及玄宗以万骑平韦氏,改为左右龙武军,皆用唐之功臣子弟,制若宿卫兵。肃宗至德二载,置左右神武军,补元从、扈从子弟,总曰"北衙六军"。又择便骑射者置衙前射生手千人,亦曰"供奉射生官",又曰"殿前射生",分左、右厢,总号曰"左右英武军"。代宗即位,以射生军入禁中清难,皆赐名"宝应功臣",故射生军又号"宝应军"。上元中,以北衙军使卫伯玉为神策军节度使,镇陕州,中使鱼朝恩为观军容使,监其军。初,哥舒翰破吐蕃临洮西磨环川,即其地置神策军,以成如璆为军使。及安禄山反,如璆以伯玉将兵千人赴难,伯玉与朝恩俱屯于陕。时神策故地沦没,即诏伯玉所部兵,号"神策军",以伯玉为节度使,与陕州节度郭英乂皆镇陕。后伯玉罢。以英乂兼神策军节度。英乂入为仆射,军遂统于观军容使。代宗广德元年,避吐蕃幸陕,朝恩举在陕兵与神策军迎扈,悉号"神策军"。天子幸其营。及京师平,朝恩遂以军归禁中,自将之,然尚未与北军齿也。永泰元年,吐蕃入侵,朝恩又以神策军屯苑中,自是寖盛,分为左、右厢,势居北军右,遂为天子禁军,非它军比。朝恩乃以观军容宣慰处置使知神策军兵马使。大历四年,请以京兆之好畤,凤翔之麟游、普润,皆隶神策军。明年,复以兴平、武功、扶风、天兴隶之,朝廷不能遏。德宗时,神策兵虽处内,而多以裨将将兵征伐,往往有功。及李希烈反,河北盗且起,数出禁军征伐,神策之士多斗死者。建中四年,下诏募兵,以白志贞为使。神策军既发殆尽,志贞阴以市人补之,名隶籍而身居市肆。及泾卒溃变,皆戢伏不敢出。志贞等流贬,神策都虞侯李晟自飞狐道赴难,为神策行营节度,屯渭北,军遂振。贞元二年,改神策左右厢为左右神策军,特置监句当左右神策军,以宠中官。而益置大将军以下。改殿前射生左右厢为殿前左右射生军,亦置大将军以下。三年,改殿前左右射生军曰左右神威军,置监左右神威军使。左右神策军皆加将军二员,左右龙武军加将军一员,以待诸道大将有功者。自肃宗后,北军增置威武、长兴等军,名类颇多,而废置不一。惟羽林、龙武、神武、神策、神威最盛,总曰左右十军。其后京畿之西，多以神策军镇之，皆有屯营。自德宗幸梁还，以神策兵有劳，皆号"兴元元从奉天定难功臣"。十二年，以窦文场为左神策军护军中尉，霍仙鸣为右神策军护军中尉，张尚进为右神威军中护军，焦希望为左神威军中护军。护军中尉、中护军皆古官。帝既以禁卫假宦官，又以此宠之。十四年，又诏左右神策置统军，以崇亲卫，如六军。时边兵衣饷多不赡，而戍卒屯防，药茗蔬酱之给最厚。诸将务为诡辞，请遥隶神策军，禀赐遂赢旧三倍，塞上往往称神策行营内统于中人矣；其军乃至十五万。元和二年，省神武军。明年，又合左右神威军为一，曰"天威"。八年，废天威军，以其兵分隶左右神策军。及僖宗幸蜀，田令孜募神策新军为五十四都，离为十军，令孜自为左右神策十军兼十二卫观军容使，以左右神策大将军为左右神策诸都指挥使，诸都又领以都将，亦曰"都头"。昭宗以藩臣跋扈，天子孤弱，议以宗室典禁兵。及伐李茂贞，乃用嗣覃王允为京西招讨使，神策诸都指挥使李鐬副之，悉发五十四军屯兴平。石门、莎城之幸，诏嗣薛王知柔入长安收禁军、清宫室。又诏诸王阅亲军，收拾神策亡散，益置安圣、捧宸、保宁、安化军，曰"殿后四军"，嗣覃王允与嗣廷王戒丕将之。三年，茂贞再犯阙，嗣覃王战败，昭宗幸华州。明年，韩建散殿后兵，杀十一王。及还长安，复稍置左右神策军，以六千人为定。是岁，左右神策中尉刘季述幽帝。凤翔之围，诛中尉韩全晦等二十余人。还长安，悉诛宦官，神策左右军由此废矣。诸司悉归尚书省郎官，两军兵皆隶六军，以崔胤判六军十二卫事。六军者，左右龙武、神武、羽林，名存而已。自是军司以宰相领。及朱全忠归，留步骑万人，以子友伦为左右军宿卫都指挥使，禁卫皆汴卒。崔胤立格募兵于市，全忠阴以汴人应之。胤死，宰相裴枢判左三军，独孤损判右，向所募士悉散去。全忠亦兼判左右六军十二卫。及东迁，惟小黄门打毬供奉十数人、内园小儿五百人从。

至谷水,又尽屠之,易以汴人,于是天子无一人之卫。

唐中叶后,为患最深者为禁军,藩镇惟河北始终抗命,余皆时奏削平之。虽亦有效命之臣,终不能赫然中兴者,则以中枢为宦官所把持,君相欲去之而辄败也,卒借朱全忠以除之,而唐祚亦与之同尽。盖积重之势所必至矣。以言乎外则地擅于将,而将又擅于兵,朝廷因无如节度何,节度亦莫能自必其命也。五代十国,惟南平始终称王,余皆称帝,实仍一节度使耳。其废立,其兴亡,与唐世之藩镇无以异也。五代纲纪之迄不能振,以此至周世宗而后破其弊,至宋太祖而后竟其功。

宋之兵有三:天子之卫兵,以守京师,备征戍,曰禁军;诸州之镇兵,以分给役使,曰厢军;选于户籍或应募,使之团结训练,以为在所防守,曰乡兵。又有蕃兵,则国初具籍塞下,团结以为藩篱;而其后分队伍,给旗帜,缮营堡,备器械,律以乡兵之制者也。禁兵,殿前、侍卫二司总之。其最亲近扈从者,号诸班直;其在外者,非屯驻、屯泊,则就粮军也。

宋初,鉴于五代藩镇之弊,务为强干弱枝,诸州兵之强者,悉送阙下,以补禁旅之阙。其留本州者,罕教阅,给役而已。又立更戍之法,以免兵擅于将,且使兵不至于骄惰。然兵不知将,将不知兵,且厢兵皆升为禁军。又每逢水旱,则以募兵为救荒之计,故兵数日广。开国之初,养兵仅二十万。开宝末,增至三十七万八千。至道时,六十六万六千。天禧间,九十一万二千。庆历,百二十五万九千。治平稍减,亦百十六万二千。然曾不能以一战。当时论其弊者云:"今卫士入宿,不自持被而使人持之;禁军给粮,不自养而雇人养之。今以大礼之故,不劳之赏三年而一遍,所费八九十万,有司不敢缓月日之期。兵之得赏,不以无功知愧,乃称多量少,道好嫌恶,小不如意,则持梃而呼,群聚欲击天子之命吏。今天下之兵,不耕而聚于畿辅者数十万,皆仰给于县官。天下之财,近自淮甸,远至于吴楚,凡舟车所至,人力所及,莫不尽取以归,于京师晏然无事,而赋敛之重至于不可复加,而三司犹苦其不给,又有循环往来屯戍于郡县者。今出禁兵而戍郡,远者或数千里,其月廪岁给之外,又日供其刍粮,三岁而一迁,虽不过数百为辈,而要其归,无异于数十万之兵,三岁而一出征也。"盖募兵之弊至是而极矣。

军各有营,营各有额。皇祐间,马军以四百,步军以五百为一营。承平既久,额存而军阙,马一营或止数十骑,兵一营或不满二百,而将校猥多,赐予廪给十倍士卒,递迁如额不少损。熙宁二年,始议并废。又诏不任禁军者降厢军,不任厢军者降为民。四年,诏"拣诸路小分年四十五以下胜甲者,升为大分,五十以上愿为民者听"。旧制,兵至六十一始免,犹不即许也。及是免为民者甚众,冗兵由是大省。熙宁七年,始诏总开封府畿、京东西、河北路兵分置将、副。自河北始,第一将以下凡十七将,在河北四路;自十八将以下凡七将,在府畿;自二十五将以下凡九将,在京东;自三十四将以下凡四将,在京西,凡三十七将。而鄜延、环庆、泾原、秦凤、熙河又自列将。鄜延九,元丰六年并为五。泾原十一,元符元年增置第十二。环庆八,秦凤五,熙河九。元丰四年,团结东南路诸军共十三将:自淮南始,东路为第一,西路为第二,两浙西路为第三,东路为第四,江南东路为第五,西路为第六,荆湖北路为第七,南路潭州为第八,全、邵、永州应援广西为第九,福建路为第十,广南东路为第十一,西路桂州为第十二,邕州为第十三。总天下为九十二将,而鄜延五路又有汉蕃弓箭手,亦各分隶诸将。凡诸路将各置副一人,东南兵三千人以下唯置单将;凡将副皆选内殿崇班以上、尝历战陈、亲民者充;又各以所将兵多少,置部将、队将、押队、使臣各有差;又置训练官次诸将佐;春秋都试,择武力士,凡千人选十人,皆以名闻,而待旨解发，其愿留乡里者勿强遣。此宋兵制之一变也。此外，京东、西有马军十三指挥，京西有忠果十二指挥，勇捷两指挥。

保甲始熙宁三年，诏畿内之民，十家为一保，选主户有干力者一人为保长；五十家为一大保，选一人为大保长；十大保为一都保，选为众所服者为都保正，又以一人为副。主客户两丁以上，选一人为保丁，附保。两丁以上有余丁而壮勇者亦附之。同保不及五家者并他保。有自外入保者，则收为同保，俟满十家，乃别置焉。兵器非禁者听习。每一大保夜轮五人警盗。同保中犯强盗、杀人、放火、强奸、略人、传习妖教、造畜蛊毒，知而不告，依律伍保法。余事非干己，又非敕律所听纠，皆毋得告。其居停强盗三人，经三日，保邻虽不知情，科失觉罪。既行之畿甸，遂推之五路，以达天下。时则以捕盗贼相保任，而未肄武事也。四年，始诏畿内保丁肄习武事。岁农隙，所隶官期日于要便乡村都试骑步射。第一等保明以闻，天子亲阅试，命以官使。第二等免当年春夫一月，马槁四十，役钱二千。三四等视此有差，而未番上也。五年，主户保丁愿上番于巡检司者，十日一更，疾故者次番代之，月给口粮、薪菜钱，分番巡警，每五十人轮大保长二，都副保正一统领之。都副保正月给钱七千，大保长三千。捕逐剧盗，下番人亦听追集，给其钱斛，事讫遣还，毋过上番人数，仍折除其上番日。十一月，又诏尉司上番保丁如巡检司法。六年，行于永兴、秦凤、河北东西、河东五路，惟毋上番，余路止相保任，毋习武艺，内荆湖、川、广并边者可肄武事，令监司度之。保甲初隶司农，八年，改隶兵部，增同判一、主簿二、干当公事官十，分按诸州，其政令则听于枢密院。元丰二年十一月，始立《府界集教大保长法》。三年，大保长艺成，乃立团教法，以大保长为教头，教保丁。府界法成，推之河北、陕西、河东三路，各置文武官一人提举，以封桩养赡义勇保甲钱粮给其费。四年，改五路义勇为保甲。其年，府界、河北、河东、陕西路会校保甲，都保凡三千二百二十六，正长、壮丁凡六十九万一千九百四十五,岁省旧费缗钱一百六十六万一千四百八十三,岁费缗钱三十一万三千一百六十六,而团教之赏不与焉。熙宁九年,籍义勇、保甲及民兵凡七百十八万二千二十八人云。

保甲之行,王安石主之最力。安石谓:"必复古行伍之制,然后兵众而强。兵不减,则费财困国无已时;更减,则无以待缓急,故不能理兵,稍复古制,则中国无富强理。且募兵皆偷惰顽猾不能自振之人,而为农者皆朴力一心听令之人,则缓急莫如民兵可用,此其所以决行而不疑也。"当时言其效者,谓前此环畿群盗,攻夺杀掠,岁且二百起,至是尽绝,仅长野一县捕获府界剧贼及迫逐出外者,皆三十人。以之为兵,艺既胜于正兵,而一时赏赉,皆取之封桩,或禁军阙额,未尝费户部一钱。章惇谓:仕官及有力之家子弟,皆欣然趋赴。及引对,所乘皆良马,鞍鞯华楚,马上艺事,往往胜诸军,知县巡检又皆得转官或减军,以此上下踊跃自效,司农官亲任其事,督责检察极精密。县令有抑令保甲置衣装,非理骚扰者,亦皆冲替,故人莫敢不奉法。而司马光、王岩叟辈则极言保正长及巡检使之诛求无厌。又谓使者犒设赏赉,所费不可胜计。民有逐养子、出赘婿、再嫁其母、兄弟析居以求免者,有毒目、断指、灸肌肤以自残废而求免者,有尽室以逃而不归者,甚有保丁自逃,更督其家出赏钱以募之者。又谓保丁执指使,逐巡检,攻提举司干当官,大狱相继。又谓自教阅保甲以来,河东、陕西、京西盗贼多白昼公行,入县镇,杀官吏。官军追讨,经历岁月,终不能制。其言适相反,盖皆不免于已甚也。

元祐时,司马光得政,言禁旅尽属将官,长吏势力出其下,不足防寇贼窃发。又兵不出戍,养成骄惰。将下有部队将、训练官等一二十人,而诸州又自有总管、钤辖、都监、监押,设官重复,虚破廪禄。于是诏除陕西、河东、广南不出戍,河北差近里一将更赴河东外,诸路逐将与不隶将之兵并更互出戍,稍省诸路钤辖及都监员,以将官兼州都监职,而保甲法亦次第废罢。元符时,更欲议复。曾布谓当时保丁存者无几,卒不能行。盖宋自元丰以前,专用募兵,元丰以后,民兵日盛,募兵日衰,募兵阙额,则收其廪给,以为民兵教阅之费。元祐以后,民兵亦衰。崇宁、大观以后,蔡京用事,兵弊日滋,至于受逃亡,收配隶,犹恐不足。政和后,久废搜补,军士死亡之余,老疾者徒费廪给,少壮者又多冗占,集体既坏,纪律遂亡。童贯握兵,凡遇阵败,耻于人言,第申逃窜。河北将兵,十无二三,多住招阙额,以为上供之用。陕西诸路,兵亦无几。金兵入侵,种师道将兵入援,仅得万五千人而已。

高宗南渡,殿前司以左言权领,而侍卫二司犹在东京。诸将杨维忠、王渊、韩世忠以河北兵,刘光世以陕西兵,张俊、苗傅等以帅府及降盗兵,皆在行朝,不相统一。于是置御营司,因其所部为五军,以渊为使司都统制,世忠、俊、傅等并为统制。又命光世提举使同一行事务。三年,又置御前五军,杨沂中为中军总宿卫,张俊为前军,韩世忠为后军,岳飞为左军,刘光世为右军,皆屯驻于外。四年,废御营司,归其事于枢密院。后改御前五军为神武五军,御营五军为神武副军,并隶枢密院。又废神武中军,以隶殿前司。复立侍卫马步二司,而三衙始复矣。然所谓御前军者,初不尽隶三衙也。南渡之初,诸军较有名者,韩、岳、张、刘而外,则王彦之八字军、湖南王瓊、川陕曲端、王庶、刘子羽、吴玠之军。八字军初随张浚入蜀,后赴行在,归入马军司。王瓊绍兴五年罢,其军五千隶韩世忠。刘光世死,其将郦琼以兵七万叛降齐,王德以八千人归张俊。于是三衙而外,韩、岳、张之兵最盛。岳飞驻湖北、韩世忠驻淮东、刘光世驻江东,皆立宣抚司。绍兴十一年,给事中范同献策秦桧,召韩、岳、张,皆除枢副。张俊首纳所部兵。分命三大帅副校各统所部,更其衔曰统制御前军马。罢宣抚司,遇出师,则取旨,兵皆隶枢密院,而屯驻则仍旧,谓之某州驻札御前诸军。故岳飞旧部在鄂,张俊旧部在建康,韩世忠旧部在镇江。刘光世之军之叛也,始以吴玠军为右军。曲端为张俊所杀,及王庶、刘子羽之卒,其兵皆并于玠。玠死,胡世将为宣抚使,吴璘以二万人守兴州,杨政以二万人守兴元,郭浩以八千人守金州,而玠中部三万人分屯仙人关左右,亦并统之,分屯十四郡,亦以御前诸军为号。凡御前诸军,皆直达朝廷,帅臣不得节制,然又不隶于三衙。而三衙所统禁兵,则但供厮役,如昔之厢军而已。此南渡后军制之变迁也。四御前军之财赋,特设总领司之。厢禁军及士兵等,则仰给于州郡。

辽为游牧之国,兵众而强。而为之中坚者,则部族也。今据史略述其制如下:

御帐亲军　太祖即位之后,以宗室盛强,分迭剌部为二,_{五院、六院}。宫卫内虚,未皇鸠集。皇后述律氏居守之际,摘蕃汉精锐为属珊军二十万骑。太宗益选天下精兵,置诸爪牙为皮室军三十万骑。合骑五十万。

宫卫骑军　太祖既分本部为五院、六院,而亲卫缺然。乃立斡鲁朵法,分州县,析部族,以强干弱支。嗣后,每帝践位则置之。入则居守,出则扈从。《营卫志》所谓"居有宫卫,谓之斡鲁朵;出有行营,谓之捺钵"也。葬则因以守陵。十二宫一府,自上京至南京总要之地,各置提辖司。_{重地每宫皆置,内地一二而已。凡诸宫卫,丁四十万八千,出骑兵十万一千人。}有兵事,不待调发州县、部族,十万骑军已具矣。

大首领部族军　亲王大臣征伐之际,往往置私甲以从王事。大者千余骑,小者数百人,著籍皇府。国有戎政,量借三五千骑,常留余兵为部族根本。

众部族军　分隶南北府,守卫四边。《营卫志》曰:"部落曰部,氏族曰族。契丹故俗，分地而居，合族而处。有族而部者，五院、六院之类是也。有部而族者，奚王、室韦之类是也。有部而不族者，特里特免、稍瓦、曷朮之类是也。有族而不部者，遥辇九帐、皇族三父房是也。"《旧志》曰：契丹之初，草居野次，靡有定所。至涅里始制部族，各有分地。太祖之兴，以迭剌部强炽，析为五院、六院。奚六部以下，多因俘降而置。胜兵甲者即著军籍，分隶诸路详稳、统军、招讨司。番居内地者，岁时田牧平莽间。边防纠户，生生之资，仰给畜牧，绩毛饮湩，以为衣食。各安旧风，狃习劳事，不见纷华异物而迁。故家给人足，戎备整完。卒之虎视四方，强朝弱附，部族实为之爪牙云。"

五京乡丁 可见者一百十万七千三百人，不出戍。

属国军 属国可纪者五十九，朝贡无常。有事则遣使征兵，或下诏专征，不从者讨之。助军众寡，各从其便，无定额。

金初所用皆诸部族之兵，强勇而耐劳，忠朴而听令，故其强遂无敌于天下。《金史·兵志》云："金之初年，诸部之兵无他徭役，壮者皆兵，平居则听以佃渔射猎习为劳事，有警则下令部内，及遣使诣诸孛堇征兵，凡步骑之仗粮皆取备焉。"其《兵志叙》云："金兴，用兵如神，战胜攻取，无敌当世，曾未十年，遂定大业。原其成功之速，俗本鸷劲，人多沉雄，兄弟子姓，才皆良将，部落保伍，技皆锐兵。加之地狭产薄，无事苦耕，可给衣食，有事苦战，可致俘获，劳其筋骨，以能寒暑，征发调遣，事同一家。是故将勇而志一，兵精而力齐，一旦奋起，变弱为强，以寡制众，用是道也。"其制战时之统帅，即平时之部长，平时曰孛堇，战时则从其多寡称猛安、谋克。猛安千夫长，谋克百夫长也。谋克之副曰蒲里衍，士卒之副从曰阿里喜。猛安、谋克之制定于太祖二年，以三百户为谋克，谋克十为猛安。其后诸部来降，率以猛安、谋克之名授之，亦以此制施之辽、汉之众。既入中原，惧民情勿便，乃罢是制，从汉官之号，置长吏。熙宗以后，复罢辽东汉人、渤海猛安谋克承袭之制，浸移其兵柄于国人焉。大定初，窝干平，又散契丹隶诸猛安谋克。《兵志叙》又云："及其得志中国，自顾其宗族国人尚少，乃割土地、崇位号以假汉人，使为之效力而守之。猛安谋克杂厕汉地，听与契丹、汉人婚姻以相固结。迨国势寖盛，则归土地、削位号、罢辽东、渤海汉人之袭猛安谋克者，渐以兵柄归其内族。然枢府佥军募军兼采汉制，伐宋之役参用汉军及诸部族而统以国人，非不知制胜之策在于以志一之将、用力齐之兵也，第以土宇既广，岂得尽任其所亲哉。"盖金人之于辽东、渤海、汉人，虽歧视亦不能不用也。

熙宗分猛安谋克为上、中、下三等，宗室为上，余次之。海陵天德二年，削上、中、下之名，但称诸猛安谋克，循旧制间年一征发，以补死亡之数。贞元以后，移猛安谋克户于中原，渐染华风，日趋奢惰，其势遂不复振。大定十五年，遣吏部郎中蒲察兀虎等十人分行天下，再定猛安谋克户，每谋克户不过三百，七谋克至十谋克置一猛安。大定时，宗室户百七十，猛安二百有二，谋克千八百七十八，户六十一万五千六百二十四。南迁后，以二十五人为谋克，四谋克为一猛安。每谋克除旗鼓司火头外，任战者仅十八人，不足成队伍，但务存其名而已。

宣宗南迁，尽拥猛安户老稚渡河，侨置诸总管府以统之，器械既缺，粮糒不给，乃行括粮之法，一人从征，举家待哺。又谓无以坚战士之心，乃令其家尽入京师，不数年至无以为食，乃听其出，而国亦屈矣。哀宗正大二年，议选诸路精兵，直隶密院。先设总领六员，分路拣阅，因相合并。军势既张，乃易总领之名为都尉，班在随朝四品之列，必以尝秉帅权者居之，虽帅府行院亦不敢以贵重临之也。天兴初元，有都尉十五。复取河朔诸路归正人，送枢密院，增月给三倍他军，授以官马，名曰忠孝，意以示河朔人也。后至七千，千户以上将帅尚不预焉。其后归正人日多，乃系于忠孝籍中别为一军，所给减忠孝之半，所谓合里合军也。又阅试亲卫马军，取武艺如忠孝军者得五千人。凡进征，忠孝居前，马军次之。将相旧人谓军士精锐，械器坚整，较之全盛犹为过之云。时京师尚有建威都尉军一万，亲卫军七千，其余都尉十三四军犹不在内。此外，招集义军名曰忠义。《金史·兵志》谓：“要皆燕、赵亡命，虽获近用，终不可制，异时擅杀北使唐庆以速金亡者，即此曹也。”河朔亡命虽不足用，究尚略资捍御，至猛安谋克，则刘炳谓：“将帅非才，外托持重之名，内为自安之计。择骁果以自卫，委疲懦以临阵。阵势稍动，望风先奔，士卒从而大溃。”侯挚谓：“从来掌兵者多用世袭之官，此属自幼骄惰，不任劳苦，且心胆懦怯。”陈规谓：“今之将帅，大抵先给出身官品，或门阀膏粱之子，或亲故假托之流，平居则意气自豪，临敌则首尾退缩。又居常刻众纳其馈献，士卒因之扰民。”其不足用愈甚矣。

凡汉军有事，则签取于民，事已亦或放免。刘祁谓：“金之兵制最弊，每有征伐及边衅，辄下令签军，使远近骚动。民家丁男若皆强壮，或尽取无遗，号泣动乎邻里，嗟怨盈于道路，驱此使战，欲其胜敌，难矣。”

禁军之制，本于合扎谋克。合扎，言亲军也，以近亲所领，故以名焉。贞元迁都，更以太祖、辽王宗幹、秦王宗翰军为合扎猛安，谓之侍卫亲军，立司以统之。后于其中选千六百人，以备宿卫。骑兵曰龙翔，步兵曰虎步。五年，罢亲军司，以所掌付大兴府，置左右骁骑，所谓从驾军也。置都副指挥使隶点检司，步军都副指挥使隶宣徽院。

凡猛安之上置军帅，军帅之上置万户，万户之上置都统。时亦称军帅为猛安，而猛安则称亲管猛安焉。袭天祚时，始有都统之名，伐宋改为元帅府，置元帅及左、右副元帅，左、右监军，左、右都监。

元帅必以谙班孛极烈为之,恒居守而不出。六年,诏还二帅。诸路各设兵马都总管府,州镇置节度使,边州置防御使。州府所募射粮军及牢城军,每五百人为一指挥使司,设使,分为四都,都设左右什将及承局押官。其军数若有余或不足,则与近者合置,不可合者以三百或二百人亦设指挥使,若百人则只设军使,百人以上立为都,不及百人止设什将及承局管押官各一员。天德三年,以元帅府为枢密院,嗣后行兵则为元帅府,罢复为院。罢万户官,诏曰:太祖"设此职许以世袭,乃权宜之制,非经久之利。今子孙相继专揽威权,其户不下数万,与留守总管无异,而世权过之"云云。南迁封九公,假以便宜从事,沿河诸城置行枢密院元帅府,大者有"便宜"之号,小者有"从宜"之名。元光间,招义军以三十人为谋克,五谋克为千户,四千户为万户,四万户为副统,两副统为都统,此复国初之名也。见《古里甲石伦传》,然又外设一总领提控,故时皆称元帅为总领云。射粮军兼给役,牢城军乃尝为盗窃者以充防筑之役。

元初典兵之官,视兵数多寡,为爵秩崇卑。长万夫者为万户,千夫者为千户,百夫者为百户。世祖时,内立五卫,以总宿卫诸军,卫设亲军都指挥使;外则万户之下置总管,千户之下置总把,百户之下置弹压,立枢密院以总之。方面有警,则置行枢密院,事已则废,而移都镇抚司属行省。万户、千户、百户分上中下。万户、千户死阵者,子孙袭爵,死病则降一等。总把、百户老死,万户迁他官,皆不得袭。是法寻废,后无大小,皆世其官,独以罪去者则否。各省官居长者二员,得佩虎符,提调军马,余佐贰者不得预,惟云南虽牧民官亦得佩符虎,领军务焉。

军士初有蒙古军及探马赤军。探马赤者,诸部族也。其法,家有男子,十五以上、七十以下,无众寡尽命为兵。十人为一牌,设牌头,上马则备战斗,下马则屯聚牧养。孩幼稍长,又籍之,曰渐丁军。既平中原,发民为卒,是为汉军。或以贫富为甲乙,户出一人,曰独户军,合二三而出一人,则为正军户,余为贴军户。或以男丁论,尝以二十丁出一卒,至元七年十丁出一卒。或以户论,二十户出一卒,而限年二十以上者充。士卒之家,为富商大贾,则又取一人,曰余丁军,至十五年免。或取匠为军,曰匠军。或取诸侯将校子弟充军,曰质子军,又曰秃鲁华军。是皆多事之际,权宜之制。天下既平,尝为军者,定入尺籍伍符,不可更易。贫不能役,则聚而一之,曰合并;贫甚者、老无子者,落其籍。户绝者,别以民补之。奴得纵自便者,俾为其主贴军。继得宋兵,号新附军。又有辽东之纠军、契丹军、女真军、高丽军、云南之寸白军、福建之畬军,则皆不出戍他方,盖乡兵也。其以技名者,曰炮军,曰弩军,曰水手军。应募而集者,曰答剌罕军云。

其名数,则有宪宗二年之籍,世祖至元八年之籍、十一年之籍,而新附军有二十七年之籍。兵籍,汉人不阅,虽枢密近臣职专军旅者,亦惟长官一二人知之。故有国百年,而内外兵数之多寡,人莫有知之者。

旧例,丁力强者充军,弱者出钱,故有正军、贴户之籍。行之既久,强者弱,弱者强,而籍如故。其同户异居者,私立年期,以相更代,故有老稚从军,强壮家居者。至元二十二年,从枢密院请,严立军籍条例,选壮者及有力之家充军焉。

镇戍之制,定于世祖。世祖混一海宇,始命宗王将兵镇边徼襟喉之地,河洛、山东据天下腹心,则以蒙古、探马赤军列大府以屯之。江、淮以南,地尽南海,则名藩列郡,各以汉军及新附等军戍焉。皆世祖与二三大臣所谋也。然承平既久,将骄卒惰,军政不修,而天下之势遂至于不可为。

李璮之叛,分军民为二,而异其属,后平江南,军官始兼民职。凡以千户守一郡,则率其麾下从之,百户亦然。至元十五年十一月,令军民各异属如初。元制，镇戍士卒皆更相易置，既平江南，以兵戍列城，其长军之官，皆世守不易，多与富民树党，因夺民田宅里居，干有司政事。至元十七年，知浙东道宣慰司张铎言其弊，请更制，限以岁月迁调焉。

元亲卫之制，曰四怯薛。怯薛，犹言番直宿卫也。第一怯薛直申、酉、戌日，博尔忽领之。博尔忽早绝，代以别速部，而非四杰功臣之类，故太祖自以名领之，曰也可怯薛。也可，犹言天子自领也。第二怯薛直亥、子、丑日，博尔朮领之。第三怯薛直寅、卯、辰日，木华黎领之。第四怯薛直巳、午、未日，赤老温领之，后绝，常以右丞相领之。怯薛长之子孙，或由天子亲任，或由宰相荐举，或其次序所当为，即袭其职，以掌环卫。虽官卑勿论也，及年劳既久，则遂擢为一品官。四怯薛之长，天子或又命大臣总之，然不常设。其他预怯薛之职者，分掌冠服、弓矢、食饮、文史、车马、庐帐、府库、医药、卜祝之事，悉世守之。虽服官极贵，一日归至内廷，则执其事如故，至于子孙无改，非甚亲信，不得预也。世祖又设五卫，置都指挥使领之。用之大朝会，谓之围宿军；用之大祭祀，谓之仪仗军；用之车驾巡幸，则曰扈从军；守护天子之帑藏，则曰看守军，夜以之警非常，则曰巡逻军；岁漕至京师，用以弹压，则为镇遏军，则特以备仪制而已。

明卫所之制，与唐府兵相似，而实亦沿自元。其制以五千六百人为卫，一千一百十二人为千户所，百十有二人为百户所。所设总旗二，小旗十。其取兵，有从征，有归附，有谪发。从征者，诸将所部兵，既定其地，因以留戍。归附，则胜国及僭伪诸降卒。谪发，谓以罪迁隶为兵者也。在外都指挥使司十三，曰北平、陕西、山西、浙江、江西、山东、四川、福建、湖广、广东、广西、辽东、河南。后增贵州、云南。行都指挥使司二，曰甘州、大同，俱隶大都督府。征伐则命将充总兵官,调卫所军领之。既旋,则将上所佩印,官军各归卫所。都指挥使与布、按并称三司,为封疆大吏。而专阃重臣,文武亦无定职,世犹以武为重。正德以来,军职冒滥,为世所轻。内之部科,外之监军、督抚,叠相弹压,五军府如赘疣,弁帅如走卒。至于末季,卫所军士,虽一诸生可役使之。积轻积弱,重以隐占、虚冒诸弊,遂至举天下之兵,而不足以任战守矣。

洪武、永乐间,边外归附者,官其长,为都督、都指挥、指挥、千百户、镇抚等官,赐以敕书印记,设都司卫所,是为羁縻卫所。

卫所而外,郡县有民壮,金民而为之。或富人上直于官,官为之募。后亦令出戍,或征银以充召募。边郡有士兵,出于召募。随其风土,各有长技,间调以佐军旅缓急,时曰乡兵。逝、川、辽有隶军籍者;其不隶军籍者,所在多有。西南边有土司,末年,边事急,亦时调湖南、广西、四川三省之土司兵焉。

卫所之兵番上京师者,总为三大营,时曰班军。其弊也,或因占役而愆期,或则纳银将弁而免行,时曰折干。有事则召募以应,多佣丐者而已。其至者多以之充役。又或居京师,为商贩工艺,以钱入诸将,初不操练也。

三大营:曰五军,肄营阵;曰三千,肄巡哨;曰神机,肄火器。五军者,初建统军元帅府,寻改大都督府,又分前、后、中、左、右五军都督府。三千,以得边外降兵三千立营,故名。神机则征交阯得火器法而设者也。洪熙时,始命武臣一人总理营政。土木之难,京军没几尽。景帝用于谦为兵部尚书。谦以三大营各为教令,临期调拨,兵将不相习,乃请于诸营选胜兵十万,分十营团练。于三营提督中推一人充总兵官,监以内臣,兵部尚书或都御史一人为提督。其余军归本营,曰老家。京军之制一变。谦死,团营罢。宪宗立,复之,增为十二。成化二年,复罢。命分一等、次等训练。寻选得一等军十四万有奇。帝以数多,仍命分十二营团练,命侯十二人掌之,各佐以都指挥,监以内臣,提督以勋臣,名其军曰选锋。不任者仍为老家以供役,而团营法又稍变,帝在位久,京营特注意,然缺伍至七万五千有奇,大率为权贵所隐占。又用汪直总督团营,禁旅掌于内臣,自帝始也。孝宗即位,乃命马文升为提督。武宗即位,十二营锐卒仅六万五百余人,稍弱者二万五千而已。及刘六、刘七起事,边将江彬等得幸,请调边军入卫。于是集九边突骑家丁数万人于京师,命曰外四家。立两官厅,选团营及勇士、四卫军于西官厅操练。勇士者,永乐时以迤北逃回军卒,供养马役,给粮授室,号曰勇士。后多以进马者充,而听御马监官提调,名隶羽林,身不隶也。宣德六年,乃专设羽林三千户所统之,凡三千一百余人。寻改武骧、腾骧左右卫,称四卫军。正德元年,所选官军操于东官厅。自是两官厅军为选锋,而十二团营且为老家矣。武宗崩,大臣以遗命罢之。时给事中王良佐奉命选军,按籍三十八万,而存者不及十四万,中选者仅二万余。世宗立,久之,从廷臣言,设文臣知兵者一人领京营。是时额兵十万七千余人,而存者仅半。二十九年,俺答入寇,营伍不及五六万。驱出城门,皆流涕不敢前,诸将领亦相顾变色。于是悉罢团营,复三大营旧制。更三千曰神枢。设武臣一,曰总督京营戎政,以咸宁侯仇鸾为之;文臣一,曰协理京营戎政,以摄兵部王邦瑞充之。鸾言于帝,选各边兵六万八千人,分番入卫,与京军杂练,复令京营将领分练边兵,于是边兵尽隶京师。塞上有警,边将不得征集,边事益坏。隆庆初,改其制,三大营各设总兵,寻改提督。又用三文臣,亦曰提督。自设六提督后,遇事旬月不决,乃仍设总督、协理二臣。张居正当国,营务颇饬。后日废弛。庄烈益用内臣。兵事亟,命京营出防勤,皆监以中官。多夺人俘获以为己功,轻折辱诸将士,诸将士益解体。李自成军入居庸,京军出御,至沙河,闻炮声溃而归。李自成长驱直入,守陴者仅内操之三千人,自成遂入京师。大率京军积弱,由于占役买闲。其弊实起于好贿之营帅,监视之中官,竟以亡国云。

占役者,以空名支饷,临操乃集市井之徒充数。买闲,谓富者内贿置名老家。

侍卫上直军者,太祖即吴王位,设拱卫司,领校尉,隶都督府。洪武二年,改亲军都尉府,统中、左、右、前、后五卫军,而仪銮司隶焉。十五年,罢府及司,置锦衣卫。所属有南北镇抚司十四所。太祖之设锦衣也,专司卤簿。是时,方用重刑,有罪者往往下锦衣卫鞫实,本卫参刑狱自此始。文皇入立,倚锦衣为心腹。所属南北两镇抚司,南理本卫刑名及军匠,而北专治诏狱。凡问刑、奏请皆自达,不关白卫帅。用法深刻,为祸甚烈。又锦衣缉民间情伪,以印官奉敕领官校。东厂太监缉事,别领官校,亦从本卫拨给,因是恒与中官相表里。皇城守卫,用二十二卫卒,不独锦衣军,而门禁亦上直中事。京城巡捕之职,洪武初置兵马司,已改命卫所镇抚官,而掌于中军都督府。永乐中,增置五城兵马司,后则以兵协五城,兵数增,统带亦渐增,至提督一,参将二,把总十八,巡军万一千,马五千匹。然每令锦衣官协同,遂终明之世云。

太祖之取婺州也,选富民子弟充宿卫,曰御中军。已,置帐前总制亲兵都指挥使。后复省,置都镇抚司,隶都督府,总牙兵巡徼。而金吾前后、羽林左右、虎贲左右、府军左右前后十卫,以时番上,号亲军。有请,得自行部,不关都督府。及定天下,改都镇抚司为留守,设左、右、前、后、中五卫,关领内府铜符,日遣二人点阅,夜亦如之,所谓皇城守卫官军也。

垛集令者,卫所著军士姓名、乡贯为籍,具载丁口,以便取补。三丁以上,卫正军一,别有贴户,正军死,以贴户丁补之。成祖令正军、贴户更代,贴户单丁者免。其弊也,有逃,有受抑为军,又黠者匿籍,诬攘良民充伍。于是有清军,遣给事、御史为之。而勾军之制最酷,逃、故者,勾及家丁族党,有株累数十家,勾摄数十年者。东南资装出于户丁，解送出于里递，每军不下百金。凡军卫掌于职方，勾清则武库主之。有所勾摄，自卫所开报，先核乡贯居止，内府给批，下有司提本军，谓之跟捕；提家丁，谓之勾补。间有恩恤开伍者。而凡户有军籍，必仕至兵部尚书始得除焉。军士应起解者，皆金妻；有津给军装、解军行粮、军丁口粮之费。其册单编造皆有恒式。初定户口、收军、勾清三册。嘉靖三十一年，又编四册，曰军贯，曰兜底，曰类卫，曰类姓。其勾军另给军单。终明世，于军籍最严。然弊政渐丛，而扰民日甚。

历代边防，无如明之严密者。《明史》谓"东起鸭绿，西抵嘉峪，绵亘万里，分地守御"。凡今之长城，殆皆明之遗迹也。初设辽东、宣府、大同、延绥四镇，继设宁夏、甘肃、苏州三镇，而太原总兵治偏头，三边制府驻固原，亦称二镇，是为九边。洪武二十年，置北平行都司于大宁。李文忠等取元上都，设开平卫及兴和等千户所，东西各四驿，东接大宁，西接独石。二十五年，又筑东胜城于河州东受降城之东，设十六卫，与大同相望。成祖改北平行都司为大宁都司，徙之保定，以大宁地界兀良哈。自是辽东与宣、大声援阻绝，又以东胜孤远难守，调左卫于永平，右卫于遵化而弃其地。先是兴和亦废，开平徙于独石，宣、大遂为重镇焉。翁万达之总督宣、大也，筹边事甚悉。其言曰："山西保德州河岸，东尽老营堡，凡二百五十四里。西路丫角山迤北而东，历中北路，抵东路之东阳河镇口台，凡六百四十七里。宣府西路，西阳河迤东，历中北路，抵东路之永宁四海冶，凡一千二十三里。皆逼临巨寇，险在外者，所谓极边也。老营堡转南而东，历宁武、雁门、北楼至平型关尽境，约八百里。又转南而东，为保定界，历龙泉、倒马、紫荆、吴王口、插箭岭、浮图峪至沿河口，约一千七十余里。又东北为顺天界，历高崖、白羊，抵居庸关，约一百八十余里。皆峻岭层冈，险在内者，所谓次边也。敌犯山西必自大同，入紫荆必自宣府,未有不经外边能入内边者。"因请修筑宣、大边墙千余里,烽三百六十三所云。

军官皆有定职。总兵官总镇军为正兵,副总兵分领三千为奇兵,游击分领三千往来防御为游兵,参将分守各路东西策应为援兵。营堡墩台分极冲、次冲,为设军多寡。平时走阵、侦探、守瞭、焚荒诸事,无敢稍惰。违制辄按军法。而其后皆废坏云。然千关隘设,戍于沿边,置千户所,修边墙,筑墩堡,注意屯田,令商人以盐入中,由是富商自出财募兵屯塞下,规制之密,盖未有过明者也。墩亦称烟墩。

太祖时,沿边设卫,惟土著兵及有罪谪戍者。遇有警,调他卫军往戍,谓之客兵。永乐间,始命内地兵番戍,谓之边班。其后占役逃亡之数多,乃有召募,有改拨,有修守民兵、士兵,而边防日益坏焉。

沿海亦设指挥司卫所,造快船、火船,出洋巡徼。沿江造舟,设水兵。明初,时派重臣勋戚巡视海上,并筑沿海诸城。自世宗罹倭患以来,沿海大都会,各设总督、巡抚、兵备副使及总兵官、参将、游击等员。舟制江海各异,亦极详备。

古所谓炮,皆以机发石。元初,得西域炮,攻金蔡州城,始用火。然造法不传,后亦罕用。至明成祖平交阯,得神机枪炮法,特置神机营肄习。嘉靖八年,始造佛郎机炮,谓之大将军,发诸边镇。佛郎机者,国名也。正德末,其国舶至广东。白沙巡检何儒得其制。其后大西洋船至,复得巨炮,曰红夷。天启中,赐以大将军号,遣官祀之。崇祯中,大学士徐光启请令西洋人制造,发各镇。明置兵仗、军器二局,分造火器,凡数十种。正德、嘉靖间造最多。又各边自造,自正统十四年四川始。永乐十年,诏自开平至怀来、宣府、万全、兴和诸山顶,皆置五炮架。二十年,从张辅请,增置于山西大同、天城、阳和、朔州等卫以御敌。然利器不可示人,朝廷亦慎惜之。宣德五年,敕宣府总兵官谭广:"神铳,国家所重,在边墩堡,量给以壮军威,勿轻给。"正统六年,边将黄真、杨洪立神铳局于宣府独石。帝以火器外造,恐传习漏泄,敕止之。

清兵制有八旗、绿营之分。八旗又有满洲八旗、蒙古八旗、汉军八旗。满洲八旗之制,定于太祖,初止黄、白、红、蓝四色,后增镶黄、镶白、镶红、镶蓝四旗。镶黄为第一旗,与正黄、正白为上三旗,属内府。余为下五旗,属诸王。雍正时,乃撤去焉。蒙古及汉军八旗,皆太宗时制。旗置都统一,满语曰固山额真;副都统二,曰梅勒额真。辖五参领,时曰甲喇额真。每参领辖五佐领,曰牛录额真。每佐领三百人。佐领下有领催、马甲等。其后驻防八旗辖以将军、副都统。八旗兵皆世袭,一丁领饷,全家坐食。驻防者又与汉族分城而居,割近城肥田为马厂,故其人少与汉人接,不能治生。绿营沿自明,皆汉人。有马、步、守兵三种,隶于提督、总兵。总兵下有副将、参将、游击、都司、守备、千总、把总等官。凡督、抚皆得节制提、镇,而督、抚又有本标兵。绿营兵饷视旗兵为薄。乾、嘉以前,大抵外征用八旗不足,则辅以绿营,对内用绿营不足,乃翼以八旗。其后尝减绿旗兵额,而以其饷加厚。抽练绿营壮丁,直隶举办最早。同治初,即于督标、抚标及四镇兵内抽练,后江、浙、福建诸省亦次第举办焉。

川、楚白莲教举事,绿营、旗兵皆不足恃,而转有借于乡兵,时曰勇营,亦曰练勇。太平军、捻军起,仍借湘、淮军镇压,而勇营始为全国武力重心。重要之地,且遣勇营防戍焉。勇营之制,以百人为一哨,五哨为一营,三营为一旗;马队以二百五十人为营,营分五哨,哨五十人;水师以三百八十八人为一营。其后一败于法,再败于中日之战,乃知勇营亦不足恃。乃择其精壮者,加饷更练焉。武卫军其著者也。最后又有征兵之议,全国拟练三十六镇,未及成而亡。其制于各省设督练公所,挑选各州县壮丁入营教练,是为常备兵。三年放还乡里,为续备兵。又三年为后备兵。又三年脱军籍。兵官分三等九级,镇有步队二协,协二标,标三营,营四队,队三排,排三棚,棚十四人。马队一标,标三营,营四队,队二排,排二棚。炮队一标,标三营,营三队,队三排,排三棚。工程队一营,营四队,队两排,排三棚。辎重队一营,营四队,队两排,排三棚。民国军制沿之,而改镇曰师,协曰旅,标曰团,队曰连。

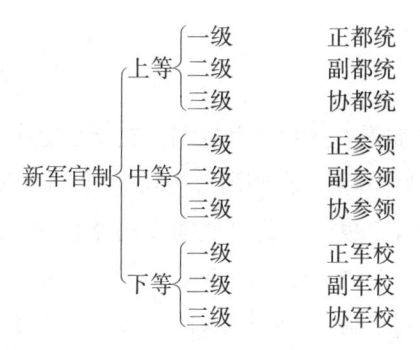

		级别	官称
新军官制	上等	一级	正都统
		二级	副都统
		三级	协都统
	中等	一级	正参领
		二级	副参领
		三级	协参领
	下等	一级	正军校
		二级	副军校
		三级	协军校

水师本有内河、外海之分。江西、湖南北水师曰内河,天津、山东、福建水师曰外海,江、浙、广东则兼有内河外海,统以水师提督。湘军起,始有长江水师。洪杨事定后,设船政局于福州、上海。光绪六年,设水师学堂于天津。十年,立海军衙门。十三年,聘英人琅威理教练舰队,分南北洋,以威海驻军,旅顺修舰,各设提督。后旅大、威海、广州湾相继租借,海军遂无停泊之所矣。末年,设海军部,分诸舰为巡洋、长江两舰队,议经营荣城、象山、三门、榆林、三沙诸湾为军港,亦未有成。

第十八章 刑　法

中国法律之进化，盖可分为数端。礼与法之渐分，一也。古代各种法律，浑而为一，至后世则渐分析，二也。古代用刑，轻重任意，后世则法律公布，三也。刑罚自残酷而趋宽仁，四也。审判自粗疏而趋精详，五也。而法律必与道德合一，刑之所期为无刑，故郅治之隆，必曰刑措象刑之制，意主明耻，而不必加戕贼于人之体肤，虽未易行，要不失为极高之理想也。

刑法之可考者，始于五帝之世。《书·吕刑》曰："苗民弗用灵，制以刑。惟作五虐之刑曰法。""皇帝清问下民鳏寡有辞于苗。德威惟畏，德明惟明。乃命三后，恤功于民。伯夷降典，折民惟刑。"《尧典》曰："象以典刑，流宥五刑，鞭作官刑，扑作教刑，金作赎刑。眚灾肆赦，怙终贼刑。"又曰："帝曰：皋陶，蛮夷猾夏，寇贼奸宄，女作士，五刑有服，五服三就。五流有宅，五宅三居。"五刑为后世所沿，而其制实起于唐、虞之世，知我国之刑法，其所由来昔旧矣。

成文法起于何时，不可考。《左》昭六年，叔向诒子产书曰："夏有乱政而作《禹刑》，商有乱政而作《汤刑》，周有乱政而作《九刑》。"文十八年，季文子曰："先君周公制周礼，……作誓命曰：毁则为贼，掩贼为藏，窃贿为盗，盗器为奸。主藏之名，赖奸之用，为大凶德，有常无赦，在《九刑》不忘。"案叔向言，"三辟之兴，皆叔世也"，则夏刑、汤刑初非禹、汤所作,犹之《吕刑》作于周穆王,五刑亦非穆王所制也。周公作誓而曰:"在《九刑》不忘。"则《九刑》实出周公以前。《周官·司刑》疏引《尚书》郑注曰:"正刑五,加之流宥鞭朴赎刑,此之谓九刑。"岂九刑实唐虞之制,而周公述之欤?三辟之兴,不知仅申明法制,抑著之文字?其前此曾著之文字与否,亦不可考。予谓既有文字,即用之以记刑法,必欲凿求成文法始于何时,只可曰有文字之时,即有成文法之时耳。《周官·大司寇》:"正月之吉,始和布刑于邦国都鄙,乃悬刑象之法于象魏,使万民观刑象,挟日而敛之。"刑象盖施刑之象,则未有文字之先,已用图画公布刑法矣。此亦可见斤斤焉凿求成文法起于何时之无当也。楚文王有仆区之法,见《左》昭七年。

县法象魏,盖使民观之而知畏惧。至于犯何法当得何罪,则悉由在上者之心裁。故子产之铸刑书,叔向讥之曰:"民知有辟,则不忌于上,并有争心,以征于书。"《左》昭六年。赵鞅、荀寅之铸刑鼎,仲尼亦讥之曰"民在鼎矣,何以尊贵"也。《左》昭二十九年。《周官》有属民读法之举,《地官》。《管子》有正月之朔,出令布宪之事,《立政》。所读所布,盖皆人民所当守之法,而非犯何法当得何罪之典。且其法其宪,必时有改更,故须岁岁读之布之也。至郑铸刑书,晋作刑鼎,则罪所当得,悉可知矣。此实刑法之大变,故叔向、仲尼皆讥之也。

赵鞅、荀寅之铸刑鼎也,赋晋国一鼓铁。鼓,量名。子产之铸刑书,杜注亦谓铸之于鼎,虽未知果然以否,然士文伯讥其"火未出而作火以铸刑器",则亦必铸之金属之器也。又定九年,郑驷歂杀邓析,而用其竹刑。盖当时布诸众者,皆铸之金属之器,藏之官者,则书之竹简也。

古语有曰:"出于礼者入于刑。"由今思之,殊觉无所措手足。所以然者,一以古代社会拘束个人之力较强,一亦由古之礼皆原于惯习,为人人所知,转较后世之法律为易晓也。古者"君子行礼不求变俗",《曲礼》。亦以此。后世疆域日扩,各地方之风俗各有不同,而法律不可异施,个人之自由亦益扩张,则出礼入刑之治不可施矣。此自今古异宜,无庸如守旧者之妄作慨叹,亦不必如喜新者之诋訾古人也。

古代之出礼入刑,其以社会惯习拘束个人,诚觉稍过,然"无情者不得尽其辞",《大学》。"如得其情,则哀矜而勿喜"。《论语·子张》。其维持道德之力实较大,而"道之以德,齐之以礼",必期其"有耻且格"。《论语·为政》。为下者固不容貌遵法律而实挟奸心,在上者亦不容以束缚驰骤为治之极则。斯时之风俗必较朴实,而民情必较淳厚,其得失固足与自由之扩张相偿,不容以此疑古代法网之密也。

《周官》:大司寇,"以五刑纠万民。一曰野刑,上功纠力。二曰军刑,上命纠守。三曰乡刑,上德纠孝。四曰官刑,上能纠职。五曰国刑,上愿纠暴"。大司徒,"以乡八刑纠万民。一曰不孝之刑。二曰不睦之刑。三曰不姻之刑。四曰不弟之刑。五曰不任之刑。六曰不恤之刑。七曰造言之刑。八曰乱民之刑"。孝、弟、睦、姻、任、恤,即"乡三物"中之"六行"也。大司徒之职又曰:"凡万民之不服教而有狱讼者,与有地治者听而断之。其附于刑者归于士。"大司寇之职,"以圜土聚教罢民。凡害人者,置之圜土而施职事焉,注:"以所能役使之。"以明刑耻之"。注:"书其罪恶于大方版,著其背。"又曰:"以嘉石平罢民。凡万民之有罪过而未丽于法而害于州里者,桎梏而坐诸嘉石,役诸司空。"司徒固主教之官,即司寇亦欲作其廉耻,冀其悔改,而不欲遽加以刑罚。"不教而杀谓之虐",《论语·尧曰》。在古代固非空言矣。

五刑之目,曰墨、劓、剕、宫、大辟,见于《吕刑》。《书传》曰:"决关梁,逾城郭而略盗者,其刑膑。男女不以义交者,其刑宫。触易君命,革舆服制度,奸轨盗攘伤人者,其刑劓。非事而事之,出入不以道义,而诵不详之辞者,其刑墨。降畔、寇贼、劫略、夺攘、挢虔者,其刑死。"见《周官·司刑》郑注。案此所谓肉刑也。膑即剕,双声字也。《周官·司刑》则曰墨、劓、刖、宫、杀。注曰:"周改膑作刖。"盖以意言之。段玉裁曰:"膑,去膝头骨。刖,即汉之斩趾。刖兀同音。《庄子》鲁有兀者叔山无趾踵,见仲尼,即受刖刑者也。"受刖刑者无趾,故其履曰踊。《太平广记》载有人行路遇一人,为刺足,出黑血,遂日行五百里。其人又曰:更为君去膝头骨,即可日行八百里矣。行者惧而止。即影射膑刑以为戏也。《周官·掌戮》:"掌斩杀贼谍而搏之。凡杀其亲者焚之,杀王之亲者辜之。"注:"斩以斧钺,若今要斩也。杀以刀刃,若今弃市也。……搏当为膊诸城上之膊字之误也。膊,谓去衣磔之。焚,烧也。辜之言枯也,谓磔之。"则出五刑之外矣。斩、膊、焚、辜,合诸墨、劓、刖、宫、杀为九,岂所谓九刑者邪?郑以流宥、鞭、朴、赎合五刑为九。贾、服以正刑一加之以八,议为九,见《左》文十八年疏。案古人恒言,刑者不可复属。所谓刑者,必戕贼人之肢体者也。郑及贾、服之说并非。

《吕刑》曰:"墨罚之属千,劓罚之属千,剕罚之属五百,宫罚之属三百,大辟之罚,其属二百。"此《白虎通》所谓"科条三千,应天地人情"者也。《周官·司刑》云:"墨罪五百,劓罪五百,宫罪五百,刖罪五百,杀罪五百。"注曰:"夏刑大辟二百,膑辟三百,宫辟五百,劓、墨各千。周则变焉。所谓刑罚世轻世重者也。"疏:"夏刑以下据《吕刑》而言。案《吕刑》腓辟五百,宫辟三百,今此云膑辟三百,宫辟五百,此乃转写者误。当以《吕刑》为正。"案《唐律疏义》,卷一。《玉海》《律令》。引长孙无忌《唐律疏》,皆引《尚书大传》"夏刑三千条",则郑注亦本《书传》也。

《王制》曰:"爵人于朝,与士共之。刑人于市,与众弃之。"《文王世子》曰:"公族其有死罪,则磬于甸人。其刑罪,则纤剸,亦告于甸人。公族无宫刑。"《周官·掌囚》,"凡有爵者与王之同族,奉而适甸师氏以待刑杀"。《公羊》宣元年,"古者大夫已去,三年待放。君放之，非也。大夫待放，正也"。注："古者刑不上大夫，盖以为摘巢毁卵，则凤凰不翔；刳胎焚夭，则麒麟不至。刑之，则恐误刑贤者，死者不可复生，刑者不可复属，故有罪放之而已。所以尊贤者之类也。三年者，古者疑狱三年而后断。""自嫌有罪当诛，故三年不敢去。"《曲礼》："刑不上大夫。"注："不与贤者犯法。其犯法则在八议轻重，不在刑书。"八议见《周官·小司寇》，谓议亲、议故、议贤、议能、议功、议贵、议勤、议宾。疏云："《异义礼》戴说：刑不上大夫。《古周礼》说：士尸肆诸市，大夫尸肆诸朝。是大夫有刑。许慎谨按：《易》曰：鼎折足，覆公㶣，其刑渥凶。无刑不上大夫之事，从《周礼》之说。郑康成驳之云：凡有爵者，与王同族，大夫以上适甸师氏，令人不见，是以云刑不上大夫。"案《王制》、《公羊》、《曲礼》为今文说，《周官》、《文王世子》为古文说，今文主尚贤，古文主贵贵也。

《曲礼》曰："刑人不在君侧。"《王制》曰："公家不畜刑人，大夫弗养，士遇之途，弗与言也。屏之四方，惟其所之。不及以政，亦弗故生也。"此今文义。《周官·掌戮》，"墨者使守门，劓者使守关，宫者使守内，刖者使守囿，髡者使守积"。此古文义。《孟子·梁惠王下》："罪人不孥。"《康诰》：父子兄弟，罪不相及。此今义。《书·甘誓》："予则孥戮汝。"陈乔枞《今文尚书经说考》谓孥当作奴，止于其身，且军刑也。《周官·司厉》，"其奴，男子入于罪隶，女子入于舂槁。"即后世官奴婢。此古文义也。审判机关亦如后世，与行政合一。《王制》曰："成狱辞，史以狱成告于正，正听之。正以狱成告于大司寇，大司寇听之棘木之下。大司寇以狱之成告于王，王命三公参听之。三公以狱之成告于王，王三又，然后制刑。"正盖即《周官》所谓有地治者。《周官·大司徒》，"凡万民之不服教而有狱讼者，与有地治者听而断之。其附于刑者归于士。"有地治者谓乡师、遂士、县士、方士也。监狱之制，《北堂书钞》引《白虎通》："夏曰夏台，殷曰牖里，周曰囹圄。"《意林》引《风俗通》同此，以夏台、牖里证夏、殷之有狱，非谓夏之狱名夏台、殷之狱名羑里也。《周官》：掌囚，"掌守盗贼凡囚者，上罪梏拲而桎，中罪桎梏，下罪梏。王之同族拲，有爵者桎，以待弊罪"。司圜，"掌收教罢民。凡害人者，弗使冠饰而加明刑焉。任之以事而收教之。能改者，上罪三年而舍，中罪二年而舍，下罪一年而舍。其不能改而出圜土者杀。虽出三年不齿。凡圜土之刑人也，不亏体，其罚人也，不亏财"。司救，"掌万民之邪恶过失而诛让之，以礼防禁而救之。凡民之有邪恶者，三让而罚，三罚而士加明刑，耻诸嘉石，役诸司空"。注："罚谓挞击之也。加明刑者，去其冠饰，而书其邪恶之状，著之背也。"其有过失者，三让三罚而归于圜土，皆近后世之监狱也。

听讼之法，《王制》曰："必三刺。有旨无简，不听。附从轻，赦从重。凡制五刑，必即天论。邮罚丽于事。凡听五刑之讼，必原父子之亲，立君臣之义以权之，意论轻重之序，慎测浅深之量以别之。悉其聪明，致其忠爱以尽之。疑狱，泛与众共之。众疑，赦。必察小大之比以成之。"《周官》：小司寇，"以五声听狱讼，求民情"。辞听、色听、气听、耳听、目听。司刺，"掌三刺三宥三赦之法，以赞司寇听狱讼"。壹刺曰讯群臣，再刺曰讯群吏，三刺曰讯万民。壹宥曰不识，再宥曰过失，三宥曰遗忘。壹赦曰幼弱，再赦曰老旄，三赦曰惷愚。均足见其审慎也。

象刑之说，见于《书传》曰："上刑赭衣不纯。中刑杂屦。下刑墨幪。"又《慎子》曰："有虞氏之诛，以幪巾当墨，以草缨当劓，以菲履当刖，以艾韠当宫，布衣无领当大辟。"《荀子》极驳之，见《正论》篇。《汉书·刑法志》亦引其说。案象刑即《周官》明刑之类，风俗淳朴之时，刑轻已足为治，及其衰敝，则重刑犹或弗胜。故法家力主重刑，使民莫敢犯其治，异其意。期于无刑，则同象刑之说。《荀子》则战国末造之论，时异，故其言亦异，彼此不足相非也。

中国法律自秦以后始可确考。秦人用刑极为严酷，《史记·秦本记》：文公二十年，"法初有三族之罪"。自此族诛者屡见。《汉书·刑法志》云:"陵夷至于战国,韩任申子,秦用商鞅,连相坐之法,造参夷之诛,增加肉刑、大辟,有凿颠、抽胁、镬烹之刑。至于秦始皇,兼吞战国,遂毁先王之法,灭礼谊之官,专任刑罚,躬操文墨,昼断狱,夜理书,自程决事,日县石之一。而奸邪并生,赭衣塞路,囹圄成市,天下愁怨,溃而叛之。"又云:"汉兴之初,其大辟尚有夷三族之令。令曰:当三族者,皆先黥,劓,斩左右趾,笞杀之,枭其首,菹其骨肉于市。其诽谤詈诅者,又先断舌。故谓之具五刑。彭越、韩信之属皆受此诛。"盖战国之世,各国竞尚严刑,正不独一秦也。至汉世,而刑法乃渐趋于轻。高后元年,除三族罪、妖言令。孝文二年,除收孥相坐法。十三年,齐大仓令淳于公有罪当刑,诏狱逮系长安。淳于公无男,有五女。会逮,骂其女曰:"生子不生男,缓急非有益也!"其少女缇萦,自伤悲泣,乃随其父至长安。上书曰:"妾父为吏,齐中皆称其廉平。今坐法当刑。妾伤夫死者不可复生,刑者不可复属,虽后欲改过自新,其道亡繇也。妾愿没入为官婢,以赎父刑罪,使得自新。"书奏天子,天子怜悲其意,遂下令曰:"制诏御史:盖闻有虞氏之时,画衣冠、异章服以为戮,而民弗犯,何治之至也!今法有肉刑三,孟康曰:黥、劓二,斩左右趾合一,凡三也。而奸不止,其咎安在?夫刑至断支体,刻肌肤,终身不息,何其刑之痛而不德也!岂称为民父母之意哉?其除肉刑,有以易之。"于是当黥者,髡钳为城旦舂;当劓者,笞三百;当斩左趾者,笞五百;当斩右趾,及杀人先自告,及吏坐受赇枉法,守县官财物而即盗之,已论命复有笞罪者,皆弃市。然斩右趾者既当死,笞五百、三百者亦多死。景帝元年,乃改笞五百曰三百,笞三百曰二百,犹尚不全。中六年,又减笞三百曰二百,笞二百曰一百。又定棰令。棰长五尺,其本大一寸,其竹也,末薄半寸,皆平其节。当笞者笞臀,毋得更人。毕一罪乃更人。自是笞者得全。《通考》曰:"景帝元年诏言,孝文皇帝除宫刑,出美人,重绝人之世也。则知文帝并宫刑除之。至景帝中元年,赦徒作阳陵者死罪,欲腐者许之。而武帝时李延年、司马迁、张安世兄贺皆坐腐刑,则是因景帝中元年之后,宫刑复用,而以施之死罪之情轻者,不常用也。"愚按《汉志》言"其后,新垣平谋为逆,复行三族之诛",则并在文帝之世,然此特偶有轶法之事,以大体言,肉刑固自此而除矣。

　　汉代用刑之宽严,视乎时主之好尚。《志》云:当孝惠、高后时,萧、曹为相,填以无为,是以刑罚用稀。及孝文即位,躬修玄默,而将相皆旧功臣,少文多质,惩恶亡秦之政,论议务在宽厚,耻言人之过失。化行天下,告讦之俗易。风流笃厚,禁罔疏阔。选张释之为廷尉,罪疑者予民,是以刑罚大省,至于断狱四百,有刑错之风。及至孝武即位,招进张汤、赵禹之属,条定法令,作见知故纵、监临部主之法,缓深故之罪,急纵出之诛。其后奸猾巧法,转相比况,禁罔寖密。文书盈于几阁,典者不能偏睹。是以郡国承用者驳,或罪同而论异。奸吏因缘为市,所欲活则傅生议,所欲陷则予死比,议者咸冤伤之。宣帝自在间阎而知其若此,及即尊位,廷史路温舒上疏,上深愍焉,乃下诏曰:"今遣廷史与郡鞠狱,任轻禄薄,其为置廷平,秩六百石,员四人。"于是选于定国为廷尉,求明察宽恕黄霸等以为廷平,季秋后请谳。时上常幸宣室,斋居而决事,狱刑号为平矣。案尚严之主,历代有之。汉武特侈欲多所兴作耳,非必暴虐也。然则汉代刑罚所以刻深,得仁主仅能宽民于一时,得中主遂至于残民者,实以当时治狱之吏崇尚残酷,成为风气,而律令又错乱繁杂故也。路温舒曰:"秦有十失,其一尚存,治狱之吏是也。秦之时,贱仁义之士,贵治狱之吏。"可见所谓狱吏者,在当时自成风气矣。而其风气,则温舒言之曰:"上下相驱,以刻为明;深者获公名,平者多后患。故治狱之吏皆欲人死,非憎人也,自安之道在人之死。是以死人之血流离于市,被刑之徒比肩而立,大辟之计岁以万数。夫人情安则乐生,痛则思死。棰楚之下，何求而不得？故囚人不胜痛，则饰辞以视之。吏治者利其然，则指道以明之。上奏畏却，则锻炼而周内之。盖奏当之成，虽咎繇听之，犹以为死有余辜，何则？成炼者众，文致之罪明也。是以狱吏专为深刻，残贼而亡极，媮为一切，不顾国患。故俗语曰：画地为狱，议不入；刻木为吏，期不对。"可以见其略矣。《汉志》谓"昭、宣、元、成、哀、平六世之间，断狱殊死，率岁千余口而一人，耐罪上至右止，三倍有余"。诚令后世闻之酸鼻。《志》推刑所以蕃，谓由（一）礼教不立，（二）刑法不明，（三）民多贫穷，（四）豪桀务私，奸不辄得，（五）狱豺不平所致。（一）、（三）、（四）皆政治为之，（二）与（五）则法律为之也。

《汉志》曰："汉兴，高祖初入关，约法三章曰：杀人者死，伤人及盗抵罪。蠲削烦苛，兆民大说。其后四夷未附，兵革未息，三章之法不足以御奸，于是相国萧何攈摭秦法，取其宜于时者，作律九章。"而孝武以后，则律令凡三百五十九章，大辟四百九条，千八百八十二事，死罪决事比万三千四百七十二事，其烦苛可谓甚矣。宣帝时，涿郡太守郑昌上疏，谓若开后嗣，不若删定律令。宣帝未及修正。元帝初立，乃下诏议律令可蠲除轻减者，条奏。成帝河平中，复下诏与中二千石、二千石、博士及明习律令者议减死刑及可蠲除约省者，令较然易知，条奏。史称有司"徒钩摭微细，毛举数事，以塞诏而已"。后汉章帝纳尚书陈宠言，决狱行刑，务于宽厚。其后遂诏有司，禁绝钻镕诸酷痛旧制，解袄恶之禁，除文致，请谳五十余事，定著于令。永元六年，宠又代郭躬为廷尉，复校律令，奏称："今律令，犯罪应死刑者六百一十，耐罪千六百九十八，赎罪以下二千六百八十一，溢于《甫刑》千九百八十九，其四百一十大辟，千五百耐罪，七十九赎罪。"请除之。未及施行，会宠抵罪，遂寝。宠子忠，后复为尚书，略依宠意，奏上三十三条，为决事比，以省请谳之弊。又上除蚕室刑，解赃吏三世禁锢,狂易杀人得减重论,母子兄弟相代死,听赦所代者,事皆施行。然虽时有蠲革,而律令繁苛,迄未删定。直至魏、晋之世,而纂辑法律之业乃成。《晋志》载后汉梁统疏:"元帝初元五年,轻殊刑三十四事,哀帝建平元年尽四年,轻殊死者刑八十一事。"吾国法律,相沿行用,虽有改革,迄未中断者,起于商鞅所用李悝之《法经》,距今二千三百年矣。其篇目见《晋志》。《晋志》曰:"是时承用秦、汉旧律,其文起自魏文侯师李悝。悝撰次诸国法,著《法经》。以王者之政,莫急于盗贼,故其律始于《盗》、《贼》。盗贼须劾捕,故著《网》、《捕》二篇。其轻狡、越城、博戏、借假不廉、淫侈逾制以为《杂律》一篇,又以《具律》具其加减。是故所著六篇而已,然皆罪名之制也。商君受之以相秦。汉承秦制,萧何定律,除参夷、连坐之罪,增部主见知之条,益事律《兴》、《厩》、《户》三篇,合为九篇。叔孙通益律所不及傍章十八篇,张汤《越宫律》二十七篇,赵禹《朝律》六篇,合六十篇。又汉时决事,集为《令甲》以下三百余篇,及司徒鲍公撰嫁娶辞讼决为《法比》,都目凡九百六卷。世有增损,率皆集类为篇,结事为章。一章之中或事过数十,事类虽同,轻重乖异。而通条连句,上下相蒙,虽大体异篇,实相采入。《盗律》有贼伤之例,《贼律》有盗章之文,《兴律》有上狱之法,《厩律》有逮捕之事,若此之比,错糅无常。后人生意,各为章句。叔孙宣、郭令卿、马融、郑玄诸儒章句十有余家,家数十万言。凡断罪所当由用者,合二万六千二百七十二条,七百七十三万二千二百余言,言数益繁,览者益难。天子于是下诏,但用郑氏章句,不得杂用余家。"其后,又下诏改定刑制,令司空陈群、散骑常侍刘邵、给事黄门侍郎韩逊、议郎庾嶷、中郎黄休、荀诜等删约旧科,傍采汉律,定为魏法,制《新律》十八篇,《州郡令》四十五篇,《尚书官令》、《军中令》合百八十余篇。其序略云:"凡所定增十三篇,就故五篇,合十八篇。"所谓十三篇者,曰《劫略律》,曰《诈律》,曰《毁亡律》,

曰《告劾律》，曰《系讯》、《断狱律》，曰《请赇律》，曰《兴擅律》，曰之《留律》，曰《邮驿令》，曰《变事令》，曰《惊事律》，曰《偿赃律》，曰《免坐律》，其《刑名》别为一篇，冠于篇首。"更依古义，制为五刑。其死刑有三，髡刑有四，完刑、作刑各三，赎刑十一，罚金六，杂抵罪七，凡三十七名，以为律首。""文帝为晋王，患前代律令本注烦杂，陈群、刘邵虽经改革，而科网本密，又叔孙、郭、马、杜诸儒章句，但取郑氏，又为偏党，未可承用。于是令贾充定法律，与太傅郑冲等十四人典其事，就汉九章增十一篇，仍其族类，正其体号，改旧律为《刑名》、《法例》，辨《囚律》为《告劾》、《系讯》、《断狱》，分《盗律》为《请赇》、《诈伪》、《水火》、《毁亡》，因事类为《卫宫》、《违制》，撰《周官》为《诸侯律》，合二十篇，六百二十条，二万七千六百五十七言。蠲其苛秽，存其清约，事从中典，归于益时。其余未宜除者，若军事、田农、酤酒，未得皆从人心，权设其法，太平当除，故不入律，悉以为令。施行制度，以此设教，违令有罪则入律。其常事品式章程，各还其府，为故事。凡律令合二千九百二十六条，十二万六千三百言，六十卷，故事三十卷。泰始三年，事毕，表上。四年正月，大赦天下，乃颁新律。"其后，明法掾张裴又注律，表上之。案法学有所谓性法派、历史法派者，性法派谓有遍于四海永合人心之公理，历史法派则谓无之。中国之法学近性法派，故于律文不轻改动，此时以权设者为令，即系此意。后世之改例不改律，亦由于此。

　　法家宗旨，一在信赏必罚，一在重刑。信赏必罚者，欲使为善者必受福，为恶者必获祸，如自然法之不可逭。此其事固不易致，然以理言之，法律之设，固当如是也。重刑非临时加重，乃重之于立法之先，使人畏而不敢犯，其意亦以求无刑也。法家之旨，凡事当一任法，如衡石度量之于短长轻重。然既设法，固不宜改轻，亦断不容加重。世以严刑峻法为法家之本旨者，实大缪不然之论也。然人事之善恶,既非如短长轻重之较然易知,人情之变动,亦非如衡石度量之漠然不动,况又有巧伪以奸法任喜怒、快恩仇、利货赂以坏法者乎?流失之势,必缘本意之所偏,法家之易流于严,犹儒家之易失之纵,中道不可得见时,任儒法以矫弊而协于宜,亦理所应尔也。东周之世,定法之可考者,有子产。子产之学近于法。有邓析为名学,名法相近。有李悝,《汉志》列诸法家之首。然则周、秦之际之法律,殆多成于法家。至汉世则渐变,汉武时,淮南王反,使董仲舒之徒吕步舒治之,以其明《春秋》也。应劭言:"仲舒老病致仕,朝廷每有政议,数遣廷尉张汤至陋巷,问其得失。于是作《春秋》折狱二百三十二事。"汉人引经折狱之事,不知凡几,魏、晋新律,其必有儒家言羼入者矣。近人撰《五朝法律索隐》,谓五朝之法倍美者有数端,一曰重生命,二曰恤无告,三曰平吏民,四曰抑富人。重生命之法二,一父母杀子者同凡论,二走马城市杀人者不得以过失杀人论。恤无告之法一,诸子姓复仇者勿论。平吏民之法二,一部民杀长吏者同凡论,二官吏犯杖刑者论如律。抑富人之法二,一商贾皆殊其服,二常人有罪不得赎。案父杀其子者当诛,明见《白虎通义》,其余亦多与儒家宗旨合,明魏、晋新律采用儒家之义必多矣。后世父母杀子皆从轻,此其法起于后魏,盖鲜卑之俗也。然法家释之则曰:父子至亲,至于相杀,必有大不得已之故,因而原之,非谓父可杀子也。然则晋法虽废,而其立法之意,究未尽亡矣。

晋律为宋、齐所沿用,至梁乃重定,然其实则相承也。《隋书·刑法志》曰:梁武帝时,"欲议定律令。得齐时旧郎济阳蔡法度,家传律学。云齐武时,删定郎王植之,集注张、杜旧律,合为一书,凡一千五百三十条,事未施行,其文殆灭。法度能言之。于是以为兼尚书删定郎,使损益植之旧本,以为《梁律》"。定为二十篇。"其制刑为十五等之差:弃市已上为死罪,大罪枭其首,其次弃市。刑二岁已上为耐罪,言各随伎能而任使之也。有髡钳五岁刑,笞二百,收赎绢,男子六十匹。又有四岁刑,男子四十八匹。又有三岁刑,男子三十六匹。又有二岁刑，男子二十四匹。罚金一两已上为赎罪。赎死者金二斤，男子十六匹。赎髡钳五岁刑笞二百者，金一斤十二两，男子十四匹。赎四岁刑者，金一斤八两，男子十二匹。赎三岁刑者，金一斤四两，男子十匹。赎二岁刑者，金一斤，男子八匹。罚金十二两者，男子六匹。罚金八两者，男子四匹。罚金四两者，男子二匹。罚金二两者，男子一匹。罚金一两者，男子二丈。女子各半之。五刑不简，正于五罚，五罚不服，正于五过，以赎论，故为此十五等之差。又制九等之差：有一岁刑，半岁刑，百日刑，鞭杖二百，鞭杖一百，鞭杖五十，鞭杖三十，鞭杖二十，鞭杖一十。又有八等之差：一曰免官，加杖督一百；二曰免官；三曰夺劳百日，杖督一百；四曰杖督一百；五曰杖督五十；六曰杖督三十；七曰杖督二十；八曰杖督一十。论加者上就次，当减者下就次。""其谋反、降叛、大逆已上皆斩。父子、同产男，无少长，皆弃市。母妻姊妹及应从坐弃市者，妻子女妾同补奚官为奴婢。赀财没官。劫身皆斩，妻子补兵。遇赦降死者，黥面为劫字，髡钳，补冶锁士终身。其下又谪运配材官冶士、尚方锁士，皆以轻重差其年数。其重者或终身。士人有禁锢之科，亦有轻重为差。其犯清议，则终身不齿。大凡定罪二千五百二十九条。天监二年四月癸卯，法度表上新律，又上《令》三十卷，《科》三十卷。帝乃以法度守廷尉卿，诏班新律于天下。三年八月，建康女子任提女，坐诱口当死。其子景慈对鞫辞云，母实行此。是时法官虞僧虬启称：景慈宜加罪辟。诏流于交州。至是复有流徒之罪。其年十月甲子，诏以金作权典，宜在蠲息。于是除赎罪之科。十四年，又除黥面之刑。大同十一年十月，复开赎罪之科。中大同元年七月甲子，诏自今犯罪，非大逆，父母、祖父母勿坐。陈武帝求得梁时明法吏，令与尚书删定郎范泉，参定律令。又敕尚书仆射沈钦、吏部尚书徐陵、兼尚书左丞宗元饶、兼尚书左丞贺朗参知其事，制《律》三十卷，

《令律》四十卷。其制惟重清议禁锢之科。若缙绅之族，犯亏名教，不孝及内乱者，发诏弃之，终身不齿。先与士人为婚者，许妻家夺之。其获贼帅及士人恶逆，免死付治，听将妻入役，不为年数。又存赎罪之律，复父母缘坐之刑。其余篇目条纲，轻重简繁，一同梁法。"

后魏自昭成以前，所用皆其旧俗。至道武乃入中原，其用法始末具见《魏书·刑罚志》。《志》曰：太祖"既定中原，患前代刑网峻密，乃命三公郎王德除其法之酷切于民者，约定科令，大崇简易"。"世祖即位，以刑禁重，神䴥中，诏司徒崔浩定律令。除五岁四岁刑，增一年刑。分大辟为二科死，斩死，入绞。大逆不道腰斩，诛其同籍，年十四已下腐刑，女子没县官。害其亲者轘之。为蛊毒者，男女皆斩，而焚其家。巫蛊者，负羖羊抱犬沈诸渊。当刑者赎，贫则加鞭二百。畿内民富者烧炭于山，贫者役于圊溷，女子入舂槁；其固疾不逮于人，守苑囿。王官阶九品，得以官爵除刑。妇人当刑而孕，产后百日乃决。年十四已下，降刑之半，八十及九岁，非杀人不坐。"正平元年，诏详案律令。于是游雅与中书侍郎胡方回等改定律制。盗律复旧，加故纵、通情、止舍之法及他罪，凡三百九十一条。门诛四，大辟一百四十五，刑二百二十一条。高宗又增律七十九章，门房之诛十有三，大辟三十五，刑六十二。延兴四年，诏自非大逆干纪者，皆止其身，罢门房之诛。太和三年，先是以律令不具，诏中书令高闾集中秘官等修改旧文，随例增减。又敕群官，参议厥衷，经御刊定。五年冬讫，凡八百三十二章，门房之诛十有六，大辟之罪二百三十五，刑三百七十七，除群行剽劫首谋门诛，律重者止枭首焉。

齐文宣命群官议造齐律，至武成河清三年，乃成十二篇，又新令四十卷。其不可为定法者，别制权令二卷，与之并行。周律成于保定三年，谓之《大律》，凡二十五篇。隋高祖受周禅，诏高颎等更定新律。后又敕苏威、牛弘等更定，凡十二卷。炀帝又敕修律令，凡十八篇，谓之《大业律》。齐制死罪四等，曰枭首、斩、绞，流刑未有道里之差，耐罪五等，鞭五等，杖四等，凡十五等。后周杖、鞭、徒、流、死各为五等。隋以笞、杖、徒、流、死为五刑，而除前代鞭刑及枭首、轘裂之法，死刑二，曰斩，曰绞。后世遂莫之能易。《通考》曰："汉文除肉刑，善矣，而以髡、笞代之。髡法过轻，而略无惩创。笞法过重，而至于死亡。其后乃去笞而独用髡，减死罪一等，即止于髡钳。进髡钳一等，即入于死罪。而深文酷吏，务从重比，故死刑不胜其众。魏、晋以来病之，然不知减笞数而使之不死，乃徒欲复肉刑以全其生，肉刑卒不可复，遂独以髡钳为生刑，所欲活者傅生议，于是伤人者或折腰体，而才剪其毛发，所欲陷者与死比，于是犯罪者既已刑杀，而复诛其宗亲，轻重失宜，莫此为甚！及隋、唐以来，始制五刑，曰笞、杖、徒、流、死。此五者即有虞所谓鞭、朴、流、宅，虽圣人复起，不可偏废也。"

《唐书·刑法志》："唐之刑书有四，曰：律、令、格、式。令者，尊卑贵贱之等数，国家之制度也。格者，百官有司之所常行之事也。式者，其所常守之法也。凡邦国之政，必从事于此三者。其有所违及人之为恶而入于罪戾者，一断以律。律之为书，因隋之旧。"其用刑有五：一曰笞，二曰杖，三曰徒，四曰流，五曰死。自隋以前，死刑有五，曰：磬、绞、斩、枭、裂。而流、徒之刑，鞭笞兼用，数皆逾百。至隋始定为笞刑五，自十至于五十；杖刑五，自六十至于百；徒刑五，自一年至于三年；流刑三，自一千里至于二千里；死刑二，绞、斩。除其鞭刑及枭首、轘裂之酷。又有议、请、减、赎、当、免之法。唐皆因之。太宗即位，诏长孙无忌、房玄龄等复定旧令，议绞刑之属五十，皆免死而断右趾。其后蜀王法曹参军裴弘献驳律令四十余事，乃诏房玄龄与弘献等重加删定。玄龄等以谓"古者五刑，刖居其一。及肉刑既废，今以笞、杖、徒、流、死为五刑，而又刖足，是六刑也"。于是除断趾法，为加役流三千里，居作二年。

宋因唐律、令、格、式之旧，而随时损益则有《编敕》，一司、一路、一州、一县又别有《敕》。建隆初，诏判大理寺窦仪等上《编敕》四卷，凡一百有六条，诏与新定《刑统》三十卷并颁行于天下。太平兴国中，增至十五卷，淳化中倍之。咸平中增至万八千五百五十五条，诏给事中柴成务等删定可为《敕》者二百八十六条，准律分十二门，总十一卷。又为《仪制令》一卷。当时便其简易。大中祥符中，又增三十卷，千三百七十四条。又有《农田敕》五卷，与《敕》并行。仁宗命官修定，取《咸平仪制令》及制度约束之在《敕》者五百余条，悉附《令》后，号曰《附令敕》。天圣七年《编敕》成，合《农田敕》为一书，视《祥符敕》损百余条。凡此皆在律令之外者也。庆历又复删定，增五百条，别为《总例》一卷。后又修《一司敕》二千三百十七条，《一路敕》千八百二十七条，《一州》、《一县敕》千四百五十一条。凡此，又在《编敕》之外者也。嘉祐初，有《禄令》、《驿令》。又重编《敕》。七年，书成。总千八百三十四条。又别为《续附令敕》三卷。神宗以律不足以周事情，凡律所不载者一断以敕，乃更其目曰敕、令、格、式，而律恒存乎敕之外。熙宁初，置局修敕。元丰中，成二十有六卷，复下二府参订，然后颁行。帝曰："禁于已然之谓敕，禁于未然之为令，设于此以待彼之谓格，使彼效之之谓式。"于是凡入笞、杖、徒、流、死，自名例以下至断狱十二门，丽刑名轻重者，皆为敕。自品官以下至断狱三十五门，约束禁止者，皆为令。命官之等十七，吏、庶人之赏等七十七，又有倍、全、分、厘之级凡五等，有等级高下者，皆为格。表奏、帐籍、关牒、符檄之类凡五卷，有体制模楷者，皆为式。元祐时，刘挚、孙觉等言其烦，诏挚等刊定。崇宁元年，下诏追复元丰法制,凡元祐条例悉毁之。徽宗每降御笔手诏,变乱旧章,由是吏缘为奸。崇宁五年,尝诏三省以常法沮格,特旨以大不恭论。见《宋史》卷二百。高宗播迁,断例散逸,建炎以前,凡所施行,类出人吏省记。三年四月,始命取嘉祐条法与政和敕令对修而用之。绍兴元年,书成,号《绍兴敕令格式》,而吏胥所省记者亦引用焉。乾道六年,成《乾道敕令格式》。时法令虽具,然吏一切以例从事,法当然而无例,则事皆泥而不行,甚至隐例以坏法,贿赂既行,乃为具例。后有《淳熙敕令格式》,时以官不暇遍阅,吏得容奸,令敕令所分门编类为一书,名《淳熙条法事类》,前此所未有也。后又有《庆元敕令格式》、《淳祐敕令格式》。淳祐十一年,又与庆元法校定为四百三十卷。度宗以后遵行,无所更定矣。其他一司、一路、一州、一县《敕》,时有增损,不可胜纪焉。

	天圣七年敕	庆历修司路州县敕在编敕外	嘉祐七年敕视庆历敕所增之数
大辟之属	一七	三一	六〇
流之属	三四	二一	五〇
徒之属	一〇六	一〇五	六一
杖之属	二五八	一六八	七三
笞之属	七六	一二	三八
配隶之属	六三	八一	三〇
大辟而下奏听旨者	七一	六四	四六

辽刑法有死、杖、徒、流四等,盖亦取法于中原。其旧制不可考。

《辽史·刑法志》云:"太祖初年,庶事草创,犯罪者量轻重决之。其后治诸弟逆党,权宜立法。"一归于重,欲闲民使不为变,盖本无定制也。其可考见者,如亲王有罪,或投诸高崖杀之;淫乱不轨者,五车辕杀之;逆父母者视此;犯上者以熟铁椎擣其口杀之。又为枭磔、生瘗、射鬼箭、炮掷、支解诸刑,均可见其用刑之酷。厥后穆宗淫刑以逞,卒亡其躯。天祚赏罚无章,终覆其国。虽曰其君之无道,未始非其部族之旧习有以启之也。神册六年,诏大臣定治契丹及诸夷之法,汉人则断以《律令》,是为契丹定法之始。太宗时,治渤海人一依汉法,余无改焉。道宗清宁六年,以契丹、汉人风俗不同,而国法不可异施,命惕隐苏、枢密使乙辛等更定条制。凡合于《律令》者,具载之;不合者,别存之。存否以《律令》为准,盖用汉法以改旧法也。契丹、汉人相殴至死,其法本轻重不均,圣宗时乃等科之。

《金史·刑志》云:"金国旧俗,轻罪笞以柳葼,杀人及盗劫者,击其脑杀之,没其家赀,以十之四入官,其六偿主,并以家人为奴婢,其亲属欲以马牛杂物赎者从之。或重罪亦听自赎,然恐无辨于齐民,则劓、刵以为别。"盖凡罪皆许以财赎,故《金史·刑志》又云"金初,法制简易,无轻重贵贱之别,刑、赎并行"也。《世纪》:始祖解完颜部及他部之斗,"约曰:凡有杀伤人者,征其家人口一、马十偶、牸牛十、黄金六两,与所杀伤之家,即两解,不得私斗。女真之俗,杀人偿马牛自此始"。可见其由来之旧矣。又云:"康宗七年,岁不登,民多流莩,强者转而为盗。欢都等欲重其法,为盗者皆杀之。太祖曰:以财杀人,不可。财者人所致也。遂减盗贼征偿法为征三倍。"可见其治盗贼亦以征偿之法行之矣。其狱掘地为之,深广数丈,盖穴居之遗习也。太宗稍用辽、宋法。天眷三年,复取河南,诏所用刑法皆从律文。皇统间,诏诸臣,以本朝旧制,兼采隋、唐之制,参辽、宋之法，类以成书，名曰《皇统制》，颁行中外。时则并用古律。海陵多更旧制，正隆间，有《续降制书》，与《皇统制》并行。世宗即位，以正隆之乱，盗贼公行，兵甲未息，一时制旨多从时宜，集为《军前权宜条理》。大定五年，令有司复加删定，与前《制书》并用。后以正隆《制书》多任己意，伤于苛察，而与《皇统制》并行，是非淆乱，莫知适从，奸吏因得上下其手，乃置局，令大理卿移刺愓总中外明法者共校正。以《皇统制》、正隆《制》、大定《军前权宜条理》，后《续行条理》，删繁正失，阙者以律文足之，《条理》内有可常行者亦为定法，余别为一部存之。凡校定千一百九十条，分为十二卷，以《大定重修制条》为名，诏颁行焉。时大定十七年也。明昌元年，上问宰臣曰："今何不专用律文？"平章张汝霖曰："前代律与令各有分，犯令者以律决之。今制、律混淆，固当分也。"遂置详定所，命审定律、令。五年，详定官言："若依重修制文为式，则条目增减，罪名轻重，当异于律。与旧同颁，则使人惑而易为奸，请用今制，准律文修定，采前代刑书以补遗阙，取《刑统》疏文以释之，命曰《明昌律义》。新编榷货、边部、榷宜等事，集为《敕条》。"宰臣谓："先所定令文尚有未完，俟皆通定，然后颁行。"于是重修新律。至泰和元年，新修律成，凡十二篇：（一）《名例》，（二）《卫禁》，（三）《职制》，（四）《户婚》，（五）《厩库》，（六）《擅兴》，（七）《贼盗》，（八）《斗讼》，（九）《诈伪》，（十）《杂律》，（十一）《捕亡》，（十二）《断狱》。实《唐律》也，但加赎铜皆倍之，增徒至四年、五年为七，削四十七条，增百四十九条，略有损益者二百八十二条，余百二十六条皆从其旧；又加以分其一为二、分其一为四者六条，凡五百六十三条，为三十卷，附注以明其事，疏义以释其疑，名曰《泰和律义》。又《律令》二十卷、《新定敕条》三卷、《六部格式》三十卷。以明年五月颁行之。

元初，循用金律。世祖平宋，始定新律，颁之有司，号曰《至元新格》。仁宗时,又以格例条画有关风纪者,类集成书,曰《风宪宏纲》。英宗时,复取前书加损益焉,号曰《大元通制》。其书之大纲有三:曰诏制,九十四条;曰条格,一千一百五十一条;曰断例,七百十七条。大概纂集世祖以来法制事例而已。其五刑之目:凡七下至五十七,谓之笞刑;六十七至一百七,谓之杖刑,皆以十递加;其徒法,年数杖数,相附丽为加减,一年杖六十七,一年半杖七十七,二年杖八十七,二年半杖九十七,三年杖一百七,盐徒盗贼既决而又镣之;流则南人迁于辽阳迤北之地,北人迁于南方湖广之乡;死刑有斩而无绞,恶逆之极,则有陵迟处死之法。教徒犯罪与平民处治不同。蒙古人与汉人亦不平等。其见于《元史》者,如《职制上》云:"诸僧、道、儒人有争,有司勿问,止令三家所掌会问。诸哈的大师,止令掌教念经,回回人应有刑名,户婚、钱粮、词讼并从有司问之。诸僧人但犯奸盗诈伪,至伤人命及诸重罪,有司归问。其自相争告,从各寺院住持本管头目归问。若僧俗相争田土,与有司约会;约会不至,有司就便归问。"《杀伤》云:"诸蒙古人因争及乘醉殴死汉人者,断罚出征,并全征烧埋银。"皆是也。

  明太祖平武昌,即议律令。吴元年十月,命左丞相李善长为律令总裁官,参知政事杨宪、傅瓛,御史中丞刘基,翰林学士陶安等二十人为议律官。十二月,书成,凡为令一百四十五条,律二百八十五条。又恐小民不能周知,命大理卿周桢等取所定律令,自礼乐、制度、钱粮、选法之外,凡民间所行事宜,类聚成编,训释其义,颁之郡县,名曰《律令直解》。洪武六年夏,刊《律令宪纲》,颁之诸司。冬,诏刑部尚书刘惟谦详定《大明律》。明年二月,书成。篇目一准于唐,合六百有六条,分为三十卷。其后时有增损。二十二年,命翰林院同刑部官,取比年所增者,以类附入。三十年,作《大明律》、《诰》成,刊布中外。《大诰》者,洪武十八年,采辑官民过犯,条为《大诰》。

次年，复为《续编》、《三编》，皆颁学宫以课士，并置塾师教之。囚有《大诰》者，罪减等。命刑官取《大诰》条目，撮其要略，附载于律。盖太祖之于律令也，草创于吴元年，更定于洪武六年，整齐于二十二年，至三十年始颁示天下焉。弘治十三年，刑官上言："中外巧法吏或借便己私，律浸格不用。"于是下尚书白昂等会九卿议，增历年问刑条例经久可行者二百九十七条。自是以后，律例并行。嘉靖二十八年，诏尚书顾应祥等定议，增至二百四十九条。三十四年，又因尚书何鳌言，增入九事。万历十三年，刑部尚书舒化等辑嘉靖三十四年以后诏令及宗藩军政条例、捕盗条格、漕运议单与刑名相关者，律为正文，例为附注，共三百八十二条，删世宗时苛令特多。

《大诰》所用刑甚峻。凡三《诰》所列凌迟、枭示、种诛者，无虑千百，弃市以下万数。其目凡十。其第十曰"寰中士夫不为君用"。当时，贵溪儒士夏伯启叔侄断指不仕，苏州人才姚润、王谟被征不至，皆诛而籍其家。此科所由设也。自《律》、《诰》出，《大诰》所载诸峻令未尝轻用。其后罪人率用《大诰》减等，亦不复论其有无矣。《清吏律·公式·讲读律令》曰："百工技艺诸色人等，有能熟读讲解通晓律意者，若犯过失，及因人连累致罪，不问轻重，并免一次。其事干谋反叛逆，不用此律。"其用意与明以《大诰》减罪同，皆欲人民通晓律令也。

清顺治三年，刑部尚书吴达海奉诏参酌《明律》，纂《大清律集解附例》。康熙九年，大学士管刑部尚书事对喀纳等奉诏校正。十八年，特谕刑部定律外，条例有应存者，详加酌定，刊刻通行各现行则例。二十八年，台臣盛符升请以现行则例载入《大清律》内。命尚书图纳、张玉书等为总裁。至四十六年，缮写进呈。雍正元年，大学士朱轼、尚书查郎阿奉诏续成之。五年书成，名《大清律集解附例》。高宗即位，从尚书傅鼐请，命律例馆总裁三泰等考正。五年，纂入则例一千又四十九条。自是数年修，以新例分附律后，遂称《大清律例》，律四百五十七门。雍正五年，删改增并为四百三十六门，后迄仍之，例递有增益。嘉庆六年，为一千五百七十三条。

日本织田万曰："近世诸国，各法皆有法典，然行政法典不过学者私撰。葡萄牙虽有行政法典，然仅关地方制度，非括行政全体，仍不得以行政法典视之也。惟《大清会典》纯乎行政法典之性质。虽行政法规之全体，尚有他种成文法及不文法以辅之，然行政机关之组织权限及事务，莫不以《会典》为主，则《会典》之为行政法典无疑矣。"案明清《会典》源于《唐六典》，《唐六典》模范《周官》。《周官》究出何时何人，辩论纷如。鄙意谓大体当出战国时。《唐六典》之作，始于开元十年，而成于十六年，实西历七百二十二至七百二十八年也，亦可谓早矣。《周官》："大宰之职，掌建邦之六典，以佐王治邦国。以八法治官府。以八则治都鄙。"注："则，亦法也。典、法、则，所用异，异其名也。"疏曰："典、法、则三者相训，其义既同，但邦国言典，官府言法，都鄙言则，是所用处异，故别言之，其实义通也。"案此则治官府与人民之法，当分别为书，古人早知之矣。

清修《会典》始于康熙二十三年，二十九年成。凡一百六十卷。雍正十年修之，乾隆二十九年又修之，为百卷。嘉庆十八年，修为八十卷。同治十二年续修，迄未成，因义和团事起，乃中止。织田万云："嘉庆本体裁全变，顺次及分类亦与前异，实足当简明精审之称。自乾隆修后，以逐年事例别为一书，名曰《大清会典则例》。嘉庆本合之而成《会典事例》，凡九百二十卷。旧例分局课纂辑，错杂难寻。此则统一官厅之事例，就事件性质分类，各类中事例皆按年编纂，甚易考也。"

律 {
- 名例
- 吏 { 职制 / 公式 }
- 户 { 户役 / 田宅 / 婚姻 / 仓库 / 课程 / 钱债 / 市廛 }
- 礼 { 祭祀 / 仪制 }
- 兵 { 宫卫 / 军政 / 关津 / 厩牧 / 邮驿 }
- 刑 { 贼盗 / 人命 / 斗殴 / 骂詈 / 诉讼受赃 / 作伪 / 犯奸 / 杂犯 / 捕亡 / 断狱 }
- 工 { 营造 / 河防 }

《会典》规定，多袭前朝，修改亦止则例。其凡例谓："以典为纲，以则为目。"乾隆时，始区则与典为二，谓"例可通，典不可变，今缘典而传例，后或因例以涓典也"。从事纂修者为会典馆，不常设。律例则五年一小修，限十个月成，十年一大修，限一年成。馆属刑部，平时亦无人，至纂修之年，临时任命，事毕即罢。

织田万曰："典与例实不免矛盾。实际重则例，然例易变，而典不然。至例废，则典又发生效力。然则典未尝废，其与例矛盾不见引用时，只可谓停止效力耳。"又曰："律不得轻改，而例因时变通。其性质及关系，亦如会典之与则例。律尚简，例尚繁。律断法，例准情。故律重者例可轻，律轻者例可重。有例则置律，例有新则置故，律例皆无正条，则比而稽焉。然则舍律用例，乃舍旧用新耳。"又曰："条例不必官修，如现行《大清律例统纂集成》，乃嘉庆时沈之奇所撰。道光时，山阴姚雨芛一再修辑，兵燹后传本颇少。同治初，吴晓帆得其原本，就会稽任彭年厘订，至六年告成。十年，吴氏又续修之。光绪初，会稽陶骏及陶念霖又加校补是也。"凡旧例不纂入新例，即为废止。乾隆四年，《大清律例》部颁凡例曰："颁发之后，内外问刑，衙门悉令遵照办理。其有从前例款此次修辑所不登入者，皆经奏准删除，毋得以曾经通行仍复援引，违者论如律是也。"

又曰："则例者，官厅执务生疑义，经行政阶级顺次申中央政府转发该部议奏，经敕裁即成新设事例，其裁可之形式如此。例之本质，不过行政机关处理事务之法，然以形式设定则，对于将来之事可为准则，非仅在内部有效力，即对于人民亦有效力也。集此等事例，以一定之年纂辑之，经敕裁后即为行政可据之法规，此则所谓则例也。例之制定如此，故其效力，事实上为拘束行政官厅之先例，法律上为君主裁可发布之成文法，固非集辑先例之文书也。纂修则例，各部皆有定期，而各部不同。又有不依定期者。世所传新例，遂往往误缪脱漏，于是私修则例之事起。同治八年沈贤书、孙尔耆，光绪十五年屠焕辰皆私撰《六部处分则例》焉。"

又曰："则例定期由各部纂修，而乾隆时概括之为《大清会典则例》，此一新例也。至嘉庆，乃更改编纂之式，《会典》务揭纲要，别设《会典事例》，从来之事例皆编入焉。然统各部以纂修甚难，故后不复修，《会典事例》第由各部纂修实例而已。刑部应为则例之事，编入条例中，故各部皆有则例，刑部独无之。又所谓《六部处分则例》者，乃吏部所修，以通治六部官吏，故名，非合六部之则例而编纂之也。"

织田氏又曰："《钦定吏部则例》、《大清会典则例》等，一般则例也。《钦定物料价直则例》、《八旗则例》、《六部处分则例》等，特别则例也。《大清通礼》、《户部漕运全书》等，虽无则例之名，实亦特别则例。省例为各省所特有，而定省例时，往往考采他省之例，使相一致，所谓各省通行之例是也。故虽名省例，效力殆与条例、则例同，纂入条例、则例中者亦甚多。纂修省例未见定期奏请中央，抑以地方职权专决，法律上亦无明证。"

又曰："成案者，各部省之判决例也。其应永行者，编入条例、则例中，即成成文法；即未纂入时，亦有一定法力，然不为法规，故成案实为不文法。中国土广民众，各地方习俗不同，成文法不能包括，故不文法势力甚大。不文法广分之为惯习、裁判例、学说、条理四种。近世立法事业完备之国，独认惯习法，裁判例实际甚重，而不能为法，学说、条理更不待言矣。然古于此多有法力，中国亦然。又刑法依严正之解释，法无明文，无论如何不能以理论罪，中国亦许援引比附。《清律》断罪无正条云：凡律令该载，不异事理，若断罪无正条者，援引他律者，附应加应减定拟罪名，议定奏问，若辄断决，致罪有出入，以故失论。"

明制笞刑五,自一十至五十,杖刑五,自六十至一百,皆每十为一等加减。徒刑五,徒一年杖六十,一年半杖七十,二年杖八十,二年半杖九十,三年杖一百,每杖十及徒半年为一等加减。流刑三,二千里,二千五百里,三千里,皆杖一百,每五百里为一等加减。死刑二,绞、斩。五刑之外,徒有总徒四年,遇例减一年者。有准徒五年。斩、绞、杂犯减等者。流有安置,有迁徙,去乡一千里,杖一百,准徒二年。有口外为民,其重者为充军。充军者,明初惟边方屯种。后定制,分极边、烟瘴、边远、边卫、沿海、附近。军有终身,有永远。二死之外,有凌迟,以处大逆不道诸罪者。

明《名例律》称二死三流各同为一减。如二死遇恩赦减一等,即流三千里;流三等以《大诰》减一等,皆徒五年。犯流罪者,无不减至徒罪矣。故三流常设而不用。而充军之例为独重。军有逃故,按籍勾补。永远者罚及子孙。明初法严,县以千数,数传之后,以万计矣。有丁尽户绝,止存军产者,或并无军产,户名未除者,朝廷岁遣御史清军,有缺必补。每当勾丁,逮捕族属、里长,延及他甲,鸡犬为之不宁。万历二年,罢岁遣清军御史,并于巡按,民稍获安。然亲族有科狱军装之费,里递有长途押解之扰。至所充之卫,卫官必索常例。而又利其逃去,可干没口粮,每私纵之。其后律渐弛,发解者不能十一。其发极边者,长解辄贿兵部,持勘合至卫,虚出收管,而军犯顾在家偃息云。

赎法有二,有律得收赎者,有例得纳赎者。律赎无敢损益,而纳赎之例则因时权宜,先后互异。大抵赎例有二,一罚役,一纳钞。罚役者,后多折工值纳钞。及钞法既坏,则纳钞亦变为纳银、纳米焉。

清五刑皆同明,亦有总徒、准徒。充军分附近、近边、边远、极边、烟瘴五等,罪更重者,给黑龙江等处戍兵为奴,时曰发遣。流之地由刑部定之,军流之地则由兵部定之。宗室以罚养赡银代笞,以板责圈禁代徒流充军，代徒流者，拘禁；代充军者，锁禁。雍正十二年以后，并施之觉罗，死罪多以特恩赐自尽。旗人以鞭责代笞杖，枷号代徒流及充军，死刑以斩立决为斩监候，斩监候为绞。宗室者，显祖之子孙，俗称黄带子，有罪革退则红带。觉罗者，显祖之旁支，俗称红带子，有罪革退则紫带。宗人府名籍，亦宗室黄册，觉罗红册焉。凡殴伤红黄带子者，罪重于凡，惟不系此带，无由知其为红黄带子时，仍同凡论。系带入茶坊酒肆亦然，以其自亵皇族之尊也。

明以刑部掌受天下刑名，都察院司纠察，大理寺主驳正，并称三法司。京师自笞以上罪，悉由部定。洪武初决狱，笞五十者县决之，杖八十者州决之，一百者府决之，徒以上具狱送行省。二十六年，布政司及直隶府州县，笞杖就决；徒流、迁徙、充军、杂犯死罪解部，审录行下，具死囚所坐罪名上部详议如律者，大理寺拟覆平允，监收候决。其决不待时重囚，报可，即奏遣官往决之。情词不明或出入者，大理寺驳回改正，再问驳至三，改拟不当，将该官吏奏问，谓之照驳。若亭疑谳决，而因有番异，则改调隔别衙门问拟。二次番异不服，则具奏，会九卿鞫之，谓之圆审。至三四讯不服，而后请旨决焉。正统四年，徒流就直省决遣，死罪以闻。

会官审录之例，定于洪武三十年。初制，有大狱必面讯。十四年，命法司论囚，拟律以奏，从翰林院、给事中及春坊正字、司直郎会议平允，然后覆奏论决。继令五军都督府、六部、都察院、六科、通政司、詹事府，间及驸马杂听之。仁宗特命内阁学士会审重囚。宪宗罢。隆庆元年，高拱复行之。朝审始于天顺三年，霜后命三法司同公、侯、伯会审重囚。历朝遵行。凡决囚，每岁朝审毕，法司以死罪请旨，刑科三覆奏，得旨行刑。在外者奏决平于冬至前，会审决之。大审，成化十七年，命司礼太监一员会同三法司堂上官，于大理寺审录。南京则命内守备行之。自此，每五年辄大审。万历二十九年，不举。四十四年,复行之。热审始成祖永乐二年。成化时,有重罪矜疑、轻罪减等、枷号疏放诸例。正德元年,推行于南京。自小满后十余日,司礼监传旨下刑部,即会同都察院、锦衣卫题请,通行南京法司,一体审拟具奏。京师自命下之日至六月终止。南京自部移至日为始,亦满两月而止。春审始于宣德七年。在外会审之例,定于成化时。初,太祖遣御史治各道囚,宣宗敕三司遣官审录。正统六年,敕遣三法司官详审天下疑狱。九年,选按察司官一员与巡按御史同审。成化十七年,定在京五年大审。即于是年遣部寺官分行天下,会同巡按御史行事。此等举动,虽得矜慎刑狱之意,然参与司法之官太多,讯鞫太烦,实非法也。而廷杖之滥用,及东西厂、锦衣卫、镇抚司之残酷,尤为明代之弊制。

锦衣卫者,明之诏狱也。太祖时,天下重罪逮至京者,收系狱中,数更大狱,多使断治。后悉焚卫刑具,以囚送刑部审理。二十六年,申明其禁,诏内外狱毋得上锦衣卫,大小咸经法司。然及成祖,复用之。镇抚司职理狱讼,初止立一司,与外卫等。洪武十五年,添设北司,而以军匠诸职掌属之南镇抚司,于是北司专理诏狱。然大狱经讯,即送法司拟罪,未尝具狱词也。成化元年,始令覆奏用参语,法司益掣肘。十四年,增铸北司印信,一切刑狱毋关白本卫。即卫所行下者,亦径自请上可否,卫使毋得与闻。故镇抚职卑而其权日重。初,卫狱附卫治,至门达掌刑,又于城西设狱舍,拘系狼藉。达败,用御史吕洪言,毁之。东厂始成祖。迁都后,以内臣提督。宪宗时,别设西厂,以汪直领之。自京师及天下,广遣侦事,后废。孝宗时,厂卫不敢横。及武宗复设西厂及东厂,皆用刘瑾党,刺事四方,无赖乘之为奸。时卫使亦瑾党,厂卫合矣。瑾又改惜薪司外薪厂为办事厂,荣府旧仓地为内办事厂,自领之。京师谓之内行厂,虽东西厂皆在伺察中。瑾诛,西厂、内行厂俱革,东厂如故。世宗驭中官严，厂权不及卫。至魏忠贤，而厂之祸极矣。庄烈帝诛之，然厂如故，告密之风未尝息也。凡中官掌司礼监印者，其属称之曰宗主，而督东厂者曰督主。东厂之属无专官，掌刑千户一，理刑百户一，亦谓之贴刑，皆卫官。其隶役悉取给于卫，最轻黠儇巧者，乃拨充之。役长曰档头，专主伺察。其下番子数人为干事。京师亡命，诓财挟仇，视干事者为窟穴。得一阴事，由之以密白于档头，档头视其事大小，先予之金。事曰起数，金曰买起数。既得事，帅番子至所犯家，左右坐曰打桩。番子即突入执讯，无有佐证符牒，贿如数，径去。少不如意，榜治之，名曰干醡酒，亦曰搬罾儿，痛楚十倍官刑。且授意使牵有力者，有力者多与金，即无事。或靳不与，与不足，立闻上，下镇抚司狱，立死矣。每月旦，厂役数百人，掣签廷中，分瞰官府。其视中府诸处会审大狱、北镇抚司考讯重犯者曰听记。他官府及各城门访缉曰坐记。某官行某事，某城门得某奸，胥吏疏白坐记者上之厂，曰打事件。至东华门，虽贪夜，投隙中以入，即屏人达至尊。以故事无大小，天子皆得闻之。家人米盐猥事，宫中或传为笑谑，上下惴惴无不畏打事件者。卫之法亦如厂。然须具疏，乃得上闻，以此其势不及厂远甚。然厂卫未有不相结者，狱情轻重，厂能得于内。而外有扞格者，卫则东西两司房访缉之，北司拷问之，锻炼周内，始送法司。即东厂所获，亦必移抚司再鞠，而后刑部得拟其罪。故厂势强，则卫附之，厂势稍弱，则卫反气凌其上。陆炳缉司礼监李彬、东厂马广阴事，皆至死，以炳得内阁嵩意。及后中官愈重，阁势日轻，阁臣反比厂为之下，而卫使无不竞趋厂门，甘为役隶矣。

锦衣卫升授勋卫、任子、科目、功升，凡四途。嘉靖以前，文臣子弟多不屑就。万历初，刘守有以名臣子掌卫，其后皆乐居之。士大夫与往还，狱急时，颇赖其力。守有子承禧及吴孟明，其著者也。庄烈帝疑群下，王德化掌东厂，以惨刻辅之，孟明掌卫印，时有纵舍，然观望厂意不敢违。而镇抚梁清宏、乔可用朋比为恶。凡缙绅之门，必有数人往来踪迹。故常晏起早阖，毋敢偶语。旗校过门如被大盗，官为囊橐，均分其利。京城中奸细潜入，无一举发，而高门富豪踽踽无宁居。其徒黠者恣行请托，稍拂其意，飞诬立构，摘竿牍片字，株连至十数人。锦衣旧例有功赏，惟缉不轨者当之。其后冒滥无纪，所报百无一实。吏民重困，而厂卫题请辄从。隆庆初，给事中欧阳一敬言："缉事员役，其势易逞，而又各类计所获功次，以为升授。则凭可逞之势，邀必获之功，枉人利己，何所不至！有盗经出首幸免，故令多引平民以充数者；有括家囊为盗赃，挟市豪以为证者；有潜构图书，怀挟伪批，用妖言假印之律相诬陷者；或姓名相类，朦胧见收；父诉子孝，坐以忤逆。所以被访之家，谚称为划，毒害可知矣。乞自今定制，机密重情，事干宪典者，厂卫如故题请。其情罪不明，未经谳审，必待法司详拟成狱之后，方与纪功。仍敕兵、刑二部勘问明白，请旨升赏。或经缉拿未成狱者，不得虚冒比拟，及他词讼，不得概涉，以侵有司之事。如狱未成，而官校及镇抚司拷打伤重，或至死者，许法司参治。法司容隐扶同，则听科臣并参。如此则功必覆实，访必当事，而刑无冤滥。"时不能用也。崇祯十五年，御史杨仁愿言："高皇帝设官，无所谓缉事衙门者。臣下不法，言官直纠之，无阴讦也。后以肃清辇毂，乃建东厂。臣待罪南城，所阅词讼，多以假番故诉冤。夫假称东厂，害犹如此，况其真乎？此由积重之势然也。所谓积重之势者，功令比较事件，番役每悬价以买事件，受买者至诱人为奸盗而卖之，番役不问其从来，诱者分利去矣。挟忿首告，诬以重法，挟者志无不逞矣。伏愿宽东厂事件，而后东厂之比较可缓，东厂之比较缓，而后番役之买事件与卖事件者俱可息。"后复切言缇骑不当遣。帝为谕东厂，言所缉止谋逆乱伦，其作奸犯科，自有司存，不宜缉，并戒锦衣校尉之横索者。然帝倚厂卫益甚，至国亡乃已。

清制，厅州县及直隶州厅皆为亲民之官，而府属厅州县由府审转，直隶州厅由道审转。重案报告上司曰通详。急切不知事之始末，但报其事者曰通禀。对府、道、藩、臬、督、抚同时为之，故有六路通详之名。若关军事，即武衙门亦须报，关生员以上并报学政。又按月分旧管、新收、开除、实在报府，曰月报。其控官吏者、户婚、田土、钱债案件，由布政司亲讯，刑案按察司亲讯，仍会同布政司。其诉之督抚者，亦例发两司。督抚亦受上诉，有须亲讯者，有可委员审讯者，省城所设之发审局是也。再上则为户、刑部矣。凡京控，或特派员查办，或即令督抚查办。凡民事，州县皆得决断，重大者亦可申布政司。刑事，州县决徒以下，府道同。流刑由按察司亲审，经督抚以达刑部。死刑由府拟律达督抚，经秋审乃上奏。秋审，在内由三法司，在外则督抚会同两司，于四月一日行之，大抵惟就原供，问其服否，不服则发发审局或按察司重审，故其事一日即毕。五月奏闻，并咨刑部。刑部俟各省奏报齐全，于七月初汇呈御览。霜降后使三法司会审，就督抚拟律审其当否，再经御览。命内阁钦天监择日，约当冬至前两月，至日御便殿，由大学士勾决，内阁送本管监察御史，监察御史送刑部，刑部下该省督抚。勾决者行刑，否者仍监禁。在京死罪，刑部拟律入朝审。朝审由六部、大理寺、通政司、都察院会审，是为九卿。特命解京之犯亦附焉。北京民事案，由县经府达户部。顺天府得决笞杖以下，徒由刑部。京城外顺天府得决徒以下。大抵民事归大、宛二县及顺天府，刑事多由步军统领、五城御史，则习惯使然也。凡京控，刑部、提督、都察院皆得受理。都察院有具折奏闻者，有咨回各省督抚审办者，亦有驳斥不准者。嘉庆四年谕俱不准驳斥，案情较重者应即行具奏，咨回本省者亦应视控案多寡，一两月汇奏一次。宗室、觉罗由宗人府审讯，军流以上须请旨；与人民诉讼，会同户、刑部审讯。八旗、包衣由内务府慎刑司，笞杖专决，徒以上咨刑部，死罪送三法司；与汉人交涉，会同地方官。旗人由将军、都统、副都统，在京杖以下专决，徒以上送刑部。刑部得决徒流，死罪仍由三法司。民事小事专决，大事移户部。在外得决徒以下。理事同知属将军者，得审旗人。盛京乾隆六年以前，旗人之审理，厅州县不与焉。六年改之，刑事得决杖以下，以上由盛京刑部。民事小者专决，大者送盛京户部。刑部得决徒罪，死罪入盛京秋审。盛京秋审由将军、五部府尹会同审理，亦始乾隆时。蒙古由旗长、盟长顺次达理藩院。其刑徒以下罚牲，不能代以鞭责。流罪遣送内地，遣送报理藩院会刑部决之。死罪解理藩院，会三法司定之。内属蒙古亦属将军、副都统，与汉人交涉会同地方官审理。

光绪二十八年四月，命沈家本、伍廷芳参照各国法律，改订旧律，于是改笞杖为罚金。分五钱、一两、一两五钱、二两、二两五钱、五两、七两五钱、十两、十二两五钱、十五两，凡十等。代徒流以工作。徒一年、一年半、二年、二年半、三年，皆依限工作。流二千里者工作六年，二千五百里者八年，三千里者十年。死刑分绞、斩而除枭示、陵迟、戮尸，免缘坐，除刺字例。所有之军遣亦代以工作。十二年，废奴婢及满、汉相异之条，于二十九年行之。后又改刑名为死、徒，分有期、无期。拘留、罚金焉。三十年四月，设修订法律馆。明年，改刑部为法部，大理寺曰院，各省按察司为提法司。三十三年，定《各级审判厅章程》。

宣统元年，定《法院编制法》。预备立宪案定光绪三十六年颁布《新刑律》，三十九年实行。是年颁布《民商律》、《刑民事诉讼律》。四十一年实行同时编订法律。民国成立，因而改良之，仍设修订法律馆，颁布单行法多种。如《国籍法》、《商会法》、《商标法》、《商业注册条例》、《公司注册条例》、《商事公断处章程》、《证券交易所章程》、《物品交易所章程》、《会计师暂行章程》、《森林法》、《狩猎法》、《矿业条例》、《著作权法》等。**然根本大法未立**，吾国之根本大法，萌芽于民军起义时，各省都督府代表所定临时政府组织大纲，参议院成，修改之为《临时约法》，其五十四条，规定宪法由国会制定。逮国会开，而赣宁之役起，于是有先选总统，后定宪法之议。总统选出，而国会解散。袁世凯召集约法会议，修改临时约法，名之曰《中华民国约法》，世称之曰《新约法》。黎元洪为总统，恢复《临时约法》，召集国会，宪法会议亦续开。未几张勋胁元洪，解散国会，议员自行集会于广州，又开宪法会议，迄亦未成。直奉战后，徐世昌去位，黎元洪复职，撤销解散国会之令，国会再开，至十二年十月一日而宪法乃成。时直系曹锟为总统，南方诸省拒之，曹锟败后，段祺瑞为执政，召集国民代表会议。其《条例》第一条云：临时政府为制定宪法及其施行附则，召集国民代表会议云云。则亦未承认国会所定之宪法也。**民刑商法亦未完善**，《新刑律草案》系清末修订，法律馆所拟，光绪三十三年八月成，由各部各省加以签注，宪政编查馆核订，资政院通过，其总则宣统二年十二月颁行。民国元年三月十日大总统令，从前法律及《新刑律》，除与国体抵触各条外，均准暂行援用。其《民法》清末拟订未成，而《民刑事诉讼法》则成于光绪三十二年，而未颁布。《商律》起光绪二十九年三月，命载振、袁世凯、伍廷芳拟订，是年商部成《商人通例》及《公司律》，民国皆修改颁行。三十二年又成《破产律》，则民国亦迄未颁布也。民国十年十一月十四日大总统令，将《民刑事诉讼条例》，施行于东省特别法院。明年一月六日又令，自是年七月一日起，通行全国，二十五日又公布《民刑事简易程序暂行条例》，其后国务会议，又议决准法制局呈。民国十四年修订法律馆所拟《民律草案总则编》、《民律草案续编》、《票据法案》，及清宣统元年修订法律馆所拟《商律商行为法案》、《海船法案》，及民国四年法律编查会所拟《破产法案》，均准参酌采用，仍饬修订，法律馆将该项法案分别妥为厘订，呈请颁布。**而《惩治盗匪法》**，三年十一月二十七日颁行，十一年十二月司法部以部令废之，而河南、湖北、江苏各军事长官反对。十二年三月三日大总统又以命令复之，惩治盗匪审讯全由县知事，京兆呈准司法部，外省呈准省长执行。高级军官驻处，距审判厅、县公署在百里以上，或时机紧急时，亦得审讯，呈准最高级直辖长官执行。《**治安警察法**》，三年三月二日颁行，所以限制结社集会公众运动，收藏军器等，轻者由警厅，重者由法院处理。《**戒严法**》，元年十二月十五日颁布戒严，由司令官发布。《**出版法**》等三年十二月四日颁行,十五年废,此法规定警察官得没收出版物。**颇伤峻刻。兼之警察权限太广**,违警罚法,四年十一月七日颁布,罚则有六:曰训诫,曰罚金,曰拘留,曰没收,曰停止营业,曰勒令歇业。罚金自1角至15元,拘留自1日至15日,然涉及二款者,罚金得增至30元,拘留得增至20日,京师又倍之。第二十六条,与警署以逮捕之权,而无立讯、取保、待传等规定,则人人可以细故被拘已。中国警察,普通者为京师警察、地方警察、县警察,谓省会及商埠之警察也。其官制,皆三年八月二十九日所公布。《治安警察章程》公布于六年九月二十六日,此外有司法警察,有水上警察,而铁路税务处、盐务署、烟酒事务署等,亦皆得行警察权。警察处分为行政处分,只能诉之上级行政官,而不能诉之普通法庭也。颇损人民之自由,尚有待于改订也。

审判之法,清季所行为四级三审制。四级者,大理院、高等审判厅、地方审判厅、初级审判厅。三审者,初审在初级厅,上诉止于高级厅;初审在地方厅,则上诉终于大理院也。惟内乱外患,妨害国家三罪,以高等厅为初审,大理院为复审,为四级二审。**审判厅皆与检察厅并设**。大理院及总检察厅设于京师,高等审判检察厅设于各省,大理院得就高等厅内设分院,高等地方皆得设分厅。盖采德、日之法也。鼎革以还,亦就其法而加以改进,未设审判厅处,皆于县署附设审检所。民国三年裁之,并及初级审判厅,减地方厅之权,而就县公署设简易庭,以承审员、县知事司审判。其条例系民国三年四月五日公布,县知事受高等审判厅长监督,承审员由县知事呈请高等厅长任命,其上诉在邻近地方厅及高等厅。非新式法院,律师不得出庭。见民国二年二月十六日司法部令。其制迄今未革。民国六年五月尝命全国各县皆设县司法公署,以理初审事件,不问事之轻重,以司法部考试合格者,与县知事并行其事,然设者寥寥也。东省特别法院,设于民国九年十月三十一日,初以治俄人,其后凡无领事裁判权国之外人,皆归审理焉。高等及地方审判厅各一,在哈尔滨;分庭三,在满洲里、海拉尔、横道河子。平政院为民国所创设,凡行政诉讼及诉愿至最高级行政长官,而仍不服者,则控诉于此。私人对政府主张权利，仍归普通法庭。审判处设于内、外蒙古。处长为简任职，得以道尹兼；审理员若干人，由都统选任，由司法部长呈请任命。热、察、绥、库伦、恰克图、乌里雅苏台、科布多、唐奴乌梁海皆设之。新疆则沿清末所设之司法筹备处，不服县之判决者上诉焉。再上即至大理院。在内地省长有监督司法行政之权，在内、外蒙古，则由热、察、绥都统，外蒙古宣抚司监督。司法官、考试章程系民国六年十月十八日公布。书记官、考试章程民国八年六月二十日公布。承发吏、民国九年五月十六日公布。县司法公署审判官、民国六年五月一日公布。承审员民国八年六月二十日公布。皆考试而后任用。律师公会之法，系民国六年十月十八日颁布，无领事裁判权国之律师，得代理其国人之诉讼，有暂行章程系民国九年十二月十四日所公布。

新刑律所用刑罚分主刑及从刑，主刑可以独科，从刑则必随主刑。主刑五：曰死，用绞刑于狱中行之；曰无期徒刑，除假释赦免外，终身监禁；曰有期徒刑，一等自10年至15年，二等自5年至10年，三等自3年至5年，四等自1年至3年，五等自2月至1年；曰拘役，自2日至1月；曰罚金。从刑二：曰没收，违禁之物，犯罪用之物，犯罪所得之物，以无他人之权利者为限。曰褫夺公权。其类有六：一服官，二选举，三受勋章，四入军籍，五为学校职教员，六为律师。褫夺有一部、全部之分。时间亦有远近，必犯徒刑以上刑，始得褫夺公权。

美国太平洋会议时，中国曾提出撤销领事裁判权案，议决与会各国各派委员一人，组织委员会，考察在中国领事裁判权之情形及中国之法律、司法制度、司法行政，将考察所得，报告各国政府，其改良之法，以及他国辅助中国改良，及渐次撤销领事裁判权之法，委员会认为适宜者，并得建议于各国政府。惟采用与否，各国皆得自由。所谓各国，中国亦在内。此案议决于民国十年十二月二日，原定闭会后三个月即行组织，其后迟至十五年一月十二日，始在北京开会，至五月十日出京调查，历汉口、九江、江宁，抵上海，更经青岛至哈尔滨及吉林,参观其法院监狱看守所,九月十六日将报告书签字。全书凡分四编:第一编述各国在华领事裁判权之沿革及其现在情形;第二编述中国之法律及司法制度、司法行政;第三编加以评论;第四编则建议也。就其第三、四编观之,实足为我它山之石焉。按该报告书所不满于我者,曰无根本法。总统发布法律,系根据《约法》,而今《约法》失效,则凡所发布之法律,皆无根据。曰军事法令及审判权力太大。案:我国审理军人者,曰陆海军高等军法会审,设于陆海军部审理,将以上陆海军军法会审就军队所驻之地设之,陆海军别有刑事条例,然非军人而犯此条例者,亦适用之。而军人则只由军法审判,是平民受治于军法,而军人不受治于法庭也。加以戒严之权在于军人,其审讯也,既无律师出庭,并且禁止旁听,又无上诉机关,并无解严之后,得由普通法院复审之规定。而得施棍刑,至于600,平民权利,存者亦仅矣。曰重要法律多未制定,而已公布之法,多援引未公布之法,使人无所适从;又施行细则,颁布太迟,或竟不颁布。委员会建议宜速修正者为刑法,速颁布者为《民法》、《商法》、《银行法》、《破产法》、《专利法》、《公证人法》、《土地收用法》。曰各省多自定章程颁行。如当时东三省自定伪造操纵军用票者处死刑之法。曰以行政官监督司法。谓省长等。曰新式法院太少,当时共150。兼理诉讼之县知事太多。合计约1 800。新式监狱之数,当时为63所,此外则法院附设看守所,以羁禁刑事未决之犯及民事被告,典狱长、看守所长由检察长监督,职员亦由考试任用,其余皆旧式监狱矣。承审员由其选用,律师又不许出庭,判决多由口头,而罚金自60元,拘役自30日以下,只许行政诉讼,人民权利无所保障。曰警察得行检察权,得为行政处分,又多越权受利之事。警察得逮捕人民,又得与检察官同时从事侦查。曰人才太乏、经费太少,以是薪俸未足养廉,监狱官尤甚,又以此故,法院不能多设。统计须400万人,乃有一新式第一审法院,30万人乃有一县知事公署,且多以地方厅摄初级厅,高等厅摄地方厅之事。平政院则全国只有一所,交通又极不便,诉讼太难。曰未决犯人之保释太难,拘押民事被告太无限制。曰内地用刑讯及虐待囚徒之事尚多。曰国民不甚了解新法律，故新法虽颁，旧法依然通行。其所痛心疾首者，尤在军人。谓其戒严，初不宣布，军事裁判既操其手，又多侵越司法之权，即杀人多用斩刑，可见其肆无忌惮。案：除《惩治盗匪法》外，无斩刑。其所最称许者，则为新式法院及监狱，谓诚足以治欧美人而无惭色也。观于他人之评论，而我当知所以自奋矣。

领事裁判权为法权未明时之遗制，17世纪即绝迹于欧洲，而存于地中海东南岸诸国，其根据由于积习相沿，而在远东，则概由于条约。如中国、日本、朝鲜、暹罗。中国之畀外人以领事裁判权，始于英。《五口通商章程》十三款。又咸丰八年《天津条约》，光绪二年《芝罘条约》。而美国、道光二十四年《条约》第十六、第二十一、第二十四、第二十五、第二十九各款，又《天津条约》及光绪六年《条约》。法国道光二十四年《条约》第二十七、第二十八款，《天津条约》第三十八、第三十九款。继之其后。各国得此权者，还有德国、《天津条约》第三十五款。俄国、《天津条约》第七款。瑞典、道光二十七年《广州条约》第二十款，又光绪三十四年《条约》。挪威、意大利、同治五年《天津条约》第十五、十六、十七款。丹麦、《北京条约》十五款。荷兰、同治二年《天津条约》第六款。比利时、同治六年《北京条约》第十六款。瑞士、民国七年六月三日《条约》，此中国畀外人以领事裁判权最后者。墨西哥、光绪二十五年《条约》。巴西、秘鲁、《天津条约》第十二条。日本同治十年之约，两国皆有此权，中日战后，乃为彼所独有。等国，事有先后，约文亦不一律。然各约多有最优待国之条，彼此得互相援引，故其办法略有一定也。

凡原被告均系外国人，而其国籍同者，即由其国领事审判。若均为外人而国籍异者，则由该两国自行立约办理，中国不过问。通常亦系向被告之领事控诉。原、被告有一人为华人，则华控洋在其国之领事，而中国官员得观审；洋控华在中国官署，而其国领事得观审，此皆定之于条约者也。观审之权见于条约者,为光绪六年《中美条约》第四款,惟历来所行,亦多由于习惯,而至不尽根据于条约也。无约国人控有约国人,当向有约国领事自不待言,其有约国人控无约国人,或两无约国人相控,则仍归我国审判,惟邀一外国官员陪审,此则《洋泾浜设官会审章程》阶之厉也。

我国自设新式法院,不许外人观审,律师亦限用中国人,外人如必欲行其观审之权,则只有就行政官起诉耳。然多乐就新法庭者。民国八年五月二十三日始公布《无领事裁判权国人民民刑诉讼章程》,编者按:即《审理无领事裁判权国人民民事诉讼章程》。九年十月三十日及《比利时条约》宣告废弃后,尝两次修正章程,规定此项审理均归新式法院,无者须送附近之新式法院;路遥或有不能移送情形者,呈报司法部核办管收及监禁,亦用新式监狱及拘留所,无者则以适宜房屋代之。

咸丰八年《中英条约》第二十一款规定,外人住所、船只非经其国领事许可,不得搜查,即有中国罪犯潜入其中者,亦必照会领事,查明实系犯罪,然后交出。外人以住屋、船只庇护逃人,实基于此。至外人所雇佣之华人,亦必领事许可,然后可以逮捕,则又条约所无,而《洋泾浜章程》阶之厉者也。又照条约,中国警察本得逮捕外人,惟逮捕后须交该国领事。惟租界警察由外人办理,逮捕之权,遂为所有。至上海则虽欲逮捕居住租界之中国人,亦必经领事签字,由会审公廨预审,方能解交中国官署矣。故租界不除,即领事裁判权撤消,我国法权亦尚不能无损也。又咸丰八年《中英条约》第九款、《中法条约》第八款,均规定外人之至内地者,领事裁判权亦不丧失,故苟犯罪,亦必须送交就近领事官,沿途只得拘禁,不得虐待。此亦外人之至内地者,所以恒为人民所疾视也。

《中英通商章程》编者按:即《中英五口通商章程》。谓两国人民相控,领事应先行调处,他国之约亦多有。此说于民事多用之,而在上海之法人,用之尤多。大抵始由领事调处,不能宁息,则由领事会同中国官员调处。所会同之官,初无一定,自交涉员以下皆可。凡外人控诉华人者,如不服判决,旧以上海道为上诉机关。后易之以交涉员、领事亦得观审,更不服,则法无上诉机关,惟可移至京师,由该国使臣与外部交涉耳。华人控外人而不服领事之判决者,可依其国之法上诉,惟事不易行耳。

领事裁判之名,初不符于事实,《中英天津条约》第十六款,明言英国人民有犯事者,由英国领事官或委员惩办。当时华文译本,但称由英国惩办而已。其后《芝罘条约》于此特重加声明。第二款。英、美、意、挪威、日本,在我国皆设有法院,英有高等法院在上海,系于1904年所设;美以上海领事兼法院司法委员,其等级与地方审判厅同,每年至天津、汉口、广州各一次,亦得至各领事馆开庭,其制始于1906年;意国法院附设于领事馆中;挪威则上海总领事即为法院法官,以有法官资格者为之;日本领事亦有一定资格,其审级与初审法院同。余则皆以领事判决,或派会审员副之。上诉或在其本国,或在中国附近。如法在河内、西贡,葡在澳门卧亚。终审除荷在巴达维亚,日本在旅顺、汉城、台湾外,侨寓东三省之日人,上诉在关东高等审判厅,终诉即在该厅内之最终上诉庭;在间岛者,上诉在汉城之高等审判厅,终诉在汉城大理院;在中国南方者,上诉在台湾高等审判厅,终诉亦在该厅之最终上告厅;在中国中部者,上诉在长崎高等审判厅,终诉在其本国之大理院。皆在其本国。英、美、法、日皆有监狱,以禁短期罪犯。他国罪犯,或寄此四国狱中,或寄上海租界西牢,或送至其本国,法律皆从其本国;亦有参酌地方习惯,或用条理,或依国际法。用外国法者,领事亦有因该国法律许可,得定章程,令侨民遵守者。各国律师均得出席于其本国之法庭,在他国则以相互为条件。此在我国各国领事裁判权之大致也。

领事裁判权之行于近东,以彼此所奉之教不同为口实,然虐待异教徒，土耳其等国有之，我国无有也。或谓由彼此习尚不同，则我于彼，亦应有此权矣。又靳而不与，何也？故其所藉口，仍在我法律及司法制度之不善也。其所列举，约有数端：刑罚残酷一也；监狱不善二也；司法行政不分三也；官吏歧视外人四也；连坐之法，累及无辜，五也；罪未定而先用刑讯，六也。此说诚非尽诬，然此制之存于我有害，于彼亦未必有利。其害于我者，则主权之受损，一也；外人之横行，二也；领事官究非法官，用法不尽能持平，不免偏袒其本国人，华人又不谙其诉讼程序，不免受损，三也；华人及其财产在领事馆注册，即不受中国法律治理，四也；有外籍者，欲享外人所不能享之权利，则自称华人，逮其犯事，又请外国领事保护，五也；外人以其住宅船舶庇护中国之逋逃，六也；中国与各国无交还罪人之约，各国之间亦然，以致罪人往往漏网，外人亦有逃入华界及他外国人住宅者。七也。彼之不利，则法律错杂，一也；两造为原被告异，其权利义务异。除停止审理及移交其本国领事外，无惩治原告之法，原告或藐视被告国之领事，二也；被告反诉，即须在别一领事处，两领事判决或不同，则窒碍难行，待之则迟延已甚，三也；数国人共犯一罪，必由数国领事，各自分别审理，不便尤甚，四也；上诉太远，即如英、美在中国有法院者，相距较远之侨民，赴诉亦甚不便，五也；证人证物远不能致，即赴诉，亦甚难审理。领事所辖太广，即初诉亦甚遥远，六也。如意在中国领事有五，上海领事兼管苏、皖、闽、浙、山东之侨民，汉口领事兼管两湖、四川、江西、河南、陕甘，天津领事兼管直隶、山西，哈尔滨领事兼管东三省，广州领事兼管两广、云贵，以此而言，赴诉诚觉远哉遥遥，虽云领事可至他处开庭，然其事亦甚难行也。且外人之来，本为通商，通商之局，今后决不能限于数口岸。然领事裁判权不除，中国终不能许外人杂居内地，则尤其大不利者也。职是故，领事裁判之制，固我之所痛心，亦彼此所疾首也。

辛丑和议成后，重订商约，英、第十二款。美、第十五款。日第十一款。三国皆有俟我法律完备，司法制度改善，即弃其领事裁判权之条。光绪三十四年,《瑞典条约》第十款则谓,各国皆允弃其领事裁判权,瑞典亦必照办。民国七年,《瑞士条约》同。民国十年九月二十六日墨西哥照会,允于将来修改。1899年《墨西哥条约》明载放弃领事裁判权条文。民国四年二月二十八日《智利条约》,于领事裁判权,未曾提及。民国九年六月一日《波斯条约》,则明定无领事裁判权。欧战后德、俄、奥、匈诸国丧失其领事裁判权者,亦皆于条约中订明。即日本以兵力胁我,所订民国四年五月二十五日之约,亦有南满、东蒙地方司法改良,日侨即统归中国审理之语。故领事裁判权之废迟早必有其事,不过如我国今日司法情形,而欲外人之即肯放弃,则非如俄、德等之遭遇事变,恐亦难旦夕期之。为我计者,当尽力改良司法,而交涉则宜各别为之。巴黎和会、太平洋会议两次提案,一则空言无补,一则转使人协以谋我,则殊为无谓耳。调查委员之来,南方政府以领事裁判权应即撤废,无待调查,拒之是也。

领事裁判权而外,又有所谓会审公廨者。其事起于同治七年之《洋泾浜设官会审章程》,而其事权旁落于外国领事之手,至今华人诉讼,亦受外人干预,则鼎革之际,华官之弃职为之也。初上海之既开埠也,两江总督、江苏巡抚会奏,令苏松同知移驻上海,专管华洋事件。是时士大夫多深恶洋人,称租界曰夷场,以涉足其间为耻,居其地者,仅极贫无籍之民,租界甚寥落也。逮太平军起,沿江之民避难者,多至上海。咸丰三年刘丽川又陷上海县城。于是上海之民,亦多避入租界者,租界居民始繁。其时中国官吏遁逃租界内,居民无治理,英、美、法领事乃自定条例以治之,并进而裁判华人案件矣。同治七年上海道与三国领事订定章程十条,遴委同知一员,常驻洋泾浜,管理华洋诉讼,即俗所称华洋同知者也。其《章程》第一条云:"遴委同知一员,专治洋泾浜,管理各国租地界内钱债、斗殴、窃盗、词讼各案,立一公馆,此即后来所谓公廨者。置备枷杖以下刑具,并设饭歇。凡有华民控告华民及洋商控告华民,无论钱债与交易各事,均准其提讯定断,照中国常例审讯,并准其提讯定断及发落枷杖以下罪名。"第二条云:"凡遇案件牵涉洋人必应到案者,必须领事官会同委员审问,或派洋官会审。若案情只系中国人,并无洋人在内,即听中国委员自行讯断,各国领事官,毋庸干预。"权限原自分明,惟第三条规定受雇于洋人之华人及第六条规定无约国人民之讼案者,不免丧失国权耳。当时此项章程,系由上海道禀陈两江总督,由两江总督奏请,饬下总署,照会英使,然后由上海道宣示,不过行政处分,在内非法律,对外非条约,本可由行政官署更改废弃者也。此后除租界所生刑事案件,捕房解至公廨者,亦由领事派员参与,上海人称之曰早堂。其民事案,由华员独审,则称晚堂。为越出权限外,余皆照章办理。公廨经费由上海道拨给,上诉亦在上海道,固纯然中国法庭也。《洋泾浜章程》之订定也。法领事谓其第十条与条约冲突,故未签字,明年就法领事署,别设会审公廨,然其章程亦多援用沪道所定。光绪二十四年,租界地址扩充,三十一年以领事要求,各国公使商决,续订《章程》十一条,未为中国所承认,然实则多已照行。与于此役者,为英、美、德、奥、意、俄、荷、比、日、韩十国。是岁停止刑讯,乃以五年以下之徒刑为公廨发落之限。其实旧时徒刑,最重不过三年。所谓枷杖,乃指违警之轻罪。杖以笞代。旧时罪重于此者,均归上海县审断,命案亦由县相验。以知县品卑于同知,而为正印官也。此次之改变,公廨越权多矣。然亦未满足其遂,为外人侵我法权之伥也。辛亥扰攘之际,外人乘之侵我主权,会审官变为由各领事会同聘用华会审官,正一人,副四人,洋会审官一人或二人,华人民事案,亦由其会审,除无期徒刑及死刑,预审后移交中国外,其余悉由其判决。徒刑有至二十年者,上诉在公共租界,或即由原审官,或则易人重审。在法租界,则以资格较深之员复审,亦不复上诉上海道尹与交涉员矣。审理虽以租界为限,然停泊上海之船只,亦在审理之内。别有检察处，类中国法院之书记厅。处长一人，员十二人，皆由工部局推荐旅沪外人，由各领事会同委用。内分交保处、收支处、总写字间、洋务案处、车务案处。总写字间者，办理刑事案件者也。属于华官者，有华官办公处，官秘书一人，科长三人，书记若干人。廨官俸给，均在上海道存款内划交，其他费用在罚金中提取。华会审员既非法官，洋会审员亦徒熟华事，不知法律。所用法律既杂，又或参酌习惯，判决先后互异，律师非遍通各国之法，不能承当，需索特甚，诉状堂供皆须兼用中英文，所费既多，办理尤滞，案积如山，民事有延至一二月，然后审理者。恃强攘权而又不能善其事，即外人亦莫不齿冷也。

领事之攘夺会审公廨，其所藉口者，曰革命之际，代我管理。然则民国政府成立，即应交还，本无待于交涉。乃始因各国尚未承认民国而搁置，及承认之后，外交部照会公使，请其交还。领衔英使朱尔典反谓公廨自外人代管以后，较胜华人自管之时，必须酌改办法，方可交还。当时报载朱尔典所提条件，有会审官参用外人，一切罪名，均可判决。上诉亦由原机关复审，监狱收支，均须用外人管理等，说未知确否？民国四年八月三日外交部拟定办法五条，照会领衔美使，以欧战起，中国又迭遭政变搁置。十一年十月二十六日，外交部又将前定五条办法酌改，大致民事案件，专由华官审理，刑事案件许洋员会审，但以与租界治安有关者为限。案：案件之究为民事抑刑事极难定，本民事也，在狡猾者不难使之牵涉刑事，或变为刑事，故此项办法，当时论者颇以为不安也。照会领衔葡使，亦无异议。□□年五月三日，领衔荷使照会我国外部，谓苟欲交还公廨，则公廨经费必须有着，公廨判决，中国法庭均须承认，其办事亦须予以协助，案：自外人代管公廨之后，大理院判例，均以其判决为无效；司法部亦训令各司法机关，不许予以协助。并须承认推广上海租界云云。中国不许。而德人受英、美、意、日等国所委会审官审理，亦提出抗议。对中国外交部。"五卅"案起，沪人以交还公廨列为十三条要求之一，外部趁机废原拟五条办法，别提新案，外人又不可。时则东省特别法院业已设立，于是议仿其制，亦设特别法院于上海，议未就，而孙传芳使淞沪商埠总办丁文江、特派交涉员许沅商诸各领事。自十五年五月至八月，与英、美、挪、荷、日五国领事会商者，凡七次，乃改会审公廨为临时法院。（一）有关租界治安之刑事，（二）犯《洋泾浜章程》及其附则者，（三）有领事裁判权国之人所雇佣之华人为被告，均许其观审。（1）有约国人及工部局为原告之民事，（2）有约国人告诉之刑事，则准其会审于法庭中。别设上诉庭，庭长由临时法庭庭长兼任，初审许观审者，此时亦许观审，许会审者，至此亦许会审，刑事上诉即于此。民事案则以交涉员为上诉机关，由交涉员约同领事会审，租界内检验，由推事会同领袖领事所派之员为之，适用法律须顾及本章程所定及公廨诉讼惯例，有约国人之传票、拘票及搜查其住所，仍须领事签字，监狱由工部局警务处管理，法庭庭长得派员会同领袖领事所派之员视察，司法警察由工部局警务处选派，工部局警务处所拘捕之人，24小时内，须送交临时法庭。事务会计归书记长管理，书记长由领袖领事推荐，此皆《交还公廨章程》编者按：即《收回上海公共租界会审公廨暂行章程》。所定也。别以换文申明：（甲）以前公廨判决及此后临时法庭判决，苏省政府视为与他法院判决效力相同。（乙）刑事发生于外国船上，外国人所有之地，属于工部局租界外马路及上宝区内，均临时法院管辖。（丙）无领事裁判权国之人民为刑事被告，由第三国领事观审。（丁）庭长推事之名，须通知领袖领事。（戊）许观审之案，外国律师均得出庭，原被告诉状答诉状，均别备英文者一份。（己）法院须雇用外国人10名，由工部局选派。（庚）江苏省政府指定法院之补助费等项，法院庭长、推事，均由省政府任命。十年以上徒刑交还后一年之内仍否，另以换文申明。及死刑，经省政府核准，死刑在租界外官厅执行，亦规定于章程中。此章程施行期限为三年，三年之内，中央政府如别有办法,即行废止,否则续行三年,唯期满六个月前,省政府得通知领事团,提议修正。后以换文申明领事团亦有此权。又在此期限之中,中国如撤销领事裁判权,不受此约拘束。《章程》以八月三十一日签字,公廨于明年一月一日交还。初设特别法庭于上海之议之起也,论者谓中国新式法院向不许外人观审,苟在上海许之,则又生一恶例,故在上海设法院亦不当许其观审。外人苟不弃其观审之权,则当今其在上海县公署起诉,而以交涉公署为上诉机关,又传票、拘票之送致,判决之执行,必不容领事签字,且不当用租界警察。孙传芳所定约,实未暇计及此,迄今亦未有善其后也。国民政府颁行新刑律后,许观审之刑事,以新旧比照定之。而鸦片罪案,彼即弃其观审之权,以其太多也。

以上为洋泾浜会审公廨之始末,至法租界之会审公廨,则根据条约,必由外交部交涉方可解决也。又会审公廨,汉口及厦门亦有之,汉口之会审公廨权与于光绪二十一年,是年改洋街保甲局为洋务会审公所,初袭保甲局弹压委员成规,专管租界警务,后亦审理华洋案件,驯至纯系华人案件,亦许其会审。徒刑至二年以上,其初羁押,皆在夏口县署。民国元年始自设拘留所,期长者犹禁湖北省立模范监狱,七八年间囚多狱隘,不能容,遂并押公所之拘留所。为厦门之会审公廨权与于光绪二十八年《鼓浪屿公共地界章程》,第十二、第十三、第十四三条。革命时事权落入外人之手,与上海同。迄今尚未有办法也。